KB205430

너희는 나를 누구라 하느냐?:
그리스-로마 전기 장르로 다시 읽는 마가복음

권영주

너희는 나를 누구라 하느냐?:
그리스-로마 전기 장르로 다시 읽는 마가복음

지음	권영주
편집	김덕원, 이찬혁

발행처	감은사
발행인	이영욱
전화	070-8614-2206
팩스	050-7091-2206
주소	서울특별시 강동구 암사동 아리수로 66, 401호
이메일	editor@gameun.co.kr

종이책

초판발행	2023.6.1.
2쇄발행	2024.8.31
ISBN	9791190389983
정가	22,000원

전자책

초판발행	2023.6.1.
ISBN	9791190389990
정가	16,800원

Who Do You Say I Am?:
Rereading the Gospel of Mark in Light of
Genre Characteristics of Greco-Roman Biography

Youngju Kwon

| 일러두기 |

1. 성경 번역은 특별한 언급이 없는 이상 개역개정 번역을 따랐습니다.

| 목차 |

제1장
서문: 복음서를 어떻게 읽을 것인가?

전형적인 방식은 아니지만, '복음서를 어떻게 읽을 것인가?'라는 질문에 대답하기 위해 개인적인 이야기부터 시작해야겠다. 장르를 통한 복음서 해석은 현재 나의 주된 연구 주제이지만 이 주제와의 만남은 예기치 않은 방식으로 이루어졌다. 이야기의 시작은 박사 과정으로 거슬러 올라간다. 듀크대학교에서 로마서 14-15장으로 논문을 완성한 뒤 바울과 그의 서신에 대한 연구를 심화하기 위해 애즈베리신학대학원 박사 과정에 입학했다. 박사 과정 2년 차, 논문 지도 교수를 지정해야 하는 시기에 크레이그 S. 키너(Craig S. Keener) 선생님을 찾아갔고, 바울의 정체성과 관련한 논문을 쓰고 싶은데 지도를 부탁한다는 말씀을 드렸다. 선생님으로부터 전혀 예상치 못한 답변이 돌아왔다. 본인이 현재 사도행전과 복음서 장르 주제에 주력하고 있는데 연구 주제를 바꿔 논문을 써

볼 생각이 없느냐는 것이었다. 선생님이 제안하신 연구 주제를 살펴보았고 복음서 장르 연구가 상대적으로 미탐구의 영역임을 알게 됐다. 쉽지 않은 결정이었지만 고심 끝에 나는 바울서신 연구자에서 복음서 연구자로 전향했다. 나의 복음서 장르 연구는 그렇게 시작됐고, "예수 전승을 다시 상상하기: 구술, 기억, 고대 전기"(*Reimagining the Jesus Tradition: Orality, Memory and Ancient Biography*)라는 박사학위논문을 통해 그 첫 결실을 보았다.

박사학위논문에서는 복음서 장르 주제를 주로 공관복음 문제와 연결하여 연구를 진행했다. 하지만 마음 한편에는 이 주제를 복음서 해석에 적용하는 것이 가능하겠다는 생각이 계속 맴돌았다. 리처드 A. 버릿지(Richard A. Burridge)의 역작 『복음서는 무엇인가?: 그리스-로마 전기와의 비교』(*What Are the Gospels?: A Comparison with Graeco-Roman Biography*)의 출판 이후로 복음서의 장르가 그리스-로마 전기라는 데 학자들 간에 상당한 합의가 이루어졌다. 하지만 그 이후의 질문, "만약 복음서가 그리스-로마 전기라면, 복음서 해석은 어떻게 달라질 수 있는가?"에 대한 대답은 그때나 지금이나 여전히 탐구가 필요한 영역으로 남아 있다. 이러한 연구의 공백을 메우기 위해 나는 한국연구재단 신진 연구자 지원 사업에 "고대 그레코-로만 전기의 장르적 특성에 비추어본 복음서 연구의 새 지평: 복음서 독서의 급진적 윤리성을 중심으로"라는 연구 주제를 제안했고 사업에 선정되어 2020년부터 2023년까지 재정 지원을 받을 수 있게 됐다. 한국연구재단의 재정 지원을 통해 안정된 환경에서 연구할 수 있었고 이로 인해 지난 3년간 5편의 논문이 여러 등재학술지에 게재됐다. 예기치 못한 연구 주제와의 만남이 꼬리에 꼬리를 무는 여러 사건들을 거쳐 이제 한 손에 들어오는 단행본으로 탄생하게 된 것이다.

이 책은 지난 몇 년간 다양한 학술지에 출판된 나의 논문들을 모은 것이다. 이 책에 수록된 글들은 서로 다른 학술지에 소논문의 형태로 먼저 출판됐기에 형식과 내용의 수정이 불가피했다. 각각의 학술지는 각주에 대한 서로 다른 형식을 요구하기 때문에 책의 일관성을 위해 각주의 형식을 하나로 통일했다. 책의 일관성을 위해 교차 사용되는 용어도 하나로 통일했다. '그레코-로만'과 '그리스-로마' 중 불가피한 경우를 제외하고는 후자의 용어를 일관되게 사용했다. 책의 구성을 위해 기존 학술지에 출판됐던 논문의 제목이나 내용을 일부 변경하기도 했지만 논문의 원형을 최대한 유지하려고 노력했다. 이로 인해 논문에서는 논지 전개에 꼭 필요한 부분이지만, 단행본의 형태에서는 중복되는 내용처럼 보이는 부분도 있을 것이다. 논문의 자세한 출처 표기는 각 장의 첫 번째 각주에서 확인할 수 있다.

본서는 총 9장과 부록으로 구성되어 있다. 제1장은 이 책이 만들어지기까지의 과정과 각 장의 내용을 간략하게 요약한다. 제2장과 부록은 복음서의 장르인 그리스-로마 전기의 장르적 특성을 집중적으로 기술한다. 제3-8장에서도 그리스-로마 전기의 장르적 특성이 일부 언급되긴 하지만, 이 장들의 주된 초점은 선택된 본문의 해석을 제공하는 것이다. 반면, 제2장과 부록은 복음서의 장르적 읽기를 위한 방법론 자체를 비교적 자세하게 다룬다. 특히 제2장은 그리스-로마 전기의 네 가지 장르적 특성을 종합적으로 다룬다. 네 가지 장르적 특성이란, (1) 주인공에 대한 집중적 관심, (2) 주인공에 대한 인물묘사를 통해 독자들을 덕스러운 삶으로 초청, (3) 비교/대조의 사용, (4) 넓은 독자층을 상정하는 것이다. 제2장의 후반부는 이러한 네 가지 장르적 특성이 마가복음 8:27-34에 어떻게 나타나고 있는지 간략하게 논의한다. 본서의 부록에 수록된 "그리스-로마 전기 장르와 복음서의 저술 목적"은 학제 간 학술지인 『지중해지역연구』에 게재됐던 것으로, (2)와 (4)의 장르적 특성을 좀 더 심도 있게 다룬다. 제3-8장은 대체로 그리스-로마 전기의 장르적 특성을 마가복음의 특정 본문에 적용하여 해석을 도출한다. 제3장은 1:16-20을, 제4장은 2:1-3:6을, 제6장은 5:1-43을, 제7장은 6:14-29을, 제8장은 7:24-30을 중심으로 복음서의 장르적 읽기를 시도한다. 이 책의 제5장은 그리스-로마 전기의 장르적 특성과 직접적인 관련은 없지만, 마가복음 4:12의 ἵνα절 해석이 마가복음의 전체적인 메시지를 이해하는 데 핵심적인 역할을 하기 때문에 본서에 포함됐다. 이 책의 마지막 장인 제9장은 이전 논의의 주요 쟁점을 정리·요약하고 후속 연구를 위한 제언을 덧붙인다.

중립적인 해석이란 존재하지 않는다. 모든 해석은 일종의 관점을 가지고 이루어진다. 중요한 것은, 특정한 관점을 가지고 해석하는 일이 유용함과 동시에 한계를 지니고 있음을 인식하고 성실하게 본문 해석에 임하는 것이다. 이 책은 복음서의 장르적 읽기가 복음서의 모든 해석학적 난제를 해결해주는 만능열쇠라고 주장하지 않는다. 다만 복음서의 장르적 읽기는 복음서를 당대 문학적 장르의 지형도 속에 단단히 위치시키고, 1세기의 저자와 독자의 가정과 기대를 세심하게 고려하고 있으며, 장르적 특성을 이용한 본문 해석이 전통적 해석과는 다른 새로운 빛을 던져줄 수 있다고 제안한다. 복음서의 장르적 읽기를 통해 필자가 경험했던 성찰과 통찰의 순간이 독자들에게도 전달되기를 간절히 소망한다.

제2장
복음서의 장르적 읽기를 위한 네 가지 제안[1]

1. 들어가는 말

저자에게 있어서 매체는 메시지만큼이나 중요하다. 메시지가 독자들에게 전하고자 하는 이야기나 교훈이라면, 매체는 그 메시지를 담는 그릇이다. 저자는 내용에 해당하는 메시지의 선택에 대해 깊이 고민하는 만큼 형식에 해당하는 매체의 선택에 있어서도 그에 못지않게 골몰한다. 예를 한번 들어보자. '냉장고의 상한 음식'이라는 메시지를 서로 다른 매체, 즉 다른 장르에 담게 되면 분위기가 사뭇 달라진다.

---

1. 본 장은, "복음서를 어떻게 읽을 것인가?: 복음서의 장르적 읽기를 위한 프롤레고메나," 『신약연구』 22.1 (2023), 7-40을 신약연구로부터 사용 허락을 받아 재출판한 것이다. 이 논문은 2020년 대한민국 교육부와 한국연구재단의 지원을 받아 수행된 연구다(NRF-2020S1A5A804132213).

〈뉴스〉

앵커: 여름이면 집에서 가족들이 가장 많이 찾는 것, 아무래도 냉장고가 아닐까 싶은데요. 그런데 집 안의 냉장고, 너무 믿어서는 안 될 것 같습니다. 노태영 기자가 두 가정의 냉장고 위생 상태를 긴급 점검해봤다는데요. 노태영 기자, 실제로 세균 측정을 해봤지요? 결과가 어떤가요?

기자: 그야말로 충격 그 자체라고 해도 과언이 아닐 정도였는데요. 기준치를 훨씬 초과해 세균이 검출된 것은 물론 심지어 화장실 변기보다 아홉 배나 더 많은 세균이 검출되기도 했습니다. …[2]

〈시〉

보송보송한 분홍 곰팡이가 드넓게 만개한 그날의 밥상머리에 뽀얀 포동포동 살이 오른 구더기가 밥그릇에 그득히 담겨 있었지 사내는 그 밥을 다 먹었네 나는 창가에 서서 휘파람을 불며 화분에 물을 주었네 말이 되는 소리를 하라며 말을 하고 싶지 않은 소리를 내던 사내가 윤기가 반들반들한 흑빛 구정물이 고인 국그릇에 얼굴을 파묻고 쩌업쩝 쩌어업쩝 소리를 드높였을 때 신발장을 활짝 열어 하얀 운동화를 꺼낸 다음 타일 바닥에 탁, 하고 내려놓고 나는 두 발을 넣었네 문 닫히는 멜로디가 경쾌하게 울려퍼졌지[3]

---

2. 2013년 8월 23일 KBS 뉴스. https://news.kbs.co.kr/news/view.do?ncd=2712228(2022. 11. 15. 검색).
3. 김소연, "냉장고의 나날들," 『i에게』 (서울: 아침달, 2018), 28-29.

뉴스라는 장르는 냉장고의 상한 음식이라는 주제를 논하면서 "화장실 변기보다 아홉 배나 더 많은 세균"과 같은 사실에 근거하여 정보를 전달하는 데 주력한다. 반면, 시라는 매체는 동일 주제를 다루면서도 전혀 다른 분위기를 자아낸다. 최소한 위의 시를 기준으로 볼 때, 시는 가상의 상황을 설정하거나 다소 과장된 표현을 사용하는 것을 허용한다. 이 때문에 일반적으로 시라는 장르는 뉴스에 비해 해석의 여지가 더 많고 의미의 여백이 더 넓다.

이처럼 동일한 메시지라도 장르가 주는 효과가 다르기 때문에 저자는 장르의 선택에 신중을 기하기 마련이다. 신중하게 선택된 장르는 저자와 독자 간에 일종의 기대와 약속을 형성한다.[4] 저자는 자신이 선택한 장르의 관행에 맞춰 메시지에 대한 단서를 텍스트에 심어놓을 것이며, 유능한 독자는 이러한 장르의 기대를 존중하며 텍스트로부터 메시지를 추출할 것이다. 장르를 매개로 한 저자와 독자 간의 공감대는 장르 비평의 기본 전제다. 본 장은 복음서의 장르가 그리스-로마 전기라는 가정에서 출발한다.[5] 더 나아

4. E. D. Hirsch, *Validity in Interpretation* (New Haven: Yale University Press, 1967), 83; Richard A. Burridge, "About People, by People, for People: Gospel Genre and Audiences," *The Gospels for All Christians: Rethinking the Gospel Audiences*, ed. Richard Bauckham (Grand Rapids: Eerdmans, 1998), 114에서 재인용.
5. Richard A. Burridge, *What Are the Gospels?: A Comparison with Graeco-Roman Biography*, SNTSMS 70 (Cambridge: Cambridge University Press, 1992)의 출판 이후로 학자들은 복음서가 그리스-로마 전기라는 것에 대체로 동의한다. Burridge의 저서가 이후에도 거듭 새로운 판본으로 재출간된 것은 이 저서의 중요성을 보여준다. 제2판은 Eerdmans (2004)에서, 제3판은

가 복음서 장르에 대한 세심한 인식을 소유한 독자는 전기의 장르적 특성에 유의하여 텍스트를 해석할 것이라고 가정한다.

복음서의 장르적 읽기를 위한 독해 전략을 제시하기 위해 먼저 본 장 제2-5절에서는 그리스-로마 전기의 네 가지 장르적 특성을 기술한다. 그러고 나서 제6절에서는 이러한 장르적 특성을 고려한 읽기가 실제로 어떻게 구현될 수 있는지 복음서의 본문 중 마가복음 8:27-34을 중심으로 간략히 살펴본다. '간략히' 살펴보는 이유는 본문의 주석 작업 자체보다는 그리스-로마 전기의 장르적 특성을 기술하는 것이 본 장의 주요 과제이기 때문이다.[6] 마지막으로는 앞선 논의의 주요 내용을 요약하고 후속 연구를 위한 제언을 덧붙인다.

Baylor University Press (2018)에서 출판되었다. 이후 이 장에서의 Burridge 저서의 인용은 제3판, 25주년 판본의 쪽수를 따른다. Richard A. Burridge, *What Are the Gospels? A Comparison with Graeco-Roman Biography*, 25th Anniversary Edition (Waco: Baylor University Press, 2018).

6. 이러한 장르적 특성을 반영한 실제적인 주석 작업은 필자의 다른 논문을 참고하라. 권영주, "그레코-로만 전기의 장르적 특성에 비추어본 복음서 해석: 마가복음 1:16-20을 중심으로," 『신약연구』 19.1 (2020), 46-76 (본서 제3장); 권영주, "그레코-로만 전기의 장르적 특성에 비추어본 복음서 해석: 마가복음 2:1-3:6을 중심으로," 『영산신학저널』 54 (2020), 201-30 (본서 제4장); 권영주, "그레코-로만 전기의 장르적 특성에 비추어본 복음서 해석: 마가복음 5장을 중심으로," 『성경원문연구』 49 (2021), 122-43 (본서 제6장); 권영주, "마가복음 6:14-29에 예수는 부재하는가?: 샌드위치 구조와 그레코-로만 전기의 장르적 특성을 중심으로," 『신약연구』 21.1 (2022), 131-62 (본서 제7장).

2. 그리스-로마 전기의 장르적 특성 1: 주인공에 대한 집중적 관심

각 장르는 여타 장르와 구별해주는 독특한 특성을 가진다. 위에서 살펴보았듯이, 뉴스는 사실에 기반하여 정보를 전달하는 데 유용한 장르인 반면, 시는 메타포와 중의적 언어를 사용하기 때문에 해석의 여지가 더 많은 장르다. 그렇다면 복음서의 장르인 전기의 독특한 특성은 무엇일까? 그것은 바로 주인공에 대한 집중적 관심이다. 다른 장르와 구별했을 때 전기의 두드러진 장르적 특성은 글의 분량과 초점이 한 인물, 즉 주인공에게 집중되어 있다는 것이다. 이를 위해 복음서 장르와 관련된 간략한 연구사를 되짚어볼 필요가 있다.[7]

복음서 장르에 대한 논의를 구성하는 큰 줄기 중 하나는 복음서의 유대적 요소를 강조하는 입장이다. 일군의 학자들은 복음서의 내용에 유대적 요소가 넓게 스며들어 있음을 다방면으로 지적한다. 가령, 대부분의 학자들은 복음서 기자들이 구약성서의 주제,

---

7. 여기서는 그리스-로마 전기 장르의 첫 번째 특징과 관련된 연구사에 집중한다. 복음서 장르에 대한 전반적인 연구사를 보려면, Craig S. Keener, *The Historical Jesus of the Gospels* (Grand Rapids: Eerdmans, 2012), 73-84; 좀 더 간단한 연구사를 보려면, Youngju Kwon, "Charting the (Un)charted: Gospels as Ancient Biographies and Their (Un)explored Implications," *Biographies and Jesus: What Does It Mean for the Gospels to Be Biographies?*, eds. Craig S. Keener and Edward T. Wright (Lexington: Emeth Press, 2016), 60-65.

모티프, 이미지, 혹은 구절을 직·간접적으로 사용함을 인정한다.[8] 굴더(Michael Goulder)는 마가복음이 구약성서에 대한 미드라쉬이고, 마태복음이 마가복음을 미드라쉬적으로 해석한 것이라고 주장한다.[9] 클라인(Meredith G. Kline)은 복음서의 장르에 대한 힌트가 구약성서 특히 출애굽기와의 비교를 통해 얻어질 수 있다고 지적한다.[10] 콜린스(Adela Yarbro Collins)는 마가복음의 장르가 종말론적 역사 모노그래프(eschatological historical monograph)라고 주장하면서 이 복음서가 마지막 날의 하나님의 일하심에 대한 새로운 이야기를 서술한다고 제안한다. 구약성서는 마지막 날의 하나님의 일하심에 대한 이야기를 종종 다루고 있는데, 마가복음은 이러한 전승을 계승하면서도 동시에 이야기의 중심 내용에 변경을 가져오기도 한다고 주장한다.[11]

또한 많은 학자들은 구약성서에 나타나는 전기적 요소를 복음서와 연결시킨다. 구약성서가 하나님의 구원사를 서술해가면서 중요한 인물들(아브라함, 모세, 다윗 등)을 긴 호흡으로 묘사할 때가 있는데, 이와 마찬가지로 복음서도 예수를 하나님의 구원사 속에 나

---

8. 이에 대한 최근의 대표적인 저작으로는 다음이 있다. 리처드 헤이스, 『복음서에 나타난 구약의 반향』, 이영욱 역 (서울: 감은사, 2022).
9. Michael Goulder, *Midrash and Lection in Matthew* (London: SPCK, 1974); Burridge, *What Are the Gospels?*, 19에서 재인용.
10. Meredith G. Kline, "The Old Testament Origins of the Gospel Genre," *WTJ* 38.1 (1975), 1-27.
11. Adela Yarbro Collins, *Mark: A Commentary on the Gospel of Mark*, Hermeneia (Minneapolis: Fortress, 2007), 43.

타난 중심인물로 그리고 있다는 것이다. 이러한 학자들은 복음서에 '전기적'(biographical)이라는 형용사를 붙이는 것에는 큰 어려움을 느끼지 않지만 복음서에 '전기'(biography)라는 명사를 사용하는 것에 대해서는 주저한다. 유대교 문헌에 나타나는 전기적 요소에 착안하여 알렉산더(Philip S. Alexander)는 랍비 전기(rabbinic biography)를 연구 대상으로 삼는다. 알렉산더의 연구 결과는 본 장의 연구 주제와 밀접한 관련성을 가지고 있다. 알렉산더는 현존하는 랍비 전기의 사례들을 포괄적으로 검토한 뒤 다음과 같이 논평한다. 그의 논평은 복음서 장르와 관련한 중요한 통찰을 던져주기 때문에 비록 길지만 인용될 필요가 있다.

> 고전적 랍비 문헌에는 "전기적"(biographical)이라고 넓게 분류할 수 있는 자료들이 매우 많다. 왜냐하면 그것은 현인들의 삶에 나타난 사건들을 기술하는 것을 목표로 하고 있기 때문이다. … 랍비는 아카데미의 바깥 영역에서, 넓게는 사회에서, 재판관이라는 역할을 수행했다. … 하지만 우리는 고전적 랍비 유대교에 나타나는 위대한 현인들에 대한 존경 혹은 숭배를 과장해서는 안 될 것이다. 그리스 세계에서 영웅 의식은 보편적인 현상이었지만 랍비 문화에서 영웅화는 극도로 자제됐다. … 하지만 흥미로운 점은 이것이다. 내가 이상하다고 생각하는 것은 랍비 문헌에 복음서가 존재하지 않는다는 점이 아니라 … 이러한 복음서와 같은 모음집들이 전혀 존재하지 않는다는 점이다. 어떤 현인에 대한

고대 전기의 아무런 흔적을 찾을 수 없다. 어떤 스승에 대한 여기저기 흩어져 있는 아가다들(aggadot)이 이 같은 전기적 설명 혹은 이야기들을 합쳐 만들어진, 하지만 지금은 분실된 모음집의 일부를 구성했을 것이라고 가정할 이유가 없다는 말이다. 우리는 후기 전승에서 현인에 대한 독립적 이야기들을 하나의 전기로 엮으려는 그 어떠한 움직임도 발견할 수 없다. 이것은 심오한 수수께끼다. … 엘리에제르 벤 히르카누스(Eliezer b. Hyrcanus)에 대한 풍성한 전기적 자료가 있음에도 불구하고 왜 아무도 그에 대한 랍비 복음서를 만들 생각을 하지 않았을까? 이에 대한 가장 분명한 대답은 엘리에제르도 그 어떤 현인도 예수가 초기 그리스도교에서 차지했던 중심적 위치와 동일한 무게를 랍비 유대교 내에서 차지하고 있지 않기 때문이다. 랍비 유대교의 중심은 토라다. 반면 그리스도교의 중심은 예수라는 인물이며, 복음서의 존재 자체가 이 사실에 대한 증거라고 할 수 있다. … 복음서 비평가들은 복음서에 비견될 수 있는 문서가 랍비 문헌에 존재하지 않는다는 단순한 사실에 주목할 필요가 있다. 이 때문에 복음서의 전반적 형태의 기원에 대해 관심이 있는 사람은 다른 곳, 구약 혹은 더 풍성한 결과를 위해서는 아마도 그리스-로마 세계로 눈을 돌려야 할 것이다.[12]

12. Philip S. Alexander, "Rabbinic Biography and the Biography of Jesus: A Survey of the Evidence," *Synoptic Studies: The Ampleforth Conferences of 1982 and 1983*, ed. Christopher M. Tuckett, JSNTSup 7 (Sheffield: JSOT, 1984), 20, 37-38, 40-41. Alexander의 논지를 계승하고 있는 다른 연구를 보

알렉산더의 논평은 세 가지 면에서 유의미하다. 첫째, 복음서가 '전기적'이라고 말하는 것과 복음서가 '전기'라고 말하는 것은 큰 차이가 있음을 알 수 있다. '전기적'이라는 형용사는 다른 장르에도 적용될 수 있다. 예를 들어 역사서라는 장르에도 전기적 요소가 존재할 수 있다. 반면 복음서를 '전기'라고 명명하는 것은 복음서 장르에 대한 확정적 발언이다. 둘째, 전기의 독특한 장르적 특성은 한 인물에 집중하는 것임을 알 수 있다. "그리스도교의 중심은 예수라는 인물이며, 복음서의 존재 자체가 이 사실에 대한 증거라고 할 수 있다"는 알렉산더의 발언은 의미심장하다. 이 발언을 재진술하자면, 그리스도교는 예수라는 인물을 중심적 위치에 두고 있으며, 이 때문에 복음서 기자들은 예수의 이야기를 전하기 위해 많은 장르 중에서 한 인물에 집중하는 전기를 선택했다는 것이다. 셋째, 랍비 문헌에 전기가 존재하지 않기 때문에 그리스-로마 세계로 눈을 돌려야 한다는 알렉산더의 발언은 그리스-로마 전기에 대한 연구가 복음서 장르 논의에 새로운 빛을 던져줄 수 있음을 암시한다. 이 세 번째 요점을 구체적으로 발전시킨 것이 바로 버릿지(Richard A. Burridge)의 『복음서는 무엇인가?: 그리스-

---

려면, Richard A. Burridge, "Gospel Genre, Christological Controversy and the Absence of the Rabbinic Biography: Some Implications of the Biographical Hypothesis," *Christology, Controversy and Community: New Testament Essays in Honour of David R. Catchpole*, eds. David G. Horrell and Christopher M. Tuckett (Leiden: Brill, 2000), 137-56.

로마 전기와의 비교』(*What Are the Gospels?: A Comparison with Graeco-Roman Biography*)이다.

버릿지는 복음서 저작 전후로 작성된 그리스-로마 전기 작품 10개를 골라서 비교 작업을 진행한다. 시작 특징(opening features), 주어(subject), 외적 특징(external features), 내적 특징(internal features)이라는 4개의 요소들이 각 작품에 어떻게 나타나는지 분석한 뒤, 10개의 작품이 그리스-로마 전기라고 부를 수 있는 장르적 특성을 공유하고 있음을 보인다.[13] 그리고 이 4개의 요소들을 복음서 분석에도 적용하여 동일한 결론을 끌어낸다.[14] 여기서 우리의 현재 주제와 밀접한 관련성을 보이는 것은 두 번째 요소인 주어다. 버릿지가 선택한 10개의 그리스-로마 전기와 4개의 복음서 모두 동일한 장르적 특성을 지니는데, 그것은 바로 한 인물 즉 주인공에게 주어가 집중된다는 것이다. 버릿지는 저작 시기와 장소가 다른 14개의 전기 작품들에 사용된 주어들의 빈도수를 일일이 분석한 뒤 한 가지 뚜렷한 패턴을 발견한다. 전기와 다른 장르는 여러 인물들이 등장한다는 공통점이 있지만, 전기는 유독 한 인물, 바로 주인공에게 집중한다는 차별성을 보인다. 달리 말하자면, 전기라는 장르는 주인공의 삶과 인격을 조명하는 데 지대한 관심을 가지고 있다는 것이다. 이것이 복음서 해석에 함의하는 바는 무엇일까? 버릿지의 발언을 들어보자.

---

13. Burridge, *What Are the Gospels?*, 105-84.
14. Ibid., 185-232.

> 전기 가설의 함의는 복음서가 신학적 사상에 관한 것이 아니라 한 인물에 관한 것이라는 점이다. 따라서 복음서를 이해하는 해석학적 열쇠는 가설적인 공동체 내에 존재하는 가정된 문제들에서가 아니라 복음서의 기독론에서 발견되어야 한다. 모든 본문은 전기라는 포괄적 장르의 관점에 비추어서 해석되어야 한다. 복음서를 해석할 때 우리는 이 이야기 혹은 사건이 예수에 대한 저자의 이해에 관해 무엇을 말해주려고 의도되었는지 질문할 필요가 있다.[15]

복음서가 그리스-로마 전기 장르라는 것을 진지하게 고려하는 유능한 독자는 본문에 나타난 다른 어떤 인물이나 개념보다도 예수라는 인물에 일차적인 관심을 두게 될 것이다. 이는 복음서를 해석하는 데 있어서 유용한 해석학적 렌즈로 사용될 수 있다. 가령, 예수가 제자들을 부르는 본문(막 1:16-20)의 일차적 초점이 제자들이 아니라 예수라는 사실을 의식하면, 기존의 해석들에 대한 교정책을 제시할 수 있다. 전통적으로 이 본문은 '제자들의' 즉각적이고도 급진적인 순종을 강조하는 본문으로 해석되어 왔으나, 복음서의 장르를 세심하게 고려하는 해석은 이 본문의 주요 강조점이 '예수'의 권위에 있다고 강조한다.[16] 그리스-로마 전기의 첫 번

15. Burridge, "About People, by People, for People," 124.
16. 권영주, "마가복음 1:16-20," 56-63 (본서 제3장).

째 장르적 특성을 감안하는 해석은 "이 본문에 나타난 예수는 누구인가?"라는 질문을 진지하게 다룬다.

3. 그리스-로마 전기의 장르적 특성 2: 주인공에 대한 인물묘사를 통해 독자들을 덕스러운 삶으로 초청

그리스-로마 전기의 두 번째 장르적 특성은 첫 번째 장르적 특성과 관련 있다. 첫 번째 장르적 특성은 주인공에 대한 집중적 관심이었다. 전기는 다른 어떤 인물들보다 주인공에 큰 관심을 두는 장르다. 따라서 이러한 장르적 특성을 진지하게 고려하는 독자는 전기의 주인공이 어떻게 묘사되고 있는지 주의 깊게 관찰한다. 이는 전기 장르의 두 번째 특성과 자연스럽게 연결된다. 주인공에 대한 집중적 관심은 주인공에 대한 인물묘사로 자연스럽게 이어진다.

그리스-로마 전기의 두 번째 장르적 특성, 즉 주인공에 대한 인물묘사를 통해 독자들을 덕스러운 삶으로 초청한다는 것에서 두 가지를 기억할 필요가 있다. 첫째, 고대 그리스-로마 전기에서 인물묘사의 주요한 방식은 해당 인물의 말과 행동을 보여주는 것이다. 현대 전기에서는 전기 작가의 논평을 통해 인물을 묘사하는 일이 종종 있지만, 고대 그리스-로마 전기에서 이런 경우는 드물고 대신 해당 인물의 말과 행동을 보여줌으로써 그의 인격과 됨됨이를 드러낸다. 먼저 현대 전기의 예를 보자.

> 에라스무스는 일생 동안 종교 예복을 입은 모습을 거의 보이지 않았다. 그래서 이 자유사상가이자 편견 없는 저술가가 임종의 시간까지 신부였다는 사실을 기억하기 위해서는 상당한 노력이 필요하다. 그는 자기를 억압하는 모든 것을 조용한 방식으로 처리해 낼 수 있었고, 복장의 제약이나 어떤 강요를 당할 때 자기 내면의 자유를 방어할 수 있는 대단한 처세술을 터득하고 있었다. 에라스무스는 아주 능란하게 핑계를 대어 두 명의 교황으로부터 신부복을 입지 않아도 된다는 특별 면제 권리를 얻어 냈고, 건강 진단서를 이용해 사순절의 구속에서 빠져나온다. 그리고 자기 상관의 모든 간청, 경고, 심지어는 위협에도 불구하고 단 하루도 수도원에 돌아가지 않았다. 이는 그의 성격 가운데 가장 의미 있는, 어쩌면 가장 본질적인 특징을 드러낸다. 에라스무스는 어느 것에도, 그리고 누구에게도 구속되려 하지 않았다.[17]

이 글은 슈테판 츠바이크의 『에라스무스 평전』의 일부를 발췌한 것이다. 위에서 확인할 수 있듯이 에라스무스의 일생을 조명하는 이 현대 전기에서 인물묘사는 주로 작가의 논평을 통해 이루어진다. 주인공 에라스무스의 성격을 유추할 수 있는 관련 일화가

---

17. 슈테판 츠바이크, 『에라스무스 평전』, 정민영 역 (서울: 원더박스, 2022), 전자매체본, 제3장.

소개되긴 하지만 주인공의 성격에 대한 최종적인 진술을 내리는 것은 다름 아닌 전기 작가다("이는 그의 성격 가운데 가장 의미 있는, 어쩌면 가장 본질적인 특징을 드러낸다. 에라스무스는 어느 것에도, 그리고 누구에게도 구속되려 하지 않았다"). 현대 전기의 인물묘사는 마치 작가가 인물의 내면과 의도를 모두 간파하는 듯이 전지적 작가 시점으로 이루어지는 경우가 잦다. 종교 예복을 입지 않은 것이 구속을 꺼리는 성격 탓이었는지 아니면 다른 이유 때문이었는지 에라스무스 자신으로부터 확인할 길이 없지만, 현대 전기 작가는 주어진 정보에 근거해서 에라스무스의 성격을 진단하는 발언을 스스럼없이 한다. 반면, 고대 전기는 인물묘사를 할 때 이러한 작가의 논평을 최대한 자제하는 편이다. 오히려 해당 인물의 말과 행동을 보여줌으로써 독자들 스스로 그 인물의 인격과 됨됨이를 판단하도록 한다. 아래 예를 보자.

> 파이오니아의 지휘관이었던 아리스톤이 적군을 죽이고 적장의 머리를 베어 가지고 와 알렉산드로스에게 보이며 말했다.
>
> "폐하! 저희 나라에서는 이와 같은 선물을 가져오면 상으로 금잔을 받습니다."
>
> 이에 알렉산드로스가 웃으며 대답했다.
>
> "그렇겠지요. 아마도 그것은 빈 잔이었을 것이오. 그러나 나는 거기에 포도주를 가득 채워 주며 그대의 건강을 빌겠소."

언젠가는 마케도니아의 병사가 왕실의 금을 실은 노새를 몰고 가는데, 짐이 무거워 노새가 더 이상 걷지 못하자 그 병사가 금을 어깨에 메고 걸어갔다. 고생스러워하는 병사를 본 왕은 사정을 알고 난 뒤에 그 병사가 짐을 내려놓으려는 것을 보고 이렇게 말했다.

"포기하지 말라. 자네의 숙소까지 메고 가면 자네의 여행은 끝나네. [그리고 자네는 그에 맞는 보상을 받을 것이네.]"[18]

위의 두 일화에는 등장인물에 대한 전기 작가의 직접적 논평이 부재하지만 독자는 알렉산드로스가 선물을 주는 데 후하고 아랫사람의 사정을 살피는 어진 성품을 가졌음을 유추할 수 있다. 물론 고대 전기에도 작가가 직접적 논평을 통해 등장인물의 인격과 됨됨이를 서술할 때가 있다.[19] 하지만 더 많은 경우, 위의 일화

---

18. 플루타르코스, 『알렉산드로스』 39; 국문 번역은 플루타르코스, 『영웅전』 제4권, 신복룡 역 (서울: 을유문화사, 2021), 73-74을 따랐다. 여기서는 주로 주인공의 말을 통해 그의 인격과 됨됨이를 묘사하지만, 주인공의 행동을 통해서도 동일한 효과를 나타낼 수 있다. 이에 대한 대표적인 논평으로는 Xenophon, *Agesilaus* 1.6a가 있다. "나는 이제 그의 통치 동안 그가 성취한 모든 것들에 대한 설명을 제공할 것이다. 왜냐하면 내가 생각할 때 그의 인격에 대한 통찰을 얻기 위해서 그의 행위를 살펴보는 것만큼 좋은 방법이 없기 때문이다." 원문 번역은 Tomas Hägg, *The Art of Biography in Antiquity* (Cambridge: Cambridge University Press, 2012), 44 이하를 따른다.
19. Cornelius Nepos, *On Great Generals* 4 (Pausanias), 1.1; Suetonius, *Caligula* 44; Craig S. Keener, *Christobiography: Memory, History, and the Reliability of the Gospels* (Grand Rapids: Eerdmans, 2019), 135-36에서 재인용. 또 다른 예를 보려면, Philip Stadter, "'The Love of Noble Deeds': Plutarch's Portrait

처럼 전기 작가는 그저 등장인물의 말과 행동을 묘사할 뿐, 그 인물에 대한 평가는 독자들에게 넘긴다. 이러한 패턴은 복음서에서도 관찰된다. 복음서 기자들은 주인공 예수를 묘사할 때 그의 인격에 대해 직접 논평하기보다는 그의 인격을 드러낼 수 있는 말과 행동을 보여준다.

그리스-로마 전기의 두 번째 장르적 특성에서 기억해야 할 두 번째 요소는, 전기 작가는 이러한 인물묘사를 통해 독자들을 덕스러운 삶으로 초청한다는 것이다. 전기 작가가 인물묘사를 하는 것은 해당 인물에 대해 단순히 정보를 제공하기 위함이 아니라 독자들을 덕스러운 삶으로 초청하기 위함이다.[20] 전기 장르에 나타난 윤리적 함의는 여러 문헌에 나타나 있는데,[21] 플루타르코스의 아래 발언이 대표적이다.

> 처음에 나는 다른 이들을 위해 생애(Lives)를 쓰기 시작했다. 하지만 지금은 나를 위해 그 일을 지속하고 있으며 기쁨마저 느낀다. 역사를 거울삼아 그 안에 표현된 덕에 맞춰 내 삶을 꾸리고 장식

---

of Aratus of Sicyon," *Fame and Infamy: Essays for Christopher Pelling on Characterization in Greek and Roman Biography and Historiography*, eds. Rhiannon Ash et al. (Oxford: Oxford University Press, 2015), 165-72.

20. Keener, *Christobiography*, 132.
21. 필자는 다른 논문에서 이를 집중적으로 다룬 적이 있다. 권영주, "그리스 로마 전기 장르와 복음서의 저술 목적," 『지중해지역연구』 24.4 (2022), 1-26, 특히 3-11. 이 논문은 본서의 부록에 수록되어 있다.

하려고 노력하는 일 말이다(*Aemilius Paulus* 1.1).[22]

윗글에 의하면 플루타르코스가 생애, 즉 전기를 쓰는 목적과 대상이 분명하다. 플루타르코스는 원래 다른 사람들을 위해 전기를 기록했고, 그가 전기를 기록하는 목적은 역사에 나타난 인물의 미덕을 살펴봄으로써 독자들을 그와 유사한 삶으로 초청하는 것이다. 처음에 플루타르코스는 독자들의 덕스러운 삶을 위해 전기를 기록하기 시작했지만, 이제는 전기 작가인 자신조차 동일한 혜택을 누리고 있다는 자기 고백을 한다.

전기의 두 번째 장르적 특성 역시 복음서 해석에 유용한 지침을 제공한다. 전기 장르인 복음서는 주인공 예수의 인격과 됨됨이를 묘사하기 위해 그의 가르침(말)과 행적(행동)을 밀도 있게 다룬다. 이러한 장르적 특성에 세심한 독자들은 일차적으로 예수의 말과 행동을 주의 깊게 관찰할 것이고, 더 나아가 예수의 말과 행동을 통해 형성된 윤리적 세계로 자신이 초청되고 있음을 인식할 것이다. 즉, 복음서에서 그려지는 예수의 모습은 단순히 예수에 대한 객관적인 정보를 제공하는 것을 넘어, 독자들에게 예수와 같은 삶을 살아가길 초청하는 일종의 윤리적 권면의 메시지라 할 수 있다.

---

22. 이후로 1차 자료는 특별한 언급이 없는 한 Loeb Classical Library 시리즈의 번역을 따른다.

4. 그리스-로마 전기의 장르적 특성 3: 비교/대조의 사용

그리스-로마 전기의 첫 번째와 두 번째의 장르적 특성만을 보면 전기는 주인공 외에 다른 인물들에게 아무런 관심을 보이지 않는 것으로 생각할 수 있다. 하지만 결론부터 말하자면, 그렇지 않다. 전기가 주인공을 집중적으로 조명하는 장르가 맞긴 하지만, 그렇다고 해서 전기에 등장하는 다른 모든 인물들이 그저 명목상으로만 존재하는 것은 아니다. 다른 인물들에게 주어지는 나름의 역할과 중요성이 있다.

각 인물에게 부여된 역할과 중요성은 그리스-로마 전기의 세 번째 장르적 특성인 비교/대조를 통해 뚜렷이 드러난다. 그리스-로마 전기는 서로 다른 인물 혹은 가치 간의 비교/대조를 사용함으로써 특정 미덕 혹은 악덕을 강조한다. 먼저 주인공과 등장인물과의 비교/대조의 예를 살펴보자.

> 이것은 아시아에서 아게실라오스의 첫 번째 행동이었다. 티사페르네스는 아게실라오스에게 다음과 같이 맹세했다. "만약 왕께서 제가 보내는 사신들이 돌아올 때까지 휴전 협정을 유지해준다면, 저는 아시아에 있는 그리스 도시들이 독립할 수 있도록 최선을 다할 것입니다." 아게실라오스는 휴전 협정을 잘 지킬 것이라고 맹세했고 일이 진행될 수 있도록 3개월을 기다렸다. 그런데

무슨 일이 벌어졌을까? 티사페르네스는 즉시 맹세를 어겼고 평화를 유지하는 대신 이전에 있던 군대에 더하여 더 많은 군대를 왕에게 보냈다. 하지만 아게실라오스는 이 사실을 알고도 평화 협정을 계속 유지했다. 내가 생각하기에 우리는 여기서 그의 첫 번째 고귀한 성취를 볼 수 있다. 티사페르네스를 위증자로 폭로함으로써, 아게실라오스는 모든 곳에서 그를 믿지 못할 사람으로 만들었다. 반면에 자신을 약속의 사람이자 계약에 충실한 사람으로 증명함으로써, 아게실라오스는 자신이 원할 때 그리스인이든 야만인이든 모두가 자신과 계약을 할 수 있도록 만들었다(Xenophon, *Agesilaus* 1.9-12).

여기서 전기 작가인 크세노폰은 주인공인 아게실라오스의 덕을 부각시키기 위해 등장인물과의 비교/대조의 방법을 사용한다. 위 일화에서 티사페르네스는 맹세를 가볍게 여기고 약속을 어기는 반면, 주인공 아게실라오스는 상대가 약속을 어겼음에도 불구하고 자신이 처음 했던 맹세를 끝까지 지키는 신실한 모습을 보인다. 또한 이것의 결과로 티사페르네스는 누구의 신뢰도 받지 못하는 사람이 되었고, 주인공 아게실라오스는 모든 사람의 신뢰를 얻는 사람이 되었다.

주인공과 다른 인물 간의 비교/대조는 복음서에서도 등장한다. 예를 들어, 손 마른 자의 치유를 둘러싼 안식일 논쟁 사건(막

3:1-6)에서 예수와 바리새인들은 비교/대조를 이룬다.[23] 첫째, 예수는 진리를 말하는 존재로, 바리새인들은 진리를 외면한 채 침묵하는 존재로 그려진다. 둘째, 예수는 손 마른 자를 살리는 존재로, 바리새인들은 손 마른 자(뿐 아니라 예수까지)를 죽이려는 존재로 묘사된다.

비교/대조는 주인공과 다른 인물 사이에도 일어나지만 서로 다른 인물들 사이에서도 발생한다. 플루타르코스의 『영웅전』(*Parallel Lives*)은 이러한 패턴이 작품 전반에 걸쳐 나타나는 대표적인 예다. 이 작품에서 플루타르코스는 그리스인과 로마인 중에서 특정 덕을 보여줄 수 있는 두 인물/그룹을 골라 이들을 비교/대조하는 식으로 처음부터 끝까지 글을 전개한다. 독자들은 서로 비교/대조되는 인물/그룹에 대한 이야기를 읽음으로써 미덕은 본받고 악덕은 피하는 자리로 나아가게 된다. 이처럼 플루타르코스의 『영웅전』의 기본적인 구성은 서로 다른 전기의 주인공을 비교/대조하는 것이지만, 한 전기 내에서 주인공이 아닌 등장인물 간의 비교/대조를 하는 경우도 찾아볼 수 있다. 플루타르코스의 『폼페이우스』(*Pompey*)에 나타난 아래 예를 보자.

> 민중을 기쁘게 해주는 정치적 조처를 함으로써 민심이 자기에게 쏠리고 있다는 사실을 알아차린 클로디우스는 곧장 폼페이우스

23. 이에 대한 자세한 분석은 권영주, "마가복음 2:1-3:6," 221-23 (본서 제4장)을 보라. 아래는 이러한 분석의 주요 주장을 요약한 것이다.

가 만들어 놓은 조치들을 폐지하려고 시도했다. … 드디어 밀로의 공개 재판에 폼페이우스가 나타나자 클로디우스는 천박하고 외설스럽기 짝이 없는 건달들을 손가락으로 불러 모으고 자신은 높다란 의자에 앉아 이렇게 물었다.

"방탕한 전제 군주가 누구입니까?"

"폼페이우스입니다."

"동성애를 즐길 수 있는 남자를 찾는 사람이 누구입니까?"

"폼페이우스입니다."

"한 손가락으로 머리를 긁는 사람[24]이 누구입니까?"

"폼페이우스입니다."

클로디우스가 겉옷을 흔들며 물을 때마다 건달들은 마치 잘 훈련된 합창단이 노래하듯이 큰 소리로 대답했다.[25]

카이사르는 … 로마의 중심지에서 폼페이우스가 꾸미고 있는 매우 중대한 계획을 좌절시키고자 은밀하고도 교묘하게 일을 추진하고 있었다. … 카이사르는 여러 방법으로 모은 금은과 전리품과 온갖 재물을 로마로 가지고 돌아와, 민중을 매수하고 건설관과 법정관과 집정관과 그 아내들에게 나누어 주며 그들을 자기편으로 만들었다.[26]

---

24. 신복룡의 주석에 따르면 이는 "성적 상대를 찾는 몸짓을 뜻한다."
25. Plutarch, *Pompey* 48.6-7. 번역은 플루타르코스, 『영웅전』 제3권, 신복룡 역 (서울: 을유문화사, 2021), 141을 따름.
26. Plutarch, *Pompey* 51.1-2. 번역은 플루타르코스, 『영웅전』 제3권, 신복룡 역

여기 등장하는 두 인물, 클로디우스와 카이사르는 모두 폼페이우스를 경쟁 상대로 의식하여 그의 권위와 명성에 흠집을 내기 위해 거짓과 술수를 서슴지 않는 인물로 그려진다. 클로디우스는 건달을 매수해 거짓 재판을 치렀고, 카이사르는 폼페이우스의 계획을 좌절시키고자 관리와 민중들을 매수한다. 물론 두 인물 모두 폼페이우스와 연관되어 있지만, 두 인물은 자신의 계획을 이루기 위해 수단과 방법을 가리지 않는 악덕을 보여주는 사례로서 서로 비교/대조의 대상이 되기도 한다.

주인공이 아닌 등장인물 간의 비교/대조는 복음서에서도 종종 접할 수 있다. 예를 들어, 회당장 야이로와 혈루증 여인은 여러 면에서 대조된다.[27] 회당장 야이로는 혈루증 여인에 비해 성적·사회경제적·종교적 면에서 우세한 인물이다. 회당장 야이로는 이름이 언급된 남성이었고, 사회경제적으로 안정된 지위를 가지고 있었으며, 종교적으로는 회당의 지도자로서 존경의 대상이었다. 반면, 혈루증 여인은 이름이 언급되지 않은 여성이었고, 사회경제적으로 소외된 계층이었으며, 종교적으로 불결한 인물이었다. 외적인 조건으로는 회당장 야이로가 단연 우세했지만 믿음에 있어서는 전세가 역전된다. 회당장 야이로는 딸이 죽었다는 소식을 들었

(서울: 을유문화사, 2021), 144을 따름.

27. 이에 대한 자세한 분석은 권영주, "마가복음 5장," 132-37 (본서 제6장)을 보라. 아래는 이러한 분석의 주요 주장을 요약한 것이다.

을 때 흔들리는 모습을 보이지만(막 5:36), 혈루증 여인의 믿음은 처음부터 끝까지 요동함이 없다.

이처럼 전기에서 비교/대조는 주인공을 포함한 등장인물의 특정 미덕 혹은 악덕을 부각시키는 데 사용된다. 비교/대조는 등장인물 간에 주로 나타나지만 특정 개념이나 가치 혹은 집단을 대상으로 하기도 한다.[28]

5. 그리스-로마 전기의 장르적 특성 4: 넓은 독자층을 대상으로 함

복음서 장르와 청중/독자[29] 간의 관계성에 대한 연구 분야에 최근 커다란 진전이 있었다. 복음서 독자에 대한 전통적인 입장은 특정 공동체를 상정하는 것이었다. 예를 들어, 마태복음은 마태 공

28. 이러한 예는, 권영주, "수로보니게 여인 에피소드(막 7:24-30) 다시 읽기: 그레코-로만 전기의 장르적 특성을 중심으로," 『신약논단』 29.4 (2022), 420-25 (본서 제8장)을 보라.

29. 복음서를 구술성의 결과로 보느냐 혹은 텍스트성의 결과로 보느냐에 따라 각각 청중과 독자를 상정할 수 있을 것이다. 하지만 여러 선행 연구를 통해 확인됐듯이, 복음서는 구술성과 텍스트성을 모두 지니고 있다. 이 주제와 관련된 전반적인 이해를 위해서는 에릭 이브, 『예수에서 복음서까지: 구술로 전해진 예수 자료는 어떻게 복음서가 되었나?』, 박규태 역 (서울: 좋은씨앗, 2016); Markus Bockmuehl and Donald A. Hagner, eds., *The Written Gospel* (Cambridge: Cambridge University Press, 2005). 이후의 논의에서는 청중과 독자가 모두 고려되지만 편의를 위해 독자만을 언급한다.

동체를 향해 기록되었으며 이 때문에 마태복음은 마태 공동체의 상황을 반영한다는 것이다. 이러한 가정은 복음서 연구의 큰 축을 이루는 편집비평의 토대가 되었다. 편집비평은 복음서들 간에 나타나는 다양한 차이를 복음서 기자의 독특한 신학 혹은 해당 공동체의 상황이 반영된 것으로 해석한다.

복음서의 독자를 특정 공동체로 상정하는 이러한 주류적 흐름에 의미 있는 방식으로 반론을 제기한 학자들이 있다. 이러한 연구 결과는 리처드 보컴이 책임 편집을 맡은 책, 『모든 그리스도인을 위한 복음서: 복음서 독자를 다시 생각하기』(*The Gospels for All Christians: Rethinking the Gospels Audiences*)로 출판됐다.[30] 이 책에서 특히 보컴과 버릿지는 장르와 독자층의 관계에 대해 논하면서 전기가 넓은 독자층을 상정하는 경향이 있다고 주장했다. 보컴의 주장을 대략적으로 요약하자면 다음과 같다.[31] 먼저 보컴은 서신 장르와 전기 장르와의 뚜렷한 차이를 지적한다. 서신 장르는 구체적인 독자를 상정한다. 예를 들어, 고린도전서의 타깃 독자층은 고린도교회 구성원들이며 따라서 고린도전서는 일차적으로 고린도교회의 구체적인 문제를 다루고 있다. 물론 이것이 고린도전서가 넓은 독

---

30. Richard Bauckham, ed., *The Gospels for All Christians: Rethinking the Gospels Audiences* (Grand Rapids: Eerdmans, 1998).
31. 이하의 내용은 Richard Bauckham, "For Whom Were Gospels Written?," *The Gospels for All Christians: Rethinking the Gospel Audiences, ed. Richard Bauckham* (Grand Rapids: Eerdmans, 1998), 26-30의 주요 주장을 요약한 것이다.

자층에 의해 독서되거나 고린도전서의 메시지가 다른 독자들에게 적용되는 가능성을 배제하지는 않지만, 장르에 민감한 유능한 독자는 고린도전서를 해석할 때 그것이 일차적으로 고린도교회를 향해 보내진 서신임을 기억하며 텍스트를 해석한다. 반면 전기 장르는 해당 책의 목적에 따라 독자의 범위가 달라지긴 하지만 기본적으로 넓은 독자층을 상정하는 경향이 있다. 보컴에 따르면, "전기가 작은 공동체의 아주 구체적인 문제를 다루는 것이라고 기대하는 사람은 별로 없었고," "1세기에 전기를 쓰는 사람은 누구나 그것이 저자가 알지 못하는 독자들에게까지 배포되길 기대했을 것이다."[32] 보컴과 마찬가지로 버릿지 역시 복음서의 장르인 전기는 넓은 독자층을 상정하는 경향이 있다고 주장한다. 버릿지는 구체적인 전기의 사례들을 들면서, 설령 해당 전기가 특정한 독자층을 염두에 두고 있다고 하더라도 그것이 넓은 독자층을 배제하지 않음을 지적한다. 예를 들어, 타키투스(Tacitus)의 『아그리콜라』(*Agricola*)의 일차 독자는 독재자 도미티아누스(Domitian) 치하에서 일했던 아그리콜라에 대한 의심의 시선을 거두지 않는 이들이었지만, 이 작품은 타키투스의 "장인"인 아그리콜라라는 인물"에 대해 알기를 원하는 누구에게나" 그리고 "도미티아누스 시대에 있었던 사건들에 대해 관심이 있는 누구에게나" 열린 것이었다.[33]

복음서 장르인 전기와 독자층과의 관계를 가장 심도 있게 다

32. Ibid., 28, 29.

33. Burridge, "About People, by People, for People," 133, 143.

룬 학자는 스미스(Justin Marc Smith)다. 스미스는 『왜 생애인가?: 복음서 장르와 내재적 독자의 관계』(*Why Bíoς?: On the Relationship Between Gospel Genre and Implied Audience*)에서 전기는 넓은 독자층을 상정하는 경향이 있음을 설득력 있게 논증한다.[34] 스미스는 보컴과 버릿지의 통찰을 계승하면서도 복음서 장르와 독자층과의 상관관계에 대한 좀 더 조직적인 접근법을 제안한다. 이 주제에 관한 스미스의 독창적인 기여는 두 가지로 요약될 수 있다. 첫째, 기원전 4세기에서 기원후 4세기 사이에 기록된 그리스-로마 전기를 대상으로 2개의 주요 기준을 적용해 체계적인 분류법을 제안한 것이다.[35] 2개의 주요 기준이란 저자와 주인공과의 관계(contemporary vs. non-contemporary)와 저자와 독자층과의 관계(open vs. focused)이다. 여기서 우리의 당면한 주제와 관련된 주요 기준은 후자다. 스미스는 제한적인 독자층을 염두에 두고 있는 전기를 focused biography, 넓은 독자층을 염두에 두고 있는 전기를 open biography라고 명명한다. Focused biography의 예로는 이소크라테스(Isocrates)의 『에바고라스』(*Evagoras*), 크세노폰(Xenophon)의 『아게실라오스』(*Agesilaus*), 타키투스의 『아그리콜라』 등이 있고, open biography의 예로는 네포스(Nepos)의 『아티쿠스』(*Atticus*), 수에토니우스(Suetonius)의 『아우구스투스』(*Augustus*), 루키아노스(Lucian)의 『데모낙스』

34. Justin Marc Smith, *Why Bíoς?: On the Relationship between Gospel Genre and Implied Audience*, LNTS 518 (London: Bloomsbury, 2015).
35. Ibid., 58.

(*Demonax*) 등이 있다.[36] 이 분류법만 놓고 보았을 때는 "전기는 넓은 독자층을 상정하는 경향이 있다"는 주장이 무색해 보인다. 하지만 여기서 스미스의 두 번째 독창적인 기여를 기억할 필요가 있다. 스미스는 대부분의 전기 작가들이 복수 독자를 염두에 두고 있기 때문에 심지어 focused biography도 넓은 독자층을 배제하지 않는다고 주장한다.[37] 예를 들어, 이소크라테스의 『에바고라스』의 일차 독자는 에바고라스의 아들 니코클레스(Nicocles)와 살라미스 축제에 참여한 이들이었지만,[38] 이소크라테스는 "에바고라스의 윤리적 삶에 관심이 있는 모두"를 이차 독자에 포함시킨다.[39] 이와 같은 패턴은 focused biography의 다른 사례인 크세노폰의 『아게실라오스』와[40] 타키투스의 『아그리콜라』에서도[41] 나타난다. 스미스는 다양한 사례를 들어 설득력 있는 논증을 전개한 뒤 다음과 같은 결론을 내린다. "전기는 가능한 한 넓게 독서되도록 의도되었으며, 이처럼 넓은 독자층은/배포는 전기를 기록하도록 자극하는 이유의 일부이기도 했다."[42] 더 나아가 스미스는 이러한 전기의 특성을 복음서에 접목시켜 다음과 같이 주장한다. "복음서 기자들이 전기라는 장르를 선택한 것은 그것이 예수의 말과 행동을 가능한

---

36. 더 많은 예를 보려면, Ibid., 60-61.
37. Ibid., 54-55.
38. Hägg, *The Art of Biography in Antiquity*, 30.
39. Smith, *Why Bíoς?*, 140.
40. Ibid., 144-145.
41. Ibid., 145-146.
42. Ibid., 168.

한 넓은 청중에게 전달하는 데 가장 효과적인 장르이기 때문이다."[43] 스미스는 넓은 독자층을 상정하는 전기의 장르적 특성의 복음서의 메시지, 즉 "모든 민족"(πάντα τὰ ἔθνη)이라는 메시지 혹은 모티프에서도 잘 나타나 있다고 지적한다.[44]

6. 그리스-로마 전기의 장르적 특성을 고려한 마가복음 8:27-34 읽기

마가복음 8:27-34은 마가복음의 핵심 본문이다. 마가복음 8:27-34이 담고 있는 메시지가 중요하기 때문이기도 하지만, 마가복음의 전체적인 구조를 고려했을 때 이 본문이 전략적인 위치를 차지하고 있기 때문이다. 마가복음 8:27-34은 일종의 경첩 역할을 하고 있는데, 이 본문을 기점으로 마가복음의 전체적인 분위기와 논조가 확연하게 바뀐다.[45] 이 본문 이전에서 예수는 놀라운 가르

43. Ibid., 13.
44. Ibid., 182-199.
45. Morna D. Hooker, *The Gospel according to Saint Mark*, BNTC (London: Continuum, 1991), 200; Ben Witherington III, *The Gospel of Mark: A Socio-Rhetorical Commentary* (Grand Rapids: Eerdmans, 2001), 239; John R. Donahue and Daniel J. Harrington, *The Gospel of Mark*, SP 2 (Collegeville: Liturgical, 2002), 264; Robert H. Stein, *Mark*, BECNT (Grand Rapids: Baker Academic, 2008), 395; M. Eugene Boring, *Mark: A Commentary*, NTL (Louisville: Westminster John Knox, 2012), 234.

침과 기적을 통해 사람들의 관심을 받으며 승승장구하는 모습으로 그려진다. 반면, 이 본문 이후로 예수는 예루살렘으로의 여정, 즉 고난과 죽음으로의 여정을 본격적으로 준비한다. 이 같은 논조의 급격한 전환은 이 본문의 메시지를 고려하면 자연스러운 것이다. 마가복음 8:27-34은 예수의 정체성에 대한 메시지, 즉 고난받고 죽임을 당하기 위해 오신 예수를 드러내기 때문이다. 이처럼 전략적인 위치에 놓인 마가복음 8:27-34은 위에서 살펴본 그리스-로마 전기의 4가지 장르적 특성을 잘 보여준다.

본 장의 주요한 목적은 복음서의 장르적 읽기를 위한 방법론으로서 그리스-로마 전기의 장르적 특성을 살펴보는 것이다. 따라서 전기의 장르적 특성에 대한 기술(description)이 주를 이루고, 아래 본문 주석은 이러한 특성을 보여주는 요소들을 간략히 다루는 정도에 그치고자 한다. 본문의 본격적인 주석 작업은 또 다른 연구의 과제로 남겨둔다.

6.1. 주인공에 대한 집중적인 관심

마가복음 8:27-34에서 그리스-로마 전기의 첫 번째 장르적 특성은 비교적 뚜렷하게 나타난다. 왜냐하면 이 본문은 예수의 정체성을 전면적으로 다루고 있기 때문이다. 비록 마가복음의 중요한 모티프인 '메시아 비밀'이 본문 이전에 여러 차례 등장했지만, 이 본문에서 예수는 자신의 정체성을 드러내는 일에 주도적으로 참여한다. 예수는 자신의 정체성을 궁금해 하던 이들에게 이전에는 속 시원히 대답하지 않았지만 이 본문에서는 그것을 공공연히 드러낸다. 이전에 예수가 자신의 정체성을 알리는 것을 꺼린 이유는 분명하다. 그는 자신의 정체성이 승리와 영광으로 정의되길 원하지 않았기 때문이다. 메시아 비밀 모티프가 주로 기적이나 축귀 사역과 같이 예수가 놀라운 일을 행한 뒤에 등장하는 것은 결코 우연이 아니다.[46] 예수는 이러한 극적인 상황에서 사람들이 자신을 승리와 영광의 존재로 오해하지 않길 바랐기 때문에 자신의 정체성을 드러내길 꺼렸던 것이다.

예수의 정체성의 공개 혹은 비공개와 관련해 8:30과 8:32 사이의 급격한 전환은 주목할 만하다. "주는 그리스도시니이다"(8:29)라는 베드로의 고백 이후 예수는 "자기의 일을 아무에게도 말하지 말라"(8:30)고 경고하신다. 이것은 본문 이전에 여러 차례 등장했던 메시아 비밀 모티프를 상기시킨다. 하지만 이후 예수는 자신의 정체성과 관련한 일을 설명할 때(8:31) "드러내 놓고 이 말씀을 하[신다]"(8:32). 이렇게 짧은 순간에 예수가 극적으로 상반된 모습을 보인 이유는 무엇일까? 그것은 예수의 정체성에 대한 이해 여부와 관련 있다. 베드로의 고백 이후 예수가 정체성을 숨겼던 것은 베드로가 예수를 오해하고 있었기 때문이다. "주는 그리스도시니이다"라는 베드로의 고백은 표면적으로 보았을 때 틀린 부분이 없다. 하지만 베드로가 기대한 그리스도(메시아)는 당시

46. Francis J. Moloney, *The Gospel of Mark: A Commentary* (Grand Rapids: Baker Academic, 2012), 59.

유대인들이 그토록 대망했던 정치적 메시아다.[47] 베드로는 다른 유대인들과 마찬가지로 강력한 리더십을 통해 이스라엘을 로마의 압제로부터 구원해줄 메시아를 고대했던 것이다. 이 때문에 예수가 메시아로서 겪게 될 고난과 오해와 죽음을 말했을 때 그는 예수를 "붙들고 항변"(8:32)한다. 이러한 베드로의 오해를 간파했던 예수는 베드로에게 "자기의 일을 아무에게도 말하지 말라"고 경고한다. 베드로의 메시아 인식, 즉 예수의 정체성에 대한 베드로의 이해가 미성숙했기 때문에 예수는 침묵을 요구했던 것이다.[48]

반면, 8:31-32에서 예수가 자신의 정체성과 관련된 일을 직접 말할 때는 메시아 비밀 모티프를 찾아볼 수 없다. 예수는 자신의 정체성을 분명히 이해하고 있었기 때문이다. 예수의 선언에 따르면, 그리스도라는 정체성은 고난, 유기, 죽음과 불가분의 관계다. 예수는 자신을 승리와 영광의 존재로 오해하고 있는 무리들에게는 정체성을 꼭꼭 숨겼지만, 고난과 죽음을 이야기하며 자신의 정체성을 직접 드러낼 때는 숨김과 거침이 없다.

6.2. 주인공에 대한 인물묘사를 통해 독자들을 덕스러운 삶으로 초청

본 장 제3절에서 살펴보았듯이, 전기 작가는 주인공의 인격과 됨됨이를 조명하는 데 큰 관심을 가지고 있다. 이 때문에 장르적

47. 솔로몬의 시편 17편은 유대인들이 고대했던 정치적 메시아가 어떤 모습인지를 잘 기술하고 있다.

48. R. T. 프란스, 『NIGTC 마가복음』, 이종만 외 역 (서울: 새물결플러스, 2017), 548-49.

특성을 진지하게 고려하는 유능한 독자는 주인공에 대한 인물묘사에 주목한다. 현대 전기는 작가의 직접적 논평을 통해 인물묘사를 하는 경우가 종종 있지만 고대 전기는 주로 주인공의 말과 행동을 통해 인물을 묘사한다. 제6.1절에서 확인할 수 있듯이, 마가복음 8:27-34에서 주인공에 대한 인물묘사는 주로 예수의 말을 통해 이루어진다. 특히 8:31에서 예수의 가르침은 예수가 누구인지, 즉 예수의 정체성을 뚜렷하게 보여준다. "인자가 많은 고난을 받고 장로들과 대제사장들과 서기관들에게 버린 바 되어 죽임을 당하고 사흘 만에 살아나야 할 것을 비로소 그들에게 가르치시되." 이 구절에 따르면 예수는 궁극적으로 부활하겠지만 그 부활은 고난과 유기와 죽음을 거쳐야만 가능한 것이다. 여기서 예수가 강조하고자 했던 바는 십자가로 상징되는 고난과 유기와 죽음이다. 예수는 부활로 직행하는 지름길은 없으며, 부활은 십자가를 통해서만 이루어질 수 있다고 힘주어 말한다.

전기에서 주인공에 대한 인물묘사는 단순히 정보를 제공하기 위함이 아니라 독자들을 덕스러운 삶으로 초청하기 위함이다. 주인공의 말과 행동은 주인공의 됨됨이와 인격을 드러내며, 그것을 읽는 독자들은 자연스럽게 유사한 삶으로 초청된다. 이러한 전기의 장르적 특성은 마가복음 8:34에 명시적으로 표현되어 있다. "누구든지 나를 따라오려거든 자기를 부인하고 자기 십자가를 지고 나를 따를 것이니라." 예수는 십자가를 지는 삶이 자신의 정체성의 핵심을 이루고 있음을 밝힌 뒤에 예수를 따르려는 이들(독자들을 포함)을 유사한 삶으로 초청한다.

6.3. 넓은 독자층을 대상으로 함

제5절에서 살펴보았듯이, 전기의 또 다른 중요한 장르적 특성은 넓은 독자층을 상정하는 것이다. 스미스는 전기라는 장르가 가능한 한 넓은 독자들에게 독서되도록 의도되었음을 설득력 있게 논증했다. 또한 이러한 의도가 복음서의 메시지(예. πάντα τὰ ἔθνη)를 통해서도 확인된다고 지적했다. 마가복음 8:27-34의 본문에서도 이러한 의도를 드러내는 표현이 존재한다. 제6.2절에서 검토했던 마가복음 8:34로 다시 돌아가보자. "누구든지 나를 따라오려거든 자기를 부인하고 자기 십자가를 지고 나를 따를 것이니라"는 예수의 초청은 누구를 향하고 있는가? 34절 전반부는 다음과 같이 진술한다. "무리와 제자들을 불러 이르시되." 다시 말해, 십자가를 지고 나를 따르라는 예수의 초청은 한정된 집단인 "제자들"(μαθηταῖς)에게만 주어진 것이 아니라, 더 많은 사람, 더 넓은 독자층인 "무리"(ὄχλον)를 향하고 있다.

6.4. 비교/대조의 사용

제4절에서 살펴보았듯이, 전기는 비교/대조를 사용함으로써 특정 미덕 혹은 악덕을 강조한다. 비교/대조는 주인공과 다른 인물 사이, 다른 인물들 사이, 혹은 가치나 개념 사이 등 다방면으로 적용 가능하다.

마가복음 8:27-34에서도 여러 가지 비교/대조점이 발견된다. 앞선 논의에서 확인했듯이, 주인공 예수와 그의 제자 베드로는 메시아에 대한 서로 다른 이해를 보여준다. 베드로는 다른 유대인들과 마찬가지로 승리와 영광을 가져다 줄 메시아를 기대하고 있었지만, 예수가 그리는 메시아는 많은 고난을 받고 사람들의 버림을 당해 결국 죽음을 맞이하게 되는 존재다. 본문의 표현을 빌려 말하자면(8:33), 베드로의 메시아 이해는 "사람의 일을 생각"하는 수준에 그치지만, 예수의 메시아 이해는 "하나님의 일을 생각"하는 데 초점이 맞추어져 있다.

또 다른 비교/대조점은 인접 문맥으로 눈을 돌릴 때 드러난다. 많은 주석가들은 현재 본문과 선행 본문인 맹인 치유 에피소드(막 8:22-26) 간에 모종의 관계가 있음을 지적했다.[49] 즉, 맹인이 치유되는 방식은 베드로를 포함한 제자들의 영적 상태를 보여준다는 것이다. 예수의 다른 치유 사건들과 달리 마가복음 8:22-26에서 예수는 맹인을 두 번에 걸쳐 치유한다. 첫 번째 치유를 통해 맹인은 형체를 희미하게 볼 수 있는 시력을 갖게 되고, 두 번째 치유를 통해 맹인은 마침내 "모든 것을 밝히 보[게]"(8:25) 된다. 이는 제자들의 영적 상태에 비교될 수 있는데, 맹인이 처음에 희미한 시력만

---

49. 이러한 주장의 대표적인 예로는, Suzanne Watts Henderson, "The Damascus Document and Mark 8:1-26: Blindness and Sight on 'the Way,'" *Reading Mark in Context: Jesus and Second Temple Judaism*, eds. Ben C. Blackwell, John K. Goodrich, and Jason Maston (Grand Rapids: Zondervan, 2018), 127.

을 가지고 있었듯이 현재 본문에서 베드로는 메시아 예수에 대한 희미한 이해만을 소유하고 있다.

예수의 정체성에 대한 영적 시력과 제자도의 상관관계는 원격 문맥으로 눈을 돌리면 더욱 분명하게 드러난다. 마가복음 10:46-52에서 예수는 예루살렘으로 가는 중에 맹인 바디매오를 길에서 만난다. 마가복음 8장의 맹인은 두 번에 걸쳐 시력이 회복된 반면, 마가복음 10장의 바디매오는 단번에 시력이 회복된다. 이는 바디매오가 예수의 정체성에 대한 온전한 이해를 소유한 진정한 제자임을 암시하는 대목이다. 바디매오가 진정한 제자라는 것은 본문의 여러 증거를 통해 확인된다. 바디매오는 예수를 정치적 메시아가 아닌 약한 자를 돌보시는 자애로운 메시아로 인식했고(10:47-48), 예수가 그를 불렀을 때 겉옷을 내던지며 즉각적으로 반응했으며(10:49-50), 그는 성숙한 믿음을 소유했고 고난과 죽음이 기다리는 예루살렘으로 가는 길에서 예수를 따랐다(10:52).

진정한 제자의 표상인 바디매오는 바로 앞에 위치한 10:35-45에 등장하는 예수의 제자들과 다방면에서 대조된다. 제자들은 예수의 세 번째 수난 예고(10:32-34)에도 불구하고 여전히 예수의 정체성과 사역을 이해하지 못하는 존재들로 묘사된다. 그들은 예수를 영광 중에 오르실 승리의 메시아로 오해할 뿐 아니라 그 와중에 한 자리를 차지해보려고(10:37, 41) 분투한다. 또한 제자들이 예수를 승리와 영광의 존재로 오해했던 이 모든 일은 아이러니컬하게도 고난과 죽음을 상징하는 예루살렘 도상에서 벌어지고 있다

(10:32).

정리하자면, 마가복음 8장과 10장의 에피소드에 등장하는 인물들은 뚜렷한 비교/대조를 이루고 있다.[50] 마가복음 8장에서 베드로가 실패한 존재로 묘사되듯이, 마가복음 10장에서 제자들은 실패한 존재로 그려진다. 마가복음 8장에서 맹인이 결국 온전한 시력을 회복했듯이, 마가복음 10장에서 맹인 바디매오는 온전한 시력을 갖게 된다. 온전한 시력을 회복한 것은 일차적으로 육체적 시력의 회복을 의미하지만, 그것은 더 나아가 예수의 정체성을 온전히 이해한 영적 시력의 회복을 의미하기도 한다.[51]

7. 나가는 말

본 장은 장르비평의 기본 전제, 즉 장르는 저자와 독자 간의 일종의 약속을 형성한다는 것에서 출발한다. 따라서 복음서 장르를 진지하게 고려하는 유능한 독자는 그리스-로마 전기 장르의 특성을 고려하여 복음서 텍스트를 해석한다. 본 장에서는 그리스-로마 전기의 4가지 장르적 특성을 서술한 뒤, 이러한 장르적 특성을 고

50. 필자의 분석보다 간결하지만 유사한 비교/대조는 조엘 마커스, 『앵커바이블 마가복음 Ⅱ』, 장성민 역 (서울: CLC, 2016), 1008에서도 발견된다.
51. 이에 대한 자세한 주석을 보려면, 최영숙, “마가복음의 ‘치유하는’ 메시아 - ‘눈먼 사람 치유 기적’(마가복음 8:22-10:52) 연구,” 『신약논단』 23.3 (2016), 617-46.

려하여 마가복음 8:27-34을 해석했다. 첫 번째 장르적 특성은 주인공에 대한 집중적인 관심이다. 여타 장르와 비교했을 때 전기의 독특한 장르적 특성은 글의 분량과 초점이 한 인물, 바로 주인공에게 집중된다는 것이다. 두 번째 장르적 특성은 주인공에 대한 인물묘사를 통해 독자들을 덕스러운 삶으로 초청하는 것이다. 전기 작가는 주인공의 말과 행동을 통해 주인공에 대해 단순히 정보를 전달하는 것이 아니라 주인공의 말과 행동이 창조하는 덕스러운 삶의 세계로 독자들을 초청한다. 세 번째 장르적 특성은 비교/대조의 사용이다. 첫 번째와 두 번째 장르적 특성만을 보면 전기는 주인공 외에 다른 인물들에 전혀 관심을 가지지 않는 것처럼 보인다. 하지만 비교/대조는 전기가 다른 인물들에게도 관심이 있음을 보여준다. 이러한 비교/대조의 사용을 통해 특정 미덕/악덕이 강조된다. 네 번째 장르적 특성은 넓은 독자층을 상정하는 것이다. 보컴, 버릿지, 스미스의 연구를 통해 우리는 전기라는 장르가 가능한 한 넓은 독자들에게 독서되도록 의도되었음을 확인했다.

이러한 장르적 특성은 마가복음 8:27-34에도 뚜렷이 나타난다. 마가복음 8:27-34은 예수의 정체성을 본격적으로 다루고 있는 (주인공에 대한 집중적인 관심) 본문으로서, 예수의 정체성이 고난과 죽음과 직결되어 있음을 보여준다. 이처럼 십자가를 지는 삶은 예수에게만 적용되는 것이 아니라 예수를 따르고자 하는 이들에게도 요청된다(주인공에 대한 인물묘사를 통해 독자들을 덕스러운 삶으로 초청). 또한 이러한 초청은 제자들뿐 아니라 무리를 향하고 있다(넓은 독자층을 상정). 또한 본문에서 예수와 베드로는 예수의 정체성에 대한 상이한 이해를 가지고 있는 존재로 묘사되고 있으며(비교/대조의 사용), 인접 문맥과 원격 문맥을 살피면 베드로와 제자들은 예수를 오해하여 실패한 존재로, 8장의 맹인과 10장의 맹인 바디매오는 온전한 시력을 소유하여 예수의 정체성을 이해한 존재로 묘사된다(비교/대조의 사용).

제3장
그리스-로마 전기 장르로 다시 읽는 마가복음 1:16-20[1]

1. 들어가는 말

리처드 버릿지(Richard A. Burridge)의 『복음서는 무엇인가?: 그리스-로마 전기와의 비교』(*What Are the Gospels?: A Comparison with Graeco-Roman Biography*)는 복음서의 장르 문제와 관련하여 분수령과 같은 역할을 한 작품이라고 할 수 있다.[2] 복음서 장르에 대한 견해의 판도가 이 책을 기점으로 확연히 바뀌었다고 해도 과언이 아니다.

1. 본 장은, "그레코-로만 전기의 장르적 특성에 비추어본 복음서 해석: 마가복음 1:16-20을 중심으로," 『신약연구』 19.1 (2020), 46-76을 신약연구로부터 사용 허락을 받아 재출판한 것이다.
2. Richard A. Burridge, *What Are the Gospels?: A Comparison with Graeco-Roman Biography*, SNTSMS 70 (Cambridge: Cambridge University Press, 1992).

버릿지의 저서 이전에는 불트만의 지대한 영향 아래 복음서를 독특한 장르(*sui generis*)로 보는 경향이 강했다면,[3] 그의 저서 이후에는 복음서를 그리스-로마 전기로 보는 것이 대세적인 견해다.[4] 버릿지의 책이 복음서의 장르를 규정하는 데 큰 기여를 한 것은 사실이지만, 모든 책이 그러하듯 그것은 또 다른 질문과 과제를 남겼다. 그의 책 제목이 암시하듯이, 버릿지는 '복음서의 장르는 무엇인가?'라는 질문에 대해서는 명확한 대답을 남겼다. 하지만 '복음서의 장르가 가지는 함의는 무엇인가?'라는 질문에 대해서는 커다란 여백을 남겼다. 여러 독자와 비평가들로부터 동일한 문제의식에 대한 피드백을 받은 터라, 버릿지는 어드만스(Eerdmans)에서 출판된 제2판 저서에서 한 챕터를 추가하여 복음서의 장르가 가

3. Rudolf Bultmann, "The Gospels (Form)," *Twentieth Century Theology in the Making: Themes of Biblical Theology*, ed. Jaroslav Pelikan, trans. Richard A. Wilson (London: Fontana, 1969), 87에서 Bultmann은 다음과 같이 말한 바 있다. "이전 문학사에 복음서라는 것은 존재한 적이 없다," "문학사에 복음서와 유사한 것이 있는가 하는 질문은 복음서가 독특한 종류라는 견해로 자연스럽게 이어진다." Bultmann을 비롯해 독특한 장르(*sui generis*)의 견해를 지지하는 학자들의 입장을 보려면 다음 논문을 참고하라. Youngju Kwon, "Charting the (Un)Charted: Gospels as Ancient Biographies and Their (Un)Explored Implications," *Biographies and Jesus: What Does It Mean for the Gospels to Be Biographies?*, eds. Craig S. Keener and Edward T. Wright (Lexington: Emeth, 2016), 63-65.

4. 이 때문에 Charles H. Talbert, "Review of Richard A. Burridge, What Are the Gospels?," *JBL* 112.4 (1993), 715에서 Talbert는 "이 책은 정경 복음서의 전기적 특징을 부정하는 어떤 견해든 종식시킬 것이다"라고 평한 바 있다. Tablert의 인용은 Craig S. Keener, *The Historical Jesus of the Gospels* (Grand Rapids: Eerdmans, 2009), 79에서 가져온 것이다.

지는 함의에 대해 논의를 덧붙인 바 있다.[5] 버릿지의 이러한 노력에도 불구하고 필자는 이 영역에 대한 연구가 여전히 미진한 실정이라고 판단한다. 이러한 공백을 메우기 위한 시도로서, 본 장은 특히 복음서의 장르적 특성, 즉 그리스-로마 전기의 장르적 특성에 주목하면 복음서 해석에 대한 새로운 관점을 얻을 수 있다고 제안한다.

본 장은 복음서의 다양한 장르적 특성 중 한 가지에 주목하고자 한다. 그것은 바로 주인공에 대한 집중적 관심이다. 역사서와 전기 모두 사건과 인물을 다루고 있다는 점에서 동일하지만 둘 사이를 가르는 확연한 장르적 특성이 존재한다. 역사서는 사건의 배경과 인과관계를 중심으로 글을 구성하며 사건에 등장하는 인물들을 간략히 묘사하는 반면, 전기는 사건 자체보다는 한 인물에 대한 묘사에 집중하는 경향이 있다.[6] 전기 역시 다양한 사건이 펼쳐지고 여러 인물들이 등장하지만 그중에 특히 한 인물, 즉 주인공에 대한 설명과 묘사에 치중한다.[7] 이러한 장르적 특성을 이해한다면 독자들은 전기에 등장한 다른 어떤 요소보다 주인공이라는 인물에 주목해야 한다. 그것이 장르적 특성에 충실한 독법이다. 복음서가 그리스-로마 전기라면 그 독자들에게도 유사한 독서 방식

5. Richard A. Burridge, *What Are the Gospels?: A Comparison with Graeco-Roman Biography*, 2nd ed. (Grand Rapids: Eerdmans, 2004), 252-307.
6. Charles H. Talbert, *What Is a Gospel?: The Genre of the Canonical Gospels* (Philadelphia: Fortress, 1977), 16-17.
7. Keener, *The Historical Jesus*, 80.

이 요구된다. 다시 말해, 복음서의 독자들은 텍스트를 읽을 때 그 무엇보다도 주인공인 예수라는 인물에 집중하여 독서에 임해야 한다는 것이다.

복음서를 예수 중심, 즉 기독론적으로 읽어야 한다는 것은 전혀 새로운 주장이 아니다. 하지만 복음서의 장르적 특성이 독자들을 기독론적 읽기로 초청하고 있다는 주장에 대해서는 소수의 학자들만이 관련 연구를 진행했으며, 이 때문에 여전히 탐구가 필요한 영역이다. 본 장의 전반부에서는 이러한 주장을 처음으로 했던 버릿지의 논증을 간단하게 살펴보고, 후반부에서는 기독론적 읽기를 통해 복음서 해석이 어떻게 달라질 수 있는지 살펴볼 것이다.

2. 그리스-로마 전기의 장르적 특성: 주인공에 대한 집중적 관심

위에서 언급한 바와 같이 전기의 중요한 특성 중 하나는 주인공에 대한 집중적 관심이다. 버릿지는 이러한 전기의 장르적 특성을 논증하기 위해 복음서 저작 전에 기록된 그리스-로마 전기 5개, 복음서 저작 후에 기록된 그리스-로마 전기 5개의 표본을 선택했다. 그런 후에 두 가지 방법론을 사용하여 그리스-로마 전기의 중요한 장르적 특성이 주인공에 대한 집중적 관심이라는 것을 증명했다. 첫 번째 방법론은 주어의 빈도수다. 각 그리스-로마 전기에 사용된 문장들의 주어가 무엇인지 일일이 밝힌 뒤 그중에서 주목할 정도로 부각된 주어가 있는지를 조사했다. 여기서 "주목할 정도로 부각된 주어"란 빈도수 면에서 다른 주어들과 확연한 차이가 날 만큼 자주 등장한 주어를 가리킨다. 이를 위해 버릿지는 *Thesaurus Linguae Graecae*에 있는 텍스트를 중심으로 컴퓨터 검색을 실행했다.[8] 두 번째 방법론은 "공간의 할당량"(allocation of space)이다.[9] 빈도수가 높은 주어를 통해 해당 그리스-로마 전기의 대략적인 주제를 알 수 있다면, 공간의 할당량을 통해서는 그 주제가 전반적으로 다루어졌는지 아니면 그 주제의 특정 부분이 집중적으로 다루어졌는지를 구분할 수 있다. 이를테면 주인공의 일생을 전체적으로 다룬 전기도 있지만 주인공의 특정 기간에 집중하여 기록된 전기도 있다.

본 절과 관련된 버릿지의 방법론은 첫 번째 것이다. 버릿지는 주어의 빈도수를 통해 다양한 시대와 장소에서 기록된 그리스-로마 전기들에 가장 빈번히 관찰되는 주어가 다름 아닌 전기의 주인공임을 밝혀냈다. 바꾸어 말하자면, 전기에 무수한 인물들이 등장하지만 결국 전기의 주요한 목적은 주인공의 인격과 됨됨이를 집중적으로 조명하는 데 있다는 것이다. 버릿지의 연구 결과 중 주

8. Burridge, *What Are the Gospels?*, 112. 이후 이 장에 등장하는 Burridge의 동일 저서는 제2판을 기준으로 인용한 것임을 밝혀둔다.

9. Ibid.

목할 만한 세부 내용은 다음과 같다.

(1) 크세노폰(Xenophon)의 저작 『아게실라오스』(*Agesilaus*)에서 주인공인 아게실라오스의 "이름은 370개의 문장이나 주요 어구에서 69번(18.6%) 등장했고 주격(nominative)으로는 35번(9.5%) 사용됐다. 이 정도로 높은 빈도수를 보이는 개인 인물은 없었고, 그리스인(10%)이나 페르시아인(4%)이 집합적 고유명사로 등장하긴 했으나 주격으로 사용된 적은 거의 없었다. 아게실라오스의 빈도수가 우세한 것은 자명하다."[10]

(2) 사티루스(Satyrus)의 저작 『에우리피데스』(*Euripides*)의 단편들 8, 37, 38, 39은 252개의 동사로 구성되어 있는데 이 중 "에우리피데스는 65개 동사의 주어(25.8%)이다. 이에 더하여 에우리피데스는 자신의 극 중에서 사용되는 인용문에서 44개의 동사의 주어(17.5%)로 사용됐다. 개인이 중심 주제로 등장하는 경우는 거의 없었다. 11개의 일인칭 단수와 복수 동사(4.4%)가 사용되었는데 그때에는 본문에 등장하는 주요 참여자들을 지칭했다."[11]

(3) 타키투스(Tacitus)의 저작 『아그리콜라』(*Agricola*)에서 주인공 아그리콜라에 대한 언급은 "확실히 우세하다. 동사들의 18%의 주어로 등장하고 있으며 이에 더하여 자신의 연설에서도 동사들의 4%의 주어로 언급된다. 전기에 등장하는 다른 로마인들은 도미티안을

---

10. Ibid., 130.
11. Ibid.

포함해 모두 합쳐도 8%가 채 되지 않는다."[12]

(4) 플루타르코스(Plutarch)의 저작 『카토(小)』(*Cato Minor*)에서 주인공 "카토의 이름은 42.5%에 해당하는 상당한 비율의 문장들에서 언급되며 이들 중 14.9%는 주격으로 등장한다. 카토의 정치적 라이벌인 두 인물, 폼페이우스(Pompey)와 카이사르(Caesar)는 현저하게 낮은 비율인 13.4%와 12.6%를 기록했다. … 플루타르코스의 다른 전기에서도 유사한 결과가 났는데 … 『카이사르』(*Caesar*)에서 카이사르는 34.4%의 문장에서 나타났으며 그중 11%는 주격으로 사용됐다. 반면 폼페이우스는 13.9%의 문장에서 나타났으며 그중 2.5%만이 주격으로 사용됐다. 하지만 『폼페이우스』(*Pompey*)에서는 상황이 역전됐다. 여기서는 폼페이우스가 35.8%의 문장에서 나타났으며 그중 12.1%가 주격으로 사용됐다. 반면 카이사르는 10.9%의 문장에서 나타났으며 그중 2.4%만이 주격으로 사용됐다."[13]

(5) 루키아노스(Lucian)의 『데모낙스』(*Demonax*)는 주인공인 "데모낙스와 다른 사람들과의 대화로 구성되어 있다. … 데모낙스는 동사들의 1/3(33.6%)에서 주어로 등장하고, 그 외 추가로 1/5(19.7%)에서는 화자로 등장한다. 반면 그와 대화했던 모든 이들은 다 합쳐도 1/5(20.9%)밖에 되지 않는다."[14]

12. Ibid., 158.
13. Ibid., 158-59.
14. Ibid., 159.

(6) "분석의 방법론과 관련하여 정확성에 대한 잠재적인 문제들이 예상되긴 하지만, 그럼에도 불구하고 위의 결과들은 … 분명하고 일관된 그림을 보여준다. βίος 문학의 특징은 한 사람에 대한 집중적인 관심과 초점이다. 이는 동사구문의 분석에도 잘 드러난다."[15]

버릿지는 복음서 전후에 기록된 10개의 그리스-로마 전기를 표본으로 하여 연구를 진행한 결과 분명한 장르적 특성을 발견할 수 있었다. 그것은 바로 주인공에 대한 집중적인 관심이다. 버릿지의 연구 결과 중 (4)의 내용은 특히 주목할 만하다. 플루타르코스는 동시대 인물인 카토(小), 폼페이우스, 카이사르에 대한 전기를 모두 작성했는데, 누가 주인공이냐에 따라서 논의 분량과 무게중심이 변화되는 것을 감지할 수 있다. 즉, 주인공을 중심으로 사건이 구성되고 관련 주변 인물들의 논의 분량이 재편되는 것이다. 전기의 분명한 장르적 특성은 주인공에 대한 집중적 관심임을 재확인할 수 있는 대목이다. 이러한 결과를 바탕으로 버릿지는 동일한 방법론을 복음서에도 적용하여, 복음서의 장르가 그리스-로마 전기인지 여부를 판별했다.[16] 주목할 만한 연구 결과는 다음과 같다.

---

15. Ibid.
16. 물론 '주인공에 대한 집중적인 관심'이라는 하나의 요소로 어떤 작품을 고대 전기로 규정할 수 있는 것은 아니다. 이 때문에 버릿지는 어떤 장르를 구성하는 다양한 요소들이 골고루 발견되고 충족될 때 그 작품을 고대 전기라고 결론내릴 수 있다고 주장했다. 고대 전기 장르를 결정짓는 다양한 요소들에

(1) 마가복음의 경우, "예수 자신은 동사들의 1/4(24.4%)에서 주어로 사용되었으며, 전체 동사의 1/5(20.2%)에 해당하는 그의 비유나 가르침에서는 말하는 화자로 등장했다. … 동사의 주어로 등장하는 개인 중 1%를 상회하는 것은 없었다. … 개인이든 그룹이든 제자들을 지칭하는 경우는 다 합쳐도 1/8(12.2%) 정도였으며, 예수가 사역의 대상으로 삼았던 모든 이들, 대화를 하거나 병을 고쳤던 이들 역시 다 합쳐도 1/10(9.3%)에 그쳤다. 유대인 지도자, 서기관, 바리새인, 대제사장들도 중요한 그룹이었지만 고작 5%밖에 되지 않았고, 나머지 사람들은 수치로 환산할 수 없을 정도로 미미했다."[17]

(2) 마태복음과 누가복음의 경우, "예수는 동사들의 1/6 이상(각각 17.2%와 17.9%)에서 주어로 등장해 내러티브를 주도하는 인물로 그려진다. 마가복음과 마찬가지로 주어의 빈도수가 높은 다른 인물은 없었다. 유사한 그룹들에 대해서는, 제자들이 8.8%와 8.3%,[18] 예수의 사역 대상들이 4.4%와 7%,[19] 제사장과 서기관/바리새인들이 4.4%와 3.4%를 기록했다. 예수의 가르침과 비유에 포함된 동사들의 수치는 마가복음(20.2%)에 비해 대략 2배 정도 되었는데,

---

대한 버릿지의 논의는 Burridge, *What Are the Gospels?*, 37-47, 62-67, 105-22을 보라. 그의 논의의 요약 버전을 보려면 다음을 참고하라. 권영주, "복음서의 상이성은 왜 나타나는가?: 고대 전기 작가들의 작법 분석을 중심으로," 『신약연구』 17.4 (2018), 459-60.

17. Burridge, *What Are the Gospels?*, 190.
18. 개인으로서의 제자가 8.8%, 그룹으로서의 제자가 8.3%이다.
19. 예수와 대화했던 이들이 4.4%, 예수에 의해 병을 고침받은 이들이 7%이다.

마태복음은 42.5%, 누가복음은 36.8%를 기록했다."[20]

(3) 요한복음의 경우, "공관복음서에 비해 예수의 행동에 덜 관심을 가지고 있다"는 기존 견해와는 달리 연구 결과는 놀라웠다. "동사들의 1/5 이상(20.1%)이 내러티브와 대화에서 예수를 주어로 가지고 있었으며, 그 외에 1.1%에서는 다양한 칭호들을 통해 예수를 언급했다. 그뿐만 아니라, 동사들의 1/3 이상(34%)이 예수의 입술에서 나오는 가르침과 담화 자료에서 사용되며 이 중 일부(9.4%)는 예수 자신에 대해서 이야기하고 있다. … 모두를 합했을 때, 절반 이상(55.3%)의 동사가 예수의 행동과 말을 다루고 있다. … 나머지 44.7%의 동사들이 다른 사람들을 주제로 하고 있는데, 역시나 주목할 만한 수치를 보여주는 인물은 없다. 이 중에 가장 큰 비율을 차지하는 그룹은 개인적으로든 공동체로든 언급된 제자들(9.3%) 정도다."[21]

버릿지의 연구 결과가 보여주는 바는 명확하다. 어떤 작품을 그리스-로마 전기라고 규정할 때 고려해야 할 다양한 요소들이 있지만, 주인공에 대한 집중적인 관심은 핵심적인 장르적 특성이라는 점이다. 이러한 장르적 특성이 복음서 해석에서 함의하는 바는 무엇인가? 만일 그리스-로마 전기가 다른 어떤 주제들보다 주인공의 인격과 됨됨이를 조명하는 데 관심을 가지고 있다면, 복음서

---

20. Burridge, *What Are the Gospels?*, 190.
21. Ibid., 216-17.

의 해석자 역시 이러한 장르적 특성을 진지하게 고려하여 본문의 해석에 임할 필요가 있다는 것이다. 달리 말하자면, 복음서 본문 해석의 일차적 목적은 1세기 팔레스타인 지역의 배경 지식을 얻기 위한 것도 아니고, 초대 교회 공동체가 처한 삶의 자리를 복원하기 위한 것도 아니며, 복음서 저자의 신학을 드러내기 위한 것도 아니다. 복음서 본문 해석의 일차적 목적은 복음서의 주인공인 예수라는 인물을 조명하는 데 있다. 물론 복음서 읽기를 통해 예수 이외의 인물과 사건에 대한 정보를 수집하고 그에 근거하여 역사적 재구성을 하는 일은 충분히 가능하며 또한 의미 있는 일이다. 하지만 복음서 장르에 충실한 독해를 한다면, 우리는 다른 어떤 것들보다 본문에 나타난 예수의 모습에 특별한 주의를 기울여야 할 것이다. 버릿지의 말처럼, "만약 장르가 어떤 작품의 해석을 위한 열쇠라면, 그리고 복음서의 장르가 βίος라면, 복음서 해석을 위한 열쇠는 복음서의 주제가 되는 한 사람, 바로 나사렛 예수"이기 때문이다.[22]

3. 장르적 특성에 충실한 복음서 독해: 주인공 예수를 중심으로 마가복음 1:16-20 다시 읽기

모든 연구의 범위와 한계가 있듯이 버릿지의 연구 역시 마찬

---

22. Ibid., 248.

가지였다. 버릿지는 탄탄한 장르 이론에 기반하여 복음서의 장르가 그리스-로마 전기라는 사실을 설득력 있게 증명했다. 또한 복음서 장르에 충실한 해석을 하려면 주인공인 예수라는 인물에 초점을 두어야 한다는 것도 주장했다. 하지만 연구의 범위와 지면의 한계 탓인지, 예수를 집중 조명하는 방식으로 복음서를 해석했을 때 기존의 해석들과 어떠한 차별성을 가지는지 구체적인 석의 작업을 수행하지 못했다. 이러한 공백을 메우기 위해 본 절에서는 마가복음 1:16-20을 중심으로 장르적 특성에 충실한 독해를 제안하고자 한다.

거듭 강조하지만, 그리스-로마 전기의 장르적 특성에 충실한 복음서 독해란 주인공인 예수에 초점을 맞추고 그를 부각시키는 해석이다. 예수가 어떤 인물이었고, 그가 어떤 말과 행동을 했으며, 그의 삶과 사역이 어떤 의미를 지니는지 분석하고 성찰하는 것이 복음서 해석의 일차적 과제라는 것이다. 물론 복음서의 모든 본문이 예수의 모습에 초점을 두는 것은 아니다. 또한 설령 어떤 본문이 예수를 집중 조명하고 있다고 하더라도, 그 본문에 등장하는 모든 세부사항이 예수를 가리키고 있는 것도 아니다. 그럼에도 불구하고 본 절이 제안하는 것은 단순하고 확고하다. 그리스-로마 전기의 주된 장르적 특성이 주인공에 대한 집중적 관심이라는 점을 진지하게 받아들인다면, 복음서 해석자는 어떤 본문을 대하든지 간에 그곳에 나타난 예수의 모습을 관찰하고 조명하고 드러내고 부각시키는 데 일차적 관심을 두어야 한다는 것이다. 제임스던(James D. G. Dunn)의 용어를 빌려 말하자면, 복음서 해석의 "디폴트 세팅"(default setting)은 주인공인 예수에게 초점을 맞추는 것이다.[23] 본문 내외의 증거와 정보를 수집하고 분석하여 주인공 예수를 부각시키고 그에 대한 이해를 증진시키는 데 기여한다면, 그것은 복음서의 장르적 특성에 충실한 해석이라고 할 수 있겠다. 자, 이제 마가복음 1:16-20에 대한 간단한 석의 작업을 통해 장르적 특성에 충실한 해석이 기존의 해석들과 비교해 어떤 차별성을 지니는지 살펴보자.

3.1. 마가복음 1:16-20의 초점: 1세기 상황? 제자? 아니면 예수?

마가복음 1:16-20은 선생 예수가 제자들을 부르는 장면이다. 전통적으로 이 본문의 주석은 1세기 상황을 조명하거나 제자들의 즉각적이고 급진적인 반응에 초점을 맞추었다. 1세기 상황을 유추하려는 시도는 비비스(Mary Ann Beavis)의 논평에 잘 나타난다.

> 첫 제자들의 직업에 대한 마가의 초점은 그들의 사회경제적 지위에 대한 정보를 제공한다. 첫 두 제자, 시몬과 안드레는 해변에서 그물을 던지는 것으로 묘사된다. 야고보와 요한은 아버지와 함께 배에 있고 사람들을 고용해 더 많은 물고기를 낚을 수 있는 그물을 준비한다. 두 가지 다른 어획 방법을 통해 세베대의 아들들이

23. James D. G. Dunn, "Altering the Default Setting: Re-Envisaging the Early Transmission of the Jesus Tradition," *NTS* 49.2 (2003), 139-75.

시몬과 그의 형제보다 좀 더 부유하다는 것을 알 수 있다.[24]

비비스가 본문 설명에 근거해 제자들의 사회경제적 지위를 추론했다면, 다른 일군의 학자들은 어부라는 직업의 스펙트럼 가운데 제자들이 어느 위치를 차지하고 있었는지 좀 더 포괄적인 사회경제적 맥락을 밝힌다. 예를 들어, 귤리히(Robert A. Guelich)는 뷜너(Wilhelm H. Wuellner)의 저작에[25] 기대어 다음과 같이 결론을 내린다. "뷜너의 연구는 예수 당시의 어부들을 단순하고 무식한 낮은 계급의 노동자로 묘사하는 것의 오류를 밝힌다. … 이들 네 명의 제자들은 … 어획 사업에서 '노동자'보다는 '관리인'에 가까웠을 것이다."[26] 1세기 상황에 대한 이러한 배경 지식은 본문의 의미나 강조점에 변화를 줄 수 있다. 가령, 제자들이 단순하고 무식한 노동자 계급이 아닌 어느 정도의 부를 소유한 관리자 계급이었다고 상정한다면 이 본문에서 예수를 따르기 위해 제자들이 포기한 대가가 더욱 부각될 수 있을 것이다. 주석 작업에는 이처럼 본문 이면의

---

24. Mary Ann Beavis, *Mark, Paideia Commentaries on the New Testament* (Grand Rapids: Baker Academic, 2011), 47.
25. Wilhelm H. Wuellner, *The Meaning of "Fishers of Men"* (Philadelphia: Westminster, 1967), 36-63.
26. Robert A. Guelich, *Mark 1-8:26*, WBC 34A (Grand Rapids: Zondervan Academic, 2018), 50. Guelich와 유사한 견해로는 Culpepper의 논평을 참고하라. R. Alan Culpepper, *Mark*, SHBC 20 (Macon: Smyth & Helwys, 2007), 53. 베드로와 안드레도 관리인의 위치였을 것이라는 주장을 증명하는 논의에 대해서는 Robert H. Stein, *Mark*, BECNT (Grand Rapids: Baker Academic, 2008), 77-78을 보라.

(behind the text) 역사적 맥락을 밝히는 과정이 수반되며 이는 본문의 의미를 결정하는 데 일조한다.[27]

위와 같이 1세기 상황을 분석하려는 시도도 있었지만, 마가복음 1:16-20에 대한 더 많은 논의는 제자들의 반응에 초점을 맞추었다. 간단히 말해, 예수의 부르심에 직면했을 때 제자들의 반응이 즉각적이고 급진적이었다는 점을 강조했다. 첫째로 제자들의 반응이 즉각적이었다는 것은 예수의 부르심에 신속하게 반응했다는 것을 의미한다. 제자들은 하던 일을 마친 후에 혹은 가족들과 적절한 이별의 시간을 보낸 후에 예수의 부르심에 응한 것이 아니라 즉각적인 결단과 행동을 실천했다. 제자도에 있어서 이러한 즉각성과 긴급성은 다른 부르심의 사건들과 비교했을 때 뚜렷한 차이를 보인다. 예를 들어, 구약의 선지자 엘리사는 엘리야의 부르심을 받았을 때 즉각적으로 따르지 않았다.[28] 엘리사는 가족들과 적절한 이별의 시간을 보내고(왕상 19:20 "청하건대 나를 내 부모와 입맞추게 하소서 그리한 후에 내가 당신을 따르리이다"), 자신이 하던 일을 마무리한

27. 주석 작업에는 본문의 이면(behind the text)의 역사적 맥락, 본문 내(in the text)의 문학적 맥락, 그리고 본문 앞에서(in front of the text) 그것을 해석하는 독자의 맥락을 밝히는 과정이 포함된다. 본문의 의미는 이 세 가지 맥락이 적절히 고려되고 중첩되는 곳에서 결정된다. 위의 세 가지 맥락에 대해서는 다음 자료를 참고하라. Joel B. Green, ed., *Hearing the New Testament: Strategies for Interpretation*, 2nd ed. (Grand Rapids: Eerdmans, 2010), 10-14.

28. John R. Donahue, *The Gospel of Mark*, SP 2 (Collegeville: Liturgical, 2002), 77; 신현우, "갈릴리의 어부에서 사람들의 어부로-마가복음 1:16-20 연구," 『신약논단』 21.3 (2014), 619-20.

뒤에(왕상 19:21 "돌아가서 한 겨릿소를 가져다가 잡고 소의 기구를 불살라 그 고기를 삶아 백성에게 주어 먹게 하고"), "일어나 엘리야를 따르며 수종 들었"다(왕상 19:21). 엘리사가 엘리야를 즉각적으로 따르지 않은 점이 문제의 소지가 있는 것은 아니었다. 열왕기상 본문에도 암시되어 있듯이 이러한 시간을 허락한 것은 다름 아닌 스승 엘리야였다(19:20-21 "… 그리한 후에 내가 당신을 따르리이다 **엘리야가 그에게 이르되 돌아가라** … **엘리사가** 그를 떠나 **돌아가서**"). 또한 제자들의 즉각적인 반응은 그들이 속한 시대의 통념에 비추어보아도 평범한 것은 아니었다.[29] 도나휴(John R. Donahue)가 잘 지적했듯이, "이처럼 아버지를 갑작스럽게 떠나는 것은 마가의 독자들이 지녔던 문화적 가치 기준에서도 충격적인 일이었다(예. 출 20:12; 신 5:16; 잠 23:22-25; 토빗기 5:1; 집회서 3:1-16, 특히 16절, "자기 아비를 저버리는 것은 하느님을 모독하는 것이요")."[30] 이처럼 당시의 지배적인 문화와 관행을 거슬러 예수의 부르심에 즉각적으로 반응한 제자들의 모습은 분명히 본받을 만한 행동이다.

둘째로 다수의 학자들은 제자들의 반응이 급진적이었다는 점을 강조했다.[31] 그들은 제자들이 예수를 따르기 위해 큰 대가와 희

---

29. Craig S. Keener, *The IVP Bible Background Commentary: New Testament*, 2nd ed. (Downers Grove: InterVarsity, 2014), 131; R. T. 프란스, 『NIGTC 마가복음』, 이종만 외 역 (서울: 새물결플러스, 2017), 173.
30. Donahue, *The Gospel of Mark*, 75-76. 집회서 3:16의 번역은 공동번역을 따른 것이다.
31. Suzanne Watts Henderson, *Christology and Discipleship in the Gospel of Mark*, SNTSMS 135 (Cambridge University Press, 2006), 62-63; R. Alan

생을 치렀음을 부각시켰다. 제자들의 즉각적 반응이 제자도의 긴급성을 보여준다면, 그들의 급진적 반응은 제자도의 무게를 암시한다. 제자들은 예수의 부르심에 '빨리' 반응했을 뿐 아니라 예수의 부르심을 성취하기 위해 '많이' 희생했다. 후커(Morna Hooker)의 논평은 이러한 급진성을 잘 표현하고 있다. "예수에 대한 [시몬과 안드레의] 반응은 결정적이었다. 때문에 이 형제들은 그들의 그물과 삶과 생계를 버렸다. … 예수의 부르심에 대한 그들[야고보와 요한]의 반응 역시 뚜렷했다. 그들은 품꾼들과 함께 배에 있는 아버지 세베대를 떠남으로써 혈연관계를 단절했다."[32] 갈런드(David E. Garland) 역시 제자들의 반응이 급진적이었음을 생동감 있는 언어로 묘사한다. "처한 형편이 어떻든지 간에, 그들[시몬, 안드레, 야고보, 요한]은 회개, 즉 '돌아서'고자(turn) 하는 열망을 보여준다. 그들은 예수의 부르심을 충실히 지키기 위해 모든 것을 내려놓았다. 그들의 회개는 단순한 내적 변화가 아니었다. 그들은 현재와는 다른 어떤 상태로, 즉 고기를 낚는 어부에서 사람을 낚는 어부로 바뀌

Cole, *Mark*, TNTC (Nottingham: IVP Academic, 2008), 113; Bastiaan Martinus Franciscus van Iersel, *Mark: A Reader-Response Commentary*, JSNTSup 164 (Sheffield Academic, 1998), 133; 서중석, 『마가복음』, 연세신학백주년기념 성경주석 (서울: 대한기독교서회, 2013), 52-53; Grant R. Osborne, *Mark*, Teach the Text Commentary Series (Grand Rapids: Baker Books, 2014), 25.

32. Morna D. Hooker, *The Gospel according to Saint Mark*, BNTC (London: Continuum, 1991), 60.

었다(turn into)."[33]

이상에서 살펴본 바와 같이, 기존의 해석들은 본문 주석 작업을 실행함에 있어서 주로 본문과 관련된 1세기 배경 상황을 밝히거나 제자들의 반응을 분석하는 데 많은 지면을 할애했다. 분명 이러한 작업은 본문 이해를 확장시켰고 유의미한 진보를 가져왔다고 할 수 있다. 그럼에도 불구하고 이는 복음서의 장르적 특성에 충실한 해석이라고 보기는 어렵다. 위에서 언급한 1세기 배경 상황에 대한 지식도(전통적인 견해와 달리 제자들의 사회경제적 지위가 그리 낮지 않았다는 점), 제자들의 즉각적이고 급진적인 반응에 대한 분석도, 결국 주인공 예수가 아닌 그 주변 인물을 조명하는 결과를 가져왔기 때문이다. 주인공에 대한 집중적 관심이 그리스-로마 전기의 주요한 장르적 특성임을 기억한다면, 복음서 해석의 '디폴트 세팅'은 (다른 어떤 요소들보다 우선하여) 주인공 예수에 초점을 맞추고 그의 모습을 조명하고 부각시키는 방향으로 나아가야 한다. 물론 이는 복음서가 예수 이외의 인물이나 주제를 전혀 다루지 않는다고 주장하는 것이 아니다. 또한 복음서의 모든 본문이 예수를 가리킬 수밖에 없다는 환원론적 해석을 주장하는 것도 아니다. 하지만 복음서의 장르를 진지하게 고려한다면, 그리고 장르가 해석의 방향과 본문의 의미를 결정하는 데 있어 중요한 역할을 한다는 것을 인정한다면, 최소한 복음서 본문을 다루고 있는 독자/해석자는

33. David E. Garland, *Mark*, The NIV Application Commentary (Grand Rapids: Zondervan, 1996), 69.

다른 무엇보다도 우선적으로 그곳에 나타난 주인공, 즉 예수의 모습을 관찰, 분석, 성찰하는 데 주의를 기울여야 한다는 것이다.

그렇다면 복음서의 장르적 특성을 충실하게 반영하여 마가복음 1:16-20을 해석한다면 어떤 결과를 도출할 수 있을까? 앞서 살펴본 바와 같이 기존의 주석 작업은 이 본문에서 '제자들의' 즉각적이고 급진적인 반응에 주목했다. 하지만 어쩌면 이 본문의 무게중심은 제자들의 어떠함이 아니라 예수의 어떠함을 강조하는 데 있지 않을까? 만약 후자에 강조점이 있다면 예수의 어떤 면을 주목할 수 있을까? 필자는 이 본문의 주요한 목적이 예수의 권위를 조명하는 데 있다고 주장한다.

필자는 기존의 주석 작업의 결과를 모두 부정하려는 것이 아니다. 다만 기존의 주석 작업이 본문의 강조점을 충분히 드러내지 못했다고 주장하는 것이다. 그렇다면 이전의 연구 결과의 내용을 수용하면서도 제자들의 반응 자체가 아닌 예수의 모습을 강조하는 것이 가능할까? 당대의 관행을 고려할 때 예수의 부르심에 응답하여 보인 제자들의 즉각적이고도 급진적인 반응은 분명 비범한 것이었다. 이전의 연구들이 이러한 비범성을 제자들과 연결시킨 것에 반해, 필자는 이러한 비범성이 궁극적으로 예수의 권위와 관련이 있다고 주장한다. 즉 제자들이 예수의 부르심에 주저하지 않고 신속하게 반응한 것도, 자신의 생계와 가족을 포기하면서까지 예수를 따르는 급진적인 결단을 내린 것도, 결국 예수가 권위 있는 인물이었기 때문이라는 것이다.

물론 마가복음 1:16-20은 예수의 권위가 어떤 형태를 띠고 있었는지에 대하여 자세히 설명하거나 기술하지 않는다. 이 때문에 해석사를 살펴보면 예수가 지닌 권위가 어떤 종류의 것이었는지를 상상 혹은 추론해보려는 시도들이 실제로 있었다. 예를 들어 히에로니무스(Hieronymus)는 예수의 외모가 풍기는 권위 때문에 제자들이 이러한 극적인 반응을 보였을 것이라고 주장했다. 그의 말을 직접 들어보자. "구원자의 얼굴에는 신적으로 주목을 끌 수밖에 없는 무언가가 있었음에 틀림없다. 그렇지 않았다면 제자들은 이전에 한 번도 본 적 없는 사람을 따르는 무모한 결정을 내리지 않았을 것이다."[34] 예수의 권위가 외모로부터 나오는 것이었는지에 대해서는 정확히 확인할 수 있는 바가 없다. 왜냐하면 일차적으로 복음서는 예수의 일반적인 외모에 대한 설명을 제공하지 않기 때문이다. 얼핏 보면 변화산 사건은 히에로니무스의 주장을 뒷받침하는 것처럼 보인다. 예수의 외모가 제자들에게 권위 있게 다가왔고 이는 제자들의 진심 어린 고백으로 이어졌기 때문이다. 하지만 변화산 사건은 말 그대로 예수의 '변화된' 모습을 묘사하고 있는 것이지 그의 일반적인 외모에 대한 설명이 아님을 기억할 필요가 있다. 오히려 이사야 53:2과[35] 같은 구약의 증언에 비추어 판

34. Thomas C. Oden and Christopher A. Hall, eds., *Mark*, ACCS 2 (Downers Grove: IVP Academic, 1998), 20.

35. "그는 주 앞에서 자라나기를 연한 순 같고 마른 땅에서 나온 뿌리 같아서 고운 모양도 없고 풍채도 없은즉 우리가 보기에 흠모할 만한 아름다운 것이 없도다."

단해 본다면 외모가 예수의 권위의 원천이었다는 히에로니무스의 주장은 설득력을 잃는 듯하다.

비록 히에로니무스의 주석 작업의 세부사항에는 문제의 소지가 있지만 전체적인 방향성은 타당하다고 할 수 있다. 예수의 권위의 성격을 규명하려는 히에로니무스의 주석 작업의 유효성에 대해서는 의문이 들지만, 최소한 그가 제자들이 아닌 예수에 집중했다는 점에서 복음서 장르에 충실한 해석을 하고 있다고 평할 수 있다. 또한 예수의 권위가 본문의 쟁점이라는 주장은 주변 문맥을 살펴보면 더욱 설득력을 얻는다.

마가복음 1:16-20 뒤에 이어지는 에피소드에는 예수가 회당에서 가르치고 악한 귀신 들린 자를 고치는 장면이 나온다. 여기서도 예수는 '권위 있는' 존재로 묘사된다. 안식일에 회당에 들어가 가르치는 예수를 보며 "뭇 사람이 그의 교훈에 놀"랐는데, 그 이유는 "그가 가르치시는 것이 권위 있는 자와 같고 서기관들과 같지" 않았기 때문이다(막 1:22). 이어지는 장면에서는 예수가 당시 회당에 있던 귀신 들린 사람을 고치는 사건이 나온다. 예수의 정체성을 알아본 귀신은 "우리가 당신과 무슨 상관이 있나이까 우리를 멸하러 왔나이까"(막 1:24)라고 질문했고, 예수는 단호한 어조로 귀신을 잠잠하게 만들며 귀신에게 그 사람으로부터 나올 것을 명했다. 축귀 사역이 이루어진 것을 목도한 무리들은 예수의 권위를 다시 한번 인정한다. "어찜이냐 권위 있는 새 교훈이로다 더러운 귀신들에게 명한즉 순종하는도다"(막 1:27). 회당에서 이루어진 이 일련의 사건들을 통해 우리는 예수가 사람들에게 권위 있는 존재로 비쳐졌다는 사실을 분명히 확인할 수 있다. 이러한 주변 문맥을 염두에 둔다면 마가복음 1:16-20의 강조점이 제자들의 반응이 아니라 예수의 권위에 있다고 주장하는 것은 더욱 설득력을 얻는다.

지금까지의 주요 논지를 간략히 정리해보자면 다음과 같다. 첫째, 마가복음 1:16-20에 대한 선행 연구들은 주로 제자들에게 초점을 맞추었다. 하지만 복음서 장르에 충실한 해석은 주인공인 예수에게 초점을 맞추어야 한다. 둘째, 제자들의 반응을 다각도로 분석한 선행 연구들이 전면적으로 부정될 필요는 없다. 복음서 장르에 충실한 해석은 예수 이외의 인물과 사건에 대한 연구가 궁극적으로 예수를 조명하는 데 사용된다면 유효하다고 주장한다. 따라서 마가복음 1:16-20의 경우, 제자들의 즉각적이고 급진적인 반응에 대한 선행 연구들이 단순히 제자들의 어떤 면모를 부각시키는 데 그치는 것이 아니라 예수의 모습을 조명하는 데 사용된다면 유효한 것이다. 가령, 제자들의 비범한 반응이 예수의 권위를 감지한 것의 자연스런 결과였다는 주장은 복음서 장르에 충실한 해석이라고 할 수 있다.

이 절에서는 선행 연구들과 관련된 예수의 모습을 주로 조명했다면, 다음 절에서는 선행 연구들이 주의 깊게 검토하지 않았던 또 다른 예수의 모습을 주목해 볼 것이다.

3.2. 마가복음 1:16-20에 나타난 또 다른 예수의 모습

3.2.1. 제자를 찾아가신 랍비 예수, 권위 있는 선생 예수. 선행 연구들이 제자들의 반응을 분석하는 일에 대부분의 에너지를 쏟은 탓에 이 본문에서 여전히 재조명되어야 할 예수의 모습이 남아 있다. 그것은 바로 예수와 제자들이 관계를 맺는 방식이다. 헹엘(Martin Hengel)을 비롯한 일군의 학자들은 예수가 제자를 삼는 방식이 당대 랍비들의 그것과 비교했을 때 뚜렷한 차별성을 지닌다는 것을 지적했다.[36] 당시 유대교에서 랍비와 제자가 관계를 맺는 방식은 비교적 균일했다. 즉, 율법을 배우고자 하는 제자가 자신이 원하는 랍비를 찾아가 부탁하는 식이었다. 그러면 랍비는 모종의 테스트를 거쳐 자신에게 찾아 온 제자들 중에 일부를 선별하여 선생과 제자의 관계를 맺었다. 이러한 관행과 시스템 속에서는 랍비가 제자를 직접 찾아가 그를 제자 삼는 경우는 발견되지 않았다. 그런 면에서 보자면 예수의 행보는 꽤나 파격적인 것이었다. 랍비인 예수는 당시의 관행에 순응하여 제자들이 자신을 찾아오길 기

---

36. Martin Hengel, *The Charismatic Leader and His Followers* (New York: Crossroad, 1981), 50-51; Guelich, *Mark 1-8:26*, 52; Garland, *Mark*, 83; Ben Witherington III, *The Gospel of Mark: A Socio-Rhetorical Commentary* (Grand Rapids: Eerdmans, 2001), 86; Donahue, *The Gospel of Mark*, 77; Stein, *Mark*, 78; M. Eugene Boring, *Mark: A Commentary*, NTL (Louisville: Westminster John Knox, 2006), 58; 박윤만, “응집성과 문단: 틀의미론(frame semantics)에 기초한 마가복음 1:16-20 연구,” 『성경과 신학』 58 (2011), 85.

다린 것이 아니라, 당시의 관행을 역행하여 제자들을 몸소 찾아가 그들을 부르시고 제자 삼았다.

물론 그리스-로마 사회의 맥락에서 보자면 선생이 직접 제자를 찾아가거나 모집하는 경우가 더러 있었다. 헨더슨(Suzanne Watts Henderson)은 로빈스(Vernon K. Robbins)와[37] 샤이너(Whitney Taylor Shiner)의[38] 연구 결과에 기대어 그리스-로마 사회나 저작에서 발견되는 선생과 제자의 사례들을 검토했다. 플라톤이나 필로스트라투스(Philostratus)의 저작들에 종교적-윤리적 선생들이 등장하는데 이들은 자신들의 사상이나 행동 체계를 전수하기 위해 제자들을 모집하곤 했다.[39] 그런데 그리스-로마 세계의 선생들과 마가가 그리는 선생 예수 사이에는 중요한 차이점이 존재한다. 전자는 제자들을 감화시키기 위해 비범한 말이나 행동들을 먼저 선보인다. 그들을 감동시킬 만큼의 충분한 증거를 제시하는 노력이 선행된 후에야 비로소 제자들은 선생을 선생으로 대우하게 된다.[40] 반면, 마가의 예수는 그리스-로마 세계의 선생들에 비하면 말과 행동이 상당히 절제되어 있다. 그는 제자들을 감화시키기 위해 특별한 행동을 하지도 않았으며, 그저 "나를 따라오라 내가 너희로 사람을 낚

37. Vernon K. Robbins, *Jesus the Teacher: A Socio-Rhetorical Interpretation Mark* (Philadelphia: Fortress, 1984).
38. Whitney Taylor Shiner, *Follow Me!: Disciples in Markan Rhetoric*, SBLDS 145 (Atlanta: Scholars, 1995).
39. Henderson, *Christology and Discipleship*, 55.
40. Ibid., 55-56

는 어부가 되게 하리라"(막 1:17)는 절제된 표현의 초청만으로도 제자들을 압도한다. 프란스의 논평은 이 점을 잘 포착하고 있다. "마가는 전적으로 낯선 자의 부르심에 대한 이 네 사람의 준비된 반응에 대해 어떤 설명도 하지 않는다. 그것은 설명 없이도 지나친 요구를 하고 또 즉각적인 순종을 얻을 수 있는 예수의 권위(ἐξουσία)의 표지"이다.[41] 그리스-로마 세계의 선생이 노력으로 권위를 얻어냈다면, 예수는 존재 자체가 권위를 행사하고 있었던 것이다.

이처럼 성경을 둘러싼 주변 세계와의 비교는 예수의 모습을 부각시켜준다. 유대교 내의 랍비와 제자의 관계와 비교했을 때 예수는 자신의 특권을 내려놓은 인물로 묘사된다. 유대교의 랍비는 제자들을 모집할 필요가 없었지만, 랍비 예수는 이러한 특권을 제쳐두고 제자들의 일터로 찾아가서 그들을 친히 부르시고 제자 삼았다. 또한 유대교의 랍비는 자신을 찾아온 수많은 제자들 중에 가능성과 잠재력이 있는 이들을 우선적으로 선택할 수 있는 특권이 있었다. 하지만 예수는 이러한 특권을 내려놓고 평범한 이들을 제자 삼았다. 그가 택한 제자들은 사회경제적 지위가 대단히 높은 사람들도 아니었고 그렇다고 소위 투자 가치가 있는 인물들도 아니었다. 그리스-로마 세계의 선생과 제자의 관계와 비교했을 때 예수의 권위는 더욱 부각된다. 제자들의 인정과 존경을 얻기 위해 일종의 노력을 해야만 했던 그리스-로마 세계의 선생들과 달리 예

41. 프란스, 『NIGTC 마가복음』, 175.

수는 존재 자체로 제자들의 즉각적이고도 급진적인 헌신을 끌어낼 수 있는 권위 있는 분이었다.

3.2.2. '나'를 따라오라 '내'가 너희로 사람을 낚는 어부가 되게 하리라. 마가복음 1:16-20에서 예수의 말씀은 간결하고 그 핵심이 분명하다. 첫째는 '나'를 따라오라는 것이다. 이는 예수 이전의 전승과 당대의 관행을 고려한다면 상당히 파격적인 발언이었다. 구약의 전승을 살펴보면 사람들에게 '나'를 따르라고 초청한 예언자는 전무하다.[42] 예언자는 하나님의 대리인으로서 그분의 말씀을 대언하거나 필요하다면 비범한 일들을 통해 하나님을 가리키는 역할을 했다. 말하자면 예언자는 자신의 말과 행동을 통해 궁극적으로 '나'가 아닌 '하나님'을 따르라고 초청하고 있는 것이다.

사도행전 5장에도 유사한 사례가 언급된다. 하나님의 말씀은 점차 흥왕하고 성령에 충만한 베드로와 사도들은 박해와 위협에도 불구하고 목숨을 내어놓고 말씀을 전파한다. 이를 막기 위해 대제사장을 위시한 이스라엘 종교지도자들은 그들을 옥에 가두었다. 하지만 기적적인 방법으로 옥에서 풀려난 사도들은 다시 성전으로 돌아가 말씀 전하는 것을 지속한다. 이러한 사도들을 제거하기 위해 종교지도자들이 다시 모략을 꾸미지만 바리새인 가말리엘이 이스라엘의 역사를 상기시키며 중재한다. 이때 가말리엘이 나쁜 선례로 들었던 인물이 바로 '드다'이다. 드다는 엄밀히 분류하자면 혁명가인데, 요세푸스의 설명에 따르면 드다는 사람들에

42. Garland, *Mark*, 69.

게 자신을 예언자로 소개한 바 있다.[43] 요세푸스의 말을 직접 들어 보자. "드다는 많은 사람들을 설득해…그를 따르게 했고 요단강으로 이끌었다. 왜냐하면 그는 자신을 예언자라고 말했으며 그의 명령으로 강을 열리게 할 것이고 사람들이 그리로 손쉽게 건너갈 수 있게 할 것이라고 말했다. 많은 이들이 이러한 그의 말에 현혹됐다"(Jos. *Ant.* 20.97-98).[44] 요약하자면 여기서 드다는 하나님이 아닌 '나'를 따르라고 초청하고 있는 것이다.

이러한 요세푸스의 설명은 사도행전 본문에 등장하는 "드다가 일어나 스스로 선전하매"(5:36)라는 표현과 일맥상통한다. 여기서 "스스로 선전하매"의 원어는 λέγων εἶναί τινα ἑαυτόν이다. 직역하자면 드다는 "자신 스스로를 중요한 존재(εἶναί τινα ἑαυτόν; to be somebody)로" 여겼다는 것이다. 유사한 표현이 갈라디아서 6:3에도 등장한다.[45] "어떤 사람이 아무것도 아니면서 무엇이 된 것(εἶναί τι;

---

43. Craig S. Keener, *Acts: An Exegetical Commentary: Volume 2: 3:1-14:28* (Grand Rapids: Baker Academic, 2013), 1231; Carl R. Holladay, *Acts: A Commentary*, NTL (Louisville: Westminster John Knox, 2016), 147.
44. 요세푸스의 말은 다음을 번역한 것이다. Flavius Josephus, *The Works of Josephus: Complete and Unabridged*, trans. William Whiston, New Updated ed. (Peabody: Hendrickson, 1987), 531: "Theudas, persuaded a great part of the people to ... follow him to the river Jordan; for he told them he was a prophet, and that he would, by his own command, divide the river, and afford them an easy passage over it; (98) and many were deluded by his words."
45. C. K. Barrett, *A Critical and Exegetical Commentary on the Acts of the Apostles*, ICC (Edinburgh: T&T Clark, 2004), 293.

to be something)처럼 생각하면, 그는 자기를 속이는 것입니다"(새번역). 갈라디아서와 비교했을 때 사도행전 본문에 강조형(ἑαυτόν)이 첨가된 것을 보면 드다의 계획이 철저히 자기중심적이었다는 것을 알 수 있다. 자칭 예언자였던 드다의 계획이 수포로 돌아갔던 이유는 그가 예언자의 정체성을 망각했기 때문이다. 하나님을 가리켜야 마땅한 자칭 예언자 드다는 자신을 따르라고 사람들을 부추겼던 것이다. 사도행전의 표현을 빌리자면 그의 계획은 "하나님께로부터"가 아니라 "사람으로부터 났"기에 "흩어져 없어졌"다(행 5:36, 38-39).

구약의 예언자들이 하나님을 가리키는 일에 충실했고, 신약의 자칭 예언자 드다의 계획이 실패했던 이유가 사람들로 하여금 하나님이 아닌 자신을 따르라고 부추겼기 때문이라는 사실을 기억한다면, 예수가 '나'를 따라오라고 초청한 것은 자칫 불경해보일 수 있다. 하지만 이는 사실 예수의 권위를 드러내는 대목이다. 즉 예수는 하나님만이 할 수 있는 초청을 직접 함으로써 자신의 신성을 드러내고 있는 것이다. 이러한 주장은 이어지는 예수의 약속을 살펴보면 더욱 설득력을 얻는다.

예수는 제자들에게 단순히 '나'를 따라오라고 한 것이 아니라 그들에게 미래의 모습을 약속한다. 예수는 제자들이 현재는 고기를 낚는 어부이지만 미래에는 사람을 낚는 어부가 될 것이라고 말씀하신다. 여기서 주목할 부분은 이러한 약속을 한 주체가 예수이고 여기에 사용된 동사가 ποιέω라는 점이다. 마가복음에서 ποιέω

동사는 예수뿐만 아니라 다른 사람들에게도 사용된다. 행위의 주체가 다른 사람인 경우 이 동사는 주로 "~을 하다"(do)라는 의미로 사용된다. 마가복음 10:17에서 한 사람이 예수께 나아와 "선한 선생님이여 내가 무엇을 하여야(ποιήσω) 영생을 얻으리이까"라고 묻는 것이 그 한 예다. 반면 예수가 행위의 주체일 때는 "만들다, 창조하다"(make)라는 의미로 종종 사용되며 그것은 비범한 일을 동반한다.[46] 예를 들어, 마가복음 7:37에서 예수가 귀먹고 말더듬는 자를 고치자 사람들이 다음과 같이 경탄한다. "그가 … 못 듣는 사람도 듣게 하고(ποιεῖ) 말 못하는 사람도 말하게 한다." ποιέω 동사의 중요성을 인식하며 보어링(Eugene M. Boring)은 다음과 같이 논평한다. ποιέω 동사는 "마가의 성경에서 처음 나왔는데, 이 동사는 창조 이야기와 제2이사야(예를 들면, 43:1; 44:2)에 자주 등장한다."[47] 보어링이 예로 제시한 이사야의 구절들은 '하나님의' 창조 행위를 묘사하고 있다. 즉, 마가복음과 이사야에 등장하는 ποιέω 동사의 용례를 종합해 보자면 다음과 같은 결론이 도출된다. 즉 "만들고" "창조하는" 일은 비범한 행위이며 하나님만이 하실 수 있는 무언

46. ποιέω 동사와 주어와의 관계를 고려한 용례 문제에 대한 논의에서 "주로"와 "종종"이라는 표현이 강조될 필요가 있다. 물론, 예수가 행위의 주체일 때 ποιέω 동사가 '하다'라는 의미로 해석될 때도 있고(예: 막 7:37b), 예수 이외의 인물이 행위의 주체일 때 ποιέω 동사가 '만들다, 창조하다'의 의미를 취할 때도 있다(예: 막 9:5). 하지만 주된 용례는 위 논의에서 설명했듯이, 예수가 행위의 주체일 때는 '만들다, 창조하다'의 의미로, 그 외의 행위의 주체일 때는 '하다'의 의미로 사용된다는 것이다.

47. Boring, *Mark*, 59.

가다. 흥미로운 점은 마가복음에서 이러한 행위의 주체가 예수라는 점이다. 다시 말해, 제자들을 불러 사람을 낚게 하는 어부가 되도록 "만드는" 일은 비범하고 신적인 행위인데, 이것을 다름 아닌 예수가 약속하고 있는 것이다. "'내'가 너희로 사람을 낚는 어부가 되게 하리라"(막 1:17).

이상에서 살펴본 바와 같이 예수의 초청의 말은 비록 간결하지만 예수의 권위를 부각시키는 모티프로 가득하다. 다양한 논증을 통해 밝혀진 것은 마가복음 1:17에서 예수는 하나님만이 하실 수 있는 일들을 능히 행하는 분으로 묘사되고 있다는 점이다.

4. 나가는 말

본 장은 복음서 장르 논의에 대한 기념비적인 저작인 리처드 버릿지의 『복음서는 무엇인가?: 그리스-로마 전기와의 비교』의 주요 논점을 살펴보는 것으로 시작했다. 버릿지는 탄탄한 장르 이론과 고대 문헌에 대한 꼼꼼한 분석을 통해 복음서의 장르가 그리스-로마 전기임을 설득력 있게 증명했다. 또한 그리스-로마 전기의 주요한 장르적 특성 중 하나가 주인공에 대한 집중적 관심임을 구체적으로 논증했다. 하지만 연구의 범위와 한계 탓인지 이러한 장르적 특성이 복음서 독해에 어떻게 새로운 빛을 비추어줄 수 있는지 구체적인 주석 작업을 실행하지 못했다. 본 장에서는 이러한 공백을 메우기 위해 마가복음 1:16-20을 중심으로 복음서 장르에 충실한 독해가 기존의 해석과 어떤 차별성을 가질 수 있는지 논증했다. 위에서 살펴본 구체적인 논증들의 주요 논점은 다음과 같다. 첫째, 복음서의 장르는 그리스-로마 전기이고, 그리스-로마 전기의 주요한 장르적 특성 중 하나는 주인공에 대한 집중적 관심이다. 따라서 그리스-로마 전기의 장르적 특성에 충실한 복음서 독해란 주인공인 예수에 초점을 맞추고 그를 부각시키는 해석이다. 예수가 어떤 인물이었고, 그가 어떤 말과 행동을 했으며, 그의 삶과 사역이 어떤 의미를 지니는지 분석하고 성찰하는 것이 복음서 해석의 일차적 과제라는 것이다. 복음서 본문에 나타난 모든 세부 내용과 자구가 예수를 가리킬 순 없겠지만, 그럼에도 불구하고 복음서 해석의 '디폴트 세팅'은 주인공인 예수를 조명하는 것이어야 한다는 것이다.

둘째, 예수에게 집중하는 해석, 즉 기독론적 해석 자체는 전혀 새로운 것이 아니다. 하지만 이전의 연구들이 기독론적 해석을 주로 신학적인 입장에 근거해서 주장했다면 본 장은 복음서의 장르 자체가 기독론적 해석을 요청하고 있다고 주장한다.

셋째, 주인공 예수에 집중하는 해석의 관점에서 보았을 때 이전 주석 작업들의 한계가 포착된다. 예를 들어, 마가복음 1:16-20의 주석 작업은 주로 제자들의 즉각적이고도 급진적인 반응을 분석하는 데 대부분의 지면을 할애했다. 하지만 복음서 장르에 충실한 해석은 이 같은 연구 결과를 전면 부정하진 않지만, 한 단계 더 나아가 제자들의 반응은 결국 예수의 모습, 좀 더 구체적으로는 예수의 권위를 부각시키는 것이라고 주장한다.

넷째, 본문에 등장하는 다른 요소들 역시 예수의 다른 모습을 조명하는 데 사용된다. 예를 들어, '나'를 따라오라고 초청하는 예수, '내'가 너희로 사람을 낚는 어부가 되게 하겠다고 약속하는 예수의 모습을 통해 그분의 권위는 더욱 부각된다. 또한 이러한 권위를 지녔음에도 불구하고 제자들이 찾아오길 기다리지 않고 그들을 직접 찾아가서 제자 삼은 것은 자신의 특권을 내려놓는 자기 포기와 자기희생의 모델을 보여준다.

제4장
그리스-로마 전기 장르로 다시 읽는 마가복음 2:1-3:6[1]

1. 들어가는 말

지금은 간단히 버튼 하나로 원하는 라디오 채널을 선택할 수 있지만 아날로그 시절에는 일일이 주파수를 맞춰야 했다. 1980-90년대를 풍미했던 김기덕의 '2시의 데이트,' 이문세의 '별이 빛나는 밤에,' (그리고 지금까지도 진행자가 바뀌지 않은) 배철수의 '음악캠프'를 찾아 들으려면 일종의 정교한 손놀림이 필요했던 것이다. 또한 청취 지역이 바뀌면 주파수도 변경된다. 주파수를 제대로 맞

---

1. 본 장은, "그레코-로만 전기의 장르적 특성에 비추어본 복음서 해석: 마가복음 2:1-3:6을 중심으로," 『영산신학저널』 54 (2020), 201-230을 영산신학저널로부터 사용 허락을 받아 재출판한 것이다. 이 논문은 2020년 대한민국 교육부와 한국연구재단의 지원을 받아 수행된 연구다(NRF-2020S1A5A8041322).

추지 않으면 '지지직' 하는 잡음과 함께 디제이의 음성도, 디제이가 소개하는 노래도 들을 수 없다.

신약성서를 읽는 것도 마찬가지다. 신약성서에 담긴 메시지를 보다 명확하게 이해하기 위해서는 주파수를 맞추는 작업이 필요하다. 이러한 작업에는 여러 가지 일들이 포함되겠으나 중요한 한 가지는 장르를 고려하는 것이다. 널리 알려진 비유가 우리에게 가르쳐주듯이, 의미의 여백과 다중성이 존재하는 시의 언어로 신문을 읽을 수는 없는 노릇이다. 반대로, 시를 철저한 사실의 언어로 읽는다면 시의 고유한 아름다움과 감동은 실종될 것이다. 신문과 시의 장르적 특성과 기대를 고려하여 읽을 때 그것들에 담긴 메시지를 보다 명확하게 이해할 수 있을 것이다. 신약성서를 읽을 때도 장르를 고려하는 것이 필요하다. 신약성서의 각 책의 장르에 주파수를 제대로 맞출 때 그 책에 담긴 메시지는 보다 명확하게 전달될 것이다.

필자는 이전 장에서 복음서의 장르가 그리스-로마 전기이며, 그것의 중요한 장르적 특성이 주인공에 대한 집중적 관심이라고 논증한 바 있다.[2] 제2절에서는 논의의 편의를 위해 이전 장에서 다루었던 핵심 내용을 간략하게 언급할 것이다. 이어 제3절에서는 주인공에 대한 집중적 관심이라는 렌즈를 통해 마가복음 2:1-3:6에 대한 새로운 읽기를 시도할 것이다. 그리고 제4절에서 본 장의

---

2. 권영주, "그레코-로만 전기의 장르적 특성에 비추어본 복음서 해석: 마가복음 1:16-20을 중심으로," 『신약연구』 19.1 (2020), 46-76 (본서 제3장).

주요한 주장과 관찰을 요약함으로써 글을 마무리할 것이다.

2. 그리스-로마 전기의 장르적 특성: 주인공에 대한 집중적 관심

복음서 장르에 대한 논의를 재점화하고 재설정한 것은 리처드 버릿지(Richard A. Burridge)의 『복음서는 무엇인가?: 그리스-로마 전기와의 비교』(*What Are the Gospels?: A Comparison with Graeco-Roman Biography*)이다.[3] 버릿지가 복음서의 장르 문제를 박사학위 논문의 주제로 정했던 애초의 목적은 당시 입지를 조금씩 넓혀 가고 있던 입장, 즉 복음서는 고대 전기(ancient biography)라는 학문적 입장을 반박하기 위함이었다. 복음서 장르 주제를 깊이 있게 연구하기 전 버릿지는 당시 대세를 이루고 있던 견해, 즉 복음서는 독특한 장르(*sui generis*)라는 불트만의 전통을 수용하고 있었다. 하지만 이 주제를 진지하게 연구하면서 입장을 완전히 바꾸었다. 복음서가 고대 전기라는 입장을 공격하기 위해 연구를 시작했으나 결국 그 입

3. Richard A. Burridge, *What Are the Gospels?: A Comparison with Graeco-Roman Biography*, SNTSMS 70 (Cambridge: Cambridge University Press, 1992); 그의 책 2판은 Richard A. Burridge, *What Are the Gospels?: A Comparison with Graeco-Roman Biography*, 2nd ed. (Grand Rapids: Eerdmans, 2004). 이 장에서 이후의 버릿지의 저서 인용은 제2판을 기준으로 한다.

장의 열렬한 옹호자가 된 것이다.

버릿지의 저서 이후로 복음서 장르에 대한 지류(支流)적인 논쟁은 존재하지만 주류적인 입장은 복음서를 그리스-로마 전기로 보는 것이다. 버릿지는 그의 저서에서 10개의 당대 그리스-로마 전기들과의 비교를 통해 복음서의 장르를 입증했다. 그가 주목한 그리스-로마 전기의 주요한 특성은 주인공에 대한 집중적 관심이었다. 주어의 빈도수 조사를 통해 버릿지는 전기가 다른 어떤 등장인물들보다 주인공에 집중하는 경향이 있다는 것을 발견했다.[4] 플루타르코스의 전기들을 비교해보면 이것이 분명하게 드러난다. "플루타르코스는 동시대 인물인 카토(小), 폼페이우스, 카이사르에 대한 전기를 모두 작성했는데, 누가 주인공이냐에 따라서 논의 분량과 무게중심이 변화"됐다.[5] 이 세 명은 동시대 인물이면서 유사한 사건에 반복적으로 함께 등장하는데 흥미로운 점은 누구의 전기냐에 따라서 "주인공을 중심으로 사건이 구성되고 관련 주변인물들의 논의 분량이 재편"된다는 것이다.[6] 예를 들어, 폼페이우스의 전기일 때는 폼페이우스에 대한 논의가 약 36%에 달하고 카이사르에 대한 논의가 약 11%에 그쳤던 반면, 카이사르의 전기일 때는 상황이 역전되어 카이사르가 약 34%, 폼페이우스가 약 14%를 기록했다.[7] 이러한 패턴은 복음서에서도 동일하게 관찰됐다. 공관

4. Ibid., 130-31, 158-59, 189-91, 216-17.
5. 권영주, "마가복음 1:16-20," 52 (본서 제3장).
6. Ibid.
7. Ibid.

복음과 요한복음 모두 주인공인 예수에 대한 논의가 가장 많은 분량을 차지했으며(적게는 17.2%에서 많게는 24.4%), 반면 다른 등장인물에 관한 논의는 미미한 수치였고 가장 많은 분량의 논의를 차지한 개인이나 그룹조차도 각각 9%가 채 되지 않았다.[8]

버릿지의 연구는 중요한 해석학적 함의를 남겼다. 그것은 바로 복음서의 기독론적 독해다. 기독론적 독해는 지금까지 다양한 근거를 통해 제시되어 왔는데 그것은 주로 신학적 이유와 연결되어 있었다.[9] 하지만 버릿지의 연구가 지니는 차별성은 기독론적 독해를 장르의 관점에서 풀어냈다는 점이다. 다시 말해, 복음서가 그리스-로마 전기 장르를 취하고 있다는 사실은 복음서의 주인공인 예수에게 집중할 것을 (신학적이 아닌) 장르적으로 요청하고 있으며, 이는 자연스럽게 기독론적 독해로 이어진다는 것이다.

다음 절에서 우리는 마가복음 2:1-3:6의 논쟁 담화를 중심으로 복음서 장르에 충실한 독해가 이전의 독해들과 어떤 차이점을 갖는지 살펴볼 것이다.

---

8. Ibid., 53-54.
9. Allen Verhey, *The Great Reversal: Ethics and the New Testament* (Grand Rapids: Eerdmans, 1984), 4; Leander E. Keck, "Rethinking 'New Testament Ethics,'" *JBL* 115.1 (1996), 10; Ben Witherington III, *New Testament Theology and Ethics*, vol. 1 (Downers Grove: InterVarsity, 2016), 25-26.

3. 장르적 특성에 충실한 복음서 독해: 주인공 예수를 중심으로 마가복음 2:1-3:6 다시 읽기

3.1. 마가복음 2:1-3:6의 개요

많은 학자들은 2:1-3:6의 논쟁 담화가 시간의 순서가 아닌 주제별로 한데 묶인 것이라고 주장한다.[10] 그리스-로마 전기 역시 주인공에 대한 이야기나 사건을 시간의 흐름이 아닌 유사 주제들을 중심으로 기술하는 경우가 종종 있다. 이러한 이유로, 좀 단순화된 도식이긴 하지만, 고전학자들은 그리스-로마 전기를 사건의 연대기적 배열을 중시하는 '플루타르코스 계열의 전기'와 사건의 주제적 배열을 중시하는 '수에토니우스 계열의 전기'로 구분한다.[11] 하지만 이러한 구분은 물과 기름처럼 깔끔하게 나뉘는 것이 아니라 필요에 따라서 한 작품 내에서 두 가지 패턴이 동시에 발견되기도

---

10. 예를 들면, 조엘 마커스, 『앵커바이블 마가복음 I(1-8장)』 류호영, 장성민 역 (서울: CLC, 2016), 339: "2:1-3:6에 수록된 연속된 자료들은 본래 개별적인 내러티브들이었던 것을 후대의 누군가가 체계적으로 수집한 결과일 가능성이 크다." 유사한 입장으로는, William L. Lane, *The Gospel of Mark*, NICNT (Grand Rapids: Eerdmans, 1974), 91; Ben Witherington III, *The Gospel of Mark: A Socio-Rhetorical Commentary* (Grand Rapids: Eerdmans, 2001), 114; R. Alan Culpepper, *Mark*, SHBC (Macon: Smyth & Helwys, 2007), 74; M. Eugene Boring, *Mark: A Commentary*, NTL (Louisville: Westminster John Knox, 2006), 73이 있다.
11. Arnaldo Momigliano, *The Development of Greek Biography* (Cambridge: Harvard University Press, 1993), 86.

한다.[12] 공관복음서의 경우도 마찬가지다. 마태, 마가, 누가복음은 주인공인 예수의 일생을 연대기적으로 기술하는 것을 기본 입장으로 취하고 있지만, 특히 마태복음에는 사건을 주제별로 배열하는 경우가 적잖이 발견된다.[13] 말하자면, 복음서에서 관찰되는 사건의 주제적 배열은 그리스-로마 전기 장르의 관점에서 볼 때 충분히 허용되는 관행이었다는 것이다. 또한 당시 그리스-로마 전기의 저자나 독자들은 사건의 주제적 배열을 보면서 작품의 역사성을 의심하지도 않았다.

마가복음 2:1-3:6 역시 주제적 배열을 택하고 있다. 이는 듀이(Joanna Dewey)가 길게 논증하고 보어링(Eugene M. Boring)이 재차 확인한 도식에 분명히 드러난다.[14]

---

12. Craig S. Keener, *Christobiography: Memory, History, and the Reliability of the Gospels* (Grand Rapids: Eerdmans, 2019), 139.
13. 누가복음과 비교하면 이러한 경향은 더욱 도드라진다. 누가복음은 마가복음의 연대기를 대체로 따른 반면에 마태복음은 마가복음의 연대기를 벗어나 주제별로 에피소드들을 배열하는 경우가 많다.
14. 아래 도식과 그에 대한 설명은 Boring, *Mark*, 73-74의 논의에 기대고 있다. Dewey의 논의에 관해서는 Joanna Dewey, *Markan Public Debate: Literary Technique, Concentric Structure, and Theology in Mark 2:1-3:6*, SBLDS 48 (Chico: Scholars, 1980), 109-30을 보라.

A. 중풍병자 치유/죄의 용서 (2:1-12)

B. 레위를 부르심/죄인들과의 식사 (2:13-17)

C. 금식에 대한 질문/옛것과 새것 (2:18-22)

B′. 안식일에 밀 이삭을 자름 (2:23-28)

A′. 안식일에 병자를 고침 (3:1-6)

보어링에 따르면, A와 B는 '죄'라는 주제로 연결되어 있고, A′와 B′는 '안식일'이라는 주제로 엮여 있다.[15] 그리고 C는 정중앙에 위치하며 주제적으로 어느 그룹에도 속하지 않는다. C는 "해석학적 열쇠"의 기능을 하며 A와 B 그룹과 A′와 B′ 그룹의 의미를 밝히는 역할을 한다. 여기서 해석학적 열쇠란 옛것과 새것 혹은 옛 시대와 새 시대의 구분이며 보어링의 표현("pivotal")이 암시하듯이 이러한 시대의 전환을 가능하게 한 것은 예수였다. 다시 말하면, 예수의 존재로 인해 죄의 문제와 안식일의 문제에 관점의 전환이 일어난 것이다.

위와 같이 깔끔한 주제적 도식을 마가가 의도했는지 확인할 길은 없지만, 마가의 최종 본문이 분명한 주제적 배열을 드러내고 있다는 것만큼은 확실하다. 그리고 그리스-로마 전기에서 주제적 배열은 널리 사용되는 관행이었으며, 마가복음 2:1-3:6의 주제적

---

15. 전통적인 교차대구법(chiasm)은 A와 A′, B와 B′의 연관성을 찾는다. 물론 A와 A′(치유 문제), B와 B′(먹는 문제)도 주제적으로 연결되어 있다. 하지만 여기서는 Dewey와 Boring의 도식을 따를 것이다.

배열의 중심에 주인공 예수라는 인물이 놓여있다는 것도 마가복음이 그리스-로마 전기의 장르적 특성—주인공에 대한 집중적 관심—을 반영하고 있음을 보여주는 대목이다.

이제 각 에피소드가 예수라는 인물을 어떻게 집중적으로 조명하고 있는지 구체적으로 살펴볼 차례다.

3.2. 중풍병자 치유/죄의 용서(2:1-12)

중풍병자의 치유를 다루고 있는 이 에피소드의 스토리라인은 단순하다. 친구들은 거동이 불편한 중풍병자를 메고 예수가 거하고 있는 집에 찾아간다. 그들이 방문했을 때 예수의 말씀을 듣기 위해 모인 인파가 엄청났기 때문에 중풍병자의 친구들은 어쩔 수 없이 차선책을 강구한다. 무리를 가로질러 예수에게 접근할 수 있는 상황이 아니라 문제의 소지가 있는 행동이긴 했지만 지붕을 뜯어내고 구멍 사이로 매트리스를 내려 중풍병자를 예수에게 보낸다. 예수는 친구들의 과감한 행동을 믿음의 행위로 인정하고 중풍병자에게 죄 사함을 선포한다. 당시 현장에 있던 서기관들은 예수의 선포가 신성모독적인 발언이라고 속으로 생각한다. 하지만 예수는 그들의 생각을 꿰뚫어 보고 "인자가 땅에서 죄를 사하는 권세"가 있다고 공공연히 천명한다. 이후 예수는 말씀으로 중풍병자의 병을 고쳤고 이를 본 사람들이 하나님께 영광을 돌리는 것으로 사건은 마무리된다.

이 본문의 의미를 밝히기 위한 다양한 시도들이 있었다. 주석가들의 관심이 집중된 문제들 중에는 다음과 같은 것들이 있다. (1) 예수가 거하고 있는 집의 소유 여부(예수 자신의 집이었는지 아니면 시몬의 집이었는지), (2) 친구들이 지붕을 뜯는 행위에 대한 다양한 해명, (3) 죄와 병의 상관관계, (4) 죄 사함과 신성모독의 관계성, (5) 예수의 죄 사함 선포 전승이 어디에 속해 있는지를 밝히는 작업 등이다.

재차 강조하지만, "복음서 본문 해석의 일차적 목적은 1세기 팔레스타인 지역의 배경 지식을 얻기 위한 것도 아니고, 초대 교회 공동체가 처한 삶의 자리를 복원하기 위한 것도 아니며, 복음서 저자의 신학을 드러내기 위한 것도 아니다. 복음서 본문 해석의 일차적 목적은 복음서의 주인공인 예수라는 인물을 조명하는 데 있다."[16] 여기서 이 진술과 기존 주석가들의 관심사를 잠시 비교해 보자.

예를 들어, (2)번(친구들이 지붕을 뜯는 행위에 대한 다양한 해명) 사안은 1세기 팔레스타인 지역에 대한 배경 지식과 관련이 있다. "고대 유대 사회의 집 지붕의 형태는 평면이었고 재질은 주로 나무로 제작되었기 때문에 구멍을 내기가 그렇게 어렵지 않았을 것이다"와[17] 같은 설명이라든가, "이 지붕은 수리가 필요한 상태였을 것이며, 하절기 동안 시원한 밤바람을 즐기기 위한 용도였을 것이다. 이스

16. 권영주, "마가복음 1:16-20," 54 (본서 제3장).
17. 박윤만, 『마가복음: 길 위의 예수, 그가 전한 복음』 (용인: 킹덤북스, 2017), 197.

라엘에서 일반인 가옥의 지붕은 '돌이나 흙벽돌에 걸쳐 둔 목재 들보들로 이루어져 있었다. 그리고 들보 위에 갈대, 가시덤불을 얹은 후 몇 인치 두께로 진흙을 덮었다'"와[18] 같은 설명은 분명히 중풍병자의 친구들의 행동에 대해 납득할 수 있는 여지를 마련해 준다. 하지만 정보의 유용성에도 불구하고 '이러한 논의들이 복음서 장르를 고려하고 있는 해석적 시도인가?'라는 질문에 대해서는 긍정적인 답을 내리기가 어렵다. 왜냐하면 복음서 해석의 일차적 목적은 예수라는 인물을 조명하는 것인데 위의 정보는 이와 직접적인 관련이 없기 때문이다.

다른 예를 들어보자. (5)번(예수의 죄 사함 선포 전승이 어디에 속해 있는가) 사안에 대한 논의는 주인공인 예수를 조명하는 방식으로 사용되기도 하지만 이러한 작업과 무관하게 흘러가기도 한다. 가령, 보어링은 중풍병자 치유 에피소드가 다양한 전승의 층을 포함하고 있다고 가정한다. 보어링은 이 에피소드가 "원래 전형적인 기적 이야기의 형태"였지만 예수의 "신적 권위"를 강조하는 "죄 사함 선포"나 "인자" 용어 사용 등이 후대에 "첨가"되면서 현재의 본문 형태를 갖추게 된 것이라고 주장한다.[19] 좀 더 명시적인 표현을 동원해 보어링은 다음과 같이 진술한다. "[중풍병자 치유 에피소드에서] 마가는 자신의 상황에서 부활 이후의 관점을 가지고 그리스도 사건의 의미를 전달할 수 있는 방식으로 전통적인 자료들을 취

---

18. 마커스, 『마가복음 I』, 343.
19. Boring, *Mark*, 75.

합하고 재진술했다."[20] 복음서 해석의 목적과 관련된 앞선 진술에 따라 분류를 하자면, 보어링의 논의는 "초대 교회가 처한 삶의 자리를 복원"하거나 "복음서 저자의 신학을 드러내"는 작업과 관련되어 있다. 이러한 작업 자체가 무의미한 것은 아니다. 석의 작업에서 역사적·신학적 문제들을 다루는 것은 반드시 필요한 과정이다. 그럼에도 불구하고 이 장에서 제안하는 것은 복음서 장르에 충실한 해석을 위해서는 일종의 필터링이 필요하다는 것이다. 역사적인 문제를 다루든 신학적인 주제를 논의하든, 연구자나 설교자는 모든 이슈를 다룰 수 없기 때문에 필연적으로 선택적일 수밖에 없다. 현재의 석의 작업이 복음서 장르에 충실한 해석인가를 판단할 수 있는 시금석과 같은 질문이 있다. 그것은 바로, "이 석의 작업이 복음서의 주인공인 예수를 '관찰하고 조명하고 드러내고 부각시키'고 있는가?"이다.[21] 보어링의 연구는 저자 마가와 초대 교회의 상황을 보다 근접하게 이해하는 중요한 정보를 제공했지만 정작 복음서의 주인공인 예수에 대한 이해를 확장시키는 데에는 큰 기여를 하지 못했다.

반면, (3)번(죄와 병의 상관관계)과 (4)번(죄 사함과 신성모독의 관계) 사안에 대한 일부 논의는 예수라는 인물을 집중 조명하는 데 사용됐다. 대부분의 주석가들은 죄와 병의 상관관계에 대해서 어떤 형태

20. Ibid., 76.
21. 권영주, "마가복음 1:16-20," 56 (본서 제3장).

로든 언급한다.[22] 하지만 아이러니컬하게도 이것이 예수의 정체성을 밝혀주는 데 어떤 역할을 하는지에 대해서 심도 있는 논의를 전개한 주석가는 극히 제한적이다. '이 석의 작업이 복음서의 주인공인 예수를 관찰하고 조명하고 드러내고 부각시키고 있는가?' 라는 시금석 질문이 필요함을 보여주는 대목이다.

죄 사함과 신성모독의 관계는 예수의 정체성을 밝히는 일과 직접적으로 연결되어 있다. 이 문제와 관련한 기존 연구의 주요 쟁점들 중 하나는 5절의 선언 "네 죄 사함을 받았느니라"에서 ἀφίενται가 신적 수동태인가의 여부다. 신적 수동태로 해석할 경우 하나님이 주어이며 예수의 역할은 하나님의 대리인으로서 죄 사함을 선언하는 것이다. 신적 수동태가 아닌 일반 수동태로 해석할 경우 죄 사함을 행하는 주체는 예수 자신이다. 이는 예수의 발언을 신성모독으로 받아들인 서기관들의 반응을 이해하는 데에도 도움이 되고,[23] "인자가 땅에서 죄를 사하는 권세가 있는 줄을 너희로 알게 하려 하노라"는 10절의 선언과도 잘 어울린다. 어느 해석이 타당한 것인지 정하는 문제는 잠시 유보하고, 여기서는 ἀφίενται가 일반 수동태로 해석될 때 예수의 정체성이 좀 더 부각될 수 있을 것이라는 점을 언급하고자 한다. 물론 예수를 "관찰하

22. Lane, *The Gospel of Mark*, 94; R. T. France, *The Gospel of Mark: A Commentary on the Greek Text*, NIGTC (Grand Rapids: Eerdmans, 2002), 124-25; Witherington, *The Gospel of Mark*, 117.

23. John R. Donahue and Daniel J. Harrington, *The Gospel of Mark*, SP 2 (Collegeville: Liturgical, 2002), 94.

고 조명하고 드러내고 부각시키"는 해석을 선택하기 위해 명백한 증거를 무시하고 충분한 비평적 과정을 생략해서는 안 될 것이다. 하지만 시금석 질문은 수많은 이슈들을 다뤄야 하는 석의 작업에서 어느 정보와 논쟁에 초점을 맞춰야 할지 우선순위를 정해주는 유용한 필터링 수단이 될 수 있다.

이 절에서는 복음서 장르에 충실한 해석, 즉 주인공 예수를 조명하는 데 힘을 쏟는 해석이 기존 연구들과 어떤 차별성을 갖는지 부정적(negative) 사례를 중심으로 살펴보았다. 다시 말해 복음서 장르가 요청하는 기독론적 해석의 차별성을 설명하기 위해 기존 연구들의 한계점을 주로 다루었다. 하지만 이후 4개의 에피소드들에 대한 논의에서는 기존 연구들과 본문의 증거들을 취합하여 기독론적 해석을 건설적으로(positively/constructively) 제안할 것이다.

3.3. 레위를 부르심/죄인들과의 식사(2:13-17)

예수께서 레위를 부르신 사건은 1:16-20의 제자를 부르신 사건을 연상시킨다. 두 사건의 유사점은 여러 면에서 발견된다.[24] 첫째, 예수께서 갈릴리 해변을 "지나가시다가" 시몬과 안드레를 부르신 것처럼(1:16) 여기서도 예수는 세관 주변을 "지나가시다가" 레위를 부르신다(2:14). 둘째, 예수가 부르신 사람들의 이름과 직업을 특정하거나 유추할 수 있다. 1장에 등장하는 시몬, 안드레, 야고

24. Francis J. Moloney, The *Gospel of Mark: A Commentary* (Grand Rapids: Baker Academic, 2002), 63.

보, 요한은 어부였고, 2장의 레위는 세리였을 것이다. 셋째, 예수는 미래의 제자들에게 "나를 따르라"고 말했고 그들은 별 주저함 없이 즉시 따랐다. 이 같은 유사점 중에 예수의 모습을 부각시키는 것은 세 번째 요소다.

마가복음 1:16-20에 대해 필자가 이전 장에서 논증했듯이,[25] 기존 연구들은 제자들의 "즉각적"이고도 "급진적"인 반응에 초점을 맞추어 제자들의 덕을 강조했다. 제자들은 예수의 부르심에 "곧" 반응했고 생계와 가족을 뒤로 한 채 예수를 따르는 급진적인 태도를 보였다는 것이다. 하지만 문제는 이러한 해석이 주인공인 예수를 조명하고 있지 않다는 점이다. 그렇다고 해서 기존 연구를 모두 부정할 필요는 없다. 기존 연구가 제자들의 반응을 제자들의 덕과 연결시켰다면, 복음서 장르에 충실한 해석은 제자들의 반응을 예수의 권위와 연결시킨다. 즉 제자들이 즉각적이고도 급진적인 반응을 보인 것은 제자들의 덕을 강조하기 위함이 아니라 예수가 권위 있는 인물임을 보여주는 증거라는 것이다. 또한 예수의 '나'를 따르라는 표현은 성서의 일관된 증언—예언자의 역할은 청중들로 하여금 예언자 자신이 아닌 하나님을 따르도록 만드는 것—에 비추어볼 때 예수의 신적 권위를 부각시키는 것이었다.

마가복음 2:14의 레위를 부르는 사건은 1:16-20과 비교했을 때 설명이 매우 단순하다. "또 지나가시다가 알패오의 아들 레위가

25. 이 문단의 내용은 권영주, "마가복음 1:16-20," 57-63, 66-68 (본서 제3장)의 주요 주장을 요약, 재진술한 것이다.

세관에 앉아 있는 것을 보시고 그에게 이르시되 나를 따르라 하시니 일어나 따르니라." 2장은 1장과 달리 레위의 급진적 반응을 보여주는 구체적인 디테일이 부재하다. 하지만 여기서도 레위의 즉각적 반응은 어렴풋이 감지된다.[26] 또한 "나를 따르라"는 예수의 부르심은 1장과 마찬가지로 예수의 신적 권위를 강조한다.

2장에서 레위의 급진적 반응을 보여주는 디테일을 굳이 첨가하지 않은 이유를 유추해볼 수 있다. 설령 레위가 예수를 따르기 위해 많은 것을 포기했다고 하더라도 그것을 일일이 서술하면서 1장의 사건 기술방식을 그대로 반복하는 것은 청중/독자들의 흥미를 유발하는 데 비효과적이었을 것이다.[27] 또한 그리스-로마 전기 작가로서의 마가의 입장에서 보자면, 레위의 급진적 반응을 기술하는 것의 궁극적인 목적은 예수의 권위(ἐξουσία)를 강조하는 것이었을 텐데, 예수의 권위에 대한 강조는 이미 이전 에피소드에서 충분히 이루어졌다. 중풍병자 치유 에피소드에서 묘사되는 예수는 서기관들의 마음속을 꿰뚫어보시는 분이고, 하나님이 하늘에서 죄를 용서하는 권세를 가졌듯이 예수는 "땅에서 죄를 사하는 권세(ἐξουσία)"를 소유한 분이며, 말에 권위가 없는 서기관들(1:22)과 달리 예수는 말씀만으로도 중풍병자를 고칠 수 있는 분이다.

마가복음 1:16-20의 부르심 사건과 비교했을 때 유사점보다는

26. John Painter, *Mark's Gospel: Worlds in Conflict, New Testament Readings* (London: Routledge, 1997), 56.

27. 로버트 스타인, 『BECNT 마가복음』, 배용덕 역 (서울: 부흥과개혁사, 2014), 187.

차이점이 예수가 어떤 분인지에 대해 더 많은 힌트를 주고 있다. 첫 번째 차이점은 예수가 부른 사람의 직업이다. 1장에서 예수는 어부를 제자로 불렀고 2장에서는 세리를 제자로 부르고 있다. 후커(Morna D. Hooker)의 논평을 빌리자면, "예수가 어부들을 제자로 부른 것도 평범한 일은 아니었지만, 나를 따르라며 세리를 부른 것은 스캔들이나 다름없었다."[28] 당시 세리는 로마의 압제자들을 위해 일하고 동족의 혈세를 거두어 자신들의 배를 채우는 배신과 탐욕의 아이콘이었다. 그들은 자발적인 입찰 경쟁을 통해 세금을 거두는 일거리를 얻어냈다.[29] 유대 문헌에 따르면 세리는 "강도나 살인자와 동급으로 치부됐고, … 법정에서 재판관이나 증인으로 설 수도 없었으며, 회당으로부터 쫓겨났고, 가족들에게는 수치의 요인이 됐다(*b. Sanh.* 25b). 그리고 세리가 만지면 그 집은 부정하게 됐다(*m. Teh.* 7:6; *m. Hag.* 3:6)."[30] 세리의 평판은 그리스-로마 사회에서도 악명이 높았다. 견유학파 철학자였던 디오게네스(Diogenes)는 세리를 가리켜 "돈밖에 모르는 사람"(ἄνθρωπος ἀγοραῖος)이라고 말했고, 루키아노스(Lucian)는 세리가 하는 일이 생필품인 옷을 훔치는 것(λωποδυτέω)과 진배없다고 말했다.[31] 또한 위더링턴(Ben Withe-

---

28. Morna D. Hooker, *The Gospel According to St Mark*, BNTC (London: Continuum, 1991), 94.
29. 래리 허타도, 『마가복음』, 이여진 역 (서울: 성서유니온, 2020), 69.
30. James R. Edwards, *The Gospel according to Mark*, PNTC (Grand Rapids: Eerdmans, 2002), 83.
31. 위의 사례와 더 많은 사례를 보려면 Adela Yarbro Collins, *Mark: A Commentary on the Gospel of Mark*, Hermeneia (Minneapolis: Fortress,

rington III)은 "레위가 만약 가버나움 지역의 세리였다면 물고기는 그 지역에서 정기적으로 세금을 거두는 품목 중 하나였을 것이다. 만약 그렇다면 시몬, 안드레, 야고보, 요한은 그를 잘 알고 또한 매우 경멸했을 것이다"라고 논평했다.[32] 예수가 이같이 논쟁적인 인물이었던 세리 레위를 부르신 것이다. 예수는 세리를 부르신 사건을 통해 '누구나' 예수를 따르는 제자가 될 수 있음을 극적으로 보여주었다.[33]

1장의 부르심 사건과 비교했을 때 2장의 두 번째 확연한 차이점은 식탁 교제 에피소드가 추가됐다는 것이다. 식탁 교제 에피소드는 세리 레위를 부르신 사건의 의미를 확증하고 확장한다. 이 에피소드와 관련해서 학자들의 주된 논쟁점은 식탁 교제의 호스트가 누구였냐는 것이다. 일부 학자들은 식탁 교제의 호스트가 세리 레위였다고 주장한다. 그들은 복음서를 통틀어 예수가 가버나움에 집을 소유했다는 기록이 없으며,[34] 이 때문에 누가(눅 5:29)가 편집 과정에서 레위의 집이 잔치의 장소였음을 명시했다고 지적

2007), 193-94을 참고하라.

32. Witherington, *The Gospel of Mark*, 120.

33. 제자에게 요구되는 높은 기준과 자격은 마가복음의 다른 본문들의 관심사이긴 하지만, 현재 본문에서의 강조점은 예수가 기준과 자격에 상관없이 사람들을 제자로 불렀다는 것이다.

34. Ernest Best, *Following Jesus: Discipleship in the Gospel of Mark* (Sheffield: JSOT, 1981), 175; 마커스, 『마가복음 I』, 360; France, *The Gospel of Mark*, 133.

한다.[35] 반면 다른 학자들은 식탁 교제의 호스트는 예수였다고 주장한다. 맬본(Elizabeth Struthers Malbon)은 14절의 "따르다"(ἠκολούθησεν)라는 동사의 주어가 레위이기 때문에 15절의 가장 자연스런 의미는 "레위가 즉시 일어나서 예수를 따라 그의 집으로 갔다"는 것이라고 주장했다.[36] 또한 맬본은 누가가 평행본문에서 레위의 집을 명시한 것은 예수가 세리와 죄인들을 자신의 집으로 불러서 식사했다는 당황스러운 행동을 순화시키기 위한 편집적 결과로 해석할 수도 있다고 지적했다.[37] 레인(William L. Lane)은 위 두 입장을 한데 엮어 식사는 레위의 집에서 이루어졌지만 식사의 호스트는 예수였다고 주장한다. 개역개정에서 "앉아 잡수실 때에"라고 번역된 표현의 헬라어 동사는 κατάκειμαι이다. 이 동사는 "비스듬히 누워서 식사하다"라는 뜻으로 그리스-로마 식사의 전형을 보여주고 있으며, 예수가 세리와 죄인들과 함께한 식탁의 교제가 일반 식사가 아닌 연회와 만찬의 형태였음을 암시한다. 레인은 이 동사가 사용된 것은 "레위가 아닌 예수—메시아—가 이 만찬의 호스트였음을 암시하고 있으며 … 이러한 식탁 교제의 근거는 메시아의 용서"라고 주장한다.[38]

35. Painter, *Mark's Gospel*, 56.
36. Elizabeth Struthers Malbon, "TH OIKIA AYTOY: Mark 2.15 in Context," *NTS* 31 (1985), 282-83; David M. May, "Mark 2.15: The Home of Jesus or Levi?," *NTS* 39 (1993): 148에서 재인용.
37. Malbon, "TH OIKIA AYTOY," 284; May, "The Home of Jesus or Levi?," 148에서 재인용.
38. Lane, *The Gospel of Mark*, 106

석의 과정에서는 누구의 집이었는가, 누가 식사의 호스트였는가와 같은 문제가 첨예한 논쟁거리일 수 있겠지만, 복음서 장르에 충실한 해석에서는 큰 문제가 아니다. 식사가 예수의 집에서 이루어졌든 레위의 집에서 이루어졌든, 식사의 호스트가 예수였든 레위였든 간에, 예수가 당시 사회적 약자와 소외계층 그리고 심지어 의도적 악인으로 분류되는 이들과 함께 식사를 했다는 사실은 변하지 않는다. 또한 당시 문화에서 식탁 교제는 중대한 사회적 의미를 내포하고 있었다. 누군가와 식사를 함께한다는 것은 그 사람을 인정한다는 공식적인 표현이었다.[39] 예수가 세리와 죄인들과 함께 식사를 했다는 것은 그들을 제자로 인정했다는 것으로 해석될 수 있다. 15절에 사용된 표현들을 잘 살펴보면 이러한 견해를 지지하는 것처럼 보인다. 첫째, 많은 세리와 죄인들이 예수와 함께 식사를 했다는 행동(15상반절)과 많은 이들이 예수를 따랐다는 행동(15하반절)은 접속사 γάρ로 연결되어 있다. 즉, 예수를 따르는 행동이 예수와 함께 식사를 하게 되는 모종의 이유를 제공했다는 것이다. 박윤만은 이 견해를 좀 더 밀어붙여, 예수가 "그를 따르는 자들과 식탁 교제를 하는 관행"을 가지고 있었다고 주장한다.[40] 둘째 단서는 첫째 단서를 더욱 명확하게 해주는 것인데, 식탁의 자리에 제자들이 함께 있었다는 점이 중요하다. 마가는 "많은 세리와 죄인들이 예수와 함께 앉았으니"라고 말할 수도 있었다. 하지만 그

39. Witherington, *The Gospel of Mark*, 122.
40. 박윤만, 『마가복음』, 214.

는 "많은 세리와 죄인들이 예수와 **그의 제자들과** 함께 앉았으니" 라고 표현했다. 말하자면, 예수는 기존의 제자들을 동석시킨 자리에서 세리와 제자들과 함께 식탁 교제를 함으로써 그들을 또 다른 제자로 인정하고 있는 것이다. 이는 당시 식탁 교제의 관행이기도 하고 본문의 증거가 암시하는 바이기도 하다.

중풍병자 치유 에피소드에서 예수는 죄를 사하는 권세를 가진 분으로 묘사되었고, 레위를 부르심/죄인들과의 식사 에피소드에서 예수는 죄인들을 제자로 부르시는 분으로 묘사되고 있다.

3.4. 안식일에 밀 이삭을 자름(2:23-28)

논쟁 담화 중 앞의 두 에피소드(2:1-12, 13-17)가 죄의 문제에 관한 예수의 권위를 보여주었다면 뒤의 두 에피소드(2:23-28; 3:1-6)는 안식일 문제에 관한 예수의 권위를 보여준다. 이 본문에서 주석가들의 관심을 끈 주제는 여러 가지였다. 예를 들어, 제자들의 행동이 어떤 면에서 안식일 규정을 침범하고 있는지,[41] 다윗의 예가 예수의 상황에 정확히 어떻게 대입될 수 있는지,[42] 아비아달 대제사장 언급에 대한 역사성 문제를 어떻게 볼 것인지,[43] 27-28절의 예수의

41. Painter, *Mark's Gospel*, 61; Edwards, *The Gospel according to Mark*, 93-94; 마크 L. 스트라우스, 『존더반 신약주석: 강해로 푸는 마가복음』, 정옥배 역 (서울: 디모데, 2016), 164.
42. Moloney, *The Gospel of Mark*, 68-69; Hooker, *The Gospel According to St Mark*, 103-104.
43. Lane, *The Gospel of Mark*, 115-16; Witherington, *The Gospel of Mark*, 130.

발화 전승의 기원은 어디인지와[44] 같은 문제들이다. 이 밖에도 다양한 주석적 쟁점들이 있다. 주석적 작업을 할 때 지면에 모든 역사적·석의적·신학적 문제들을 논할 수 없기 때문에 선택에 직면할 수밖에 없듯이 본문을 해석할 때도 선택은 필연적이다. 이 장이 주장하는 바는 복음서의 장르에 충실한 해석은 주인공인 예수에 집중하는 기독론적 해석을 요청하고 있으며, 이 과정에서 '이 석의 작업이 복음서의 주인공인 예수를 관찰하고 조명하고 드러내고 부각시키고 있는가?'라는 시금석 질문을 지속적으로 던져야 한다는 것이다. 시금석 질문에 답을 하는 과정이 해석에 있어 우리의 선택을 보다 명료하게 할 것이다.

시금석 질문을 고려하여 본문을 해석해보자. 개역개정에 따르면 이 에피소드는 다음과 같이 시작한다. "안식일에 예수께서 밀밭 사이로 지나가실새 그의 제자들이 길을 열며 이삭을 자르니" (2:23). 이 본문을 한글 번역으로 무심코 읽으면 두 가지 중요한 사실을 놓치기 일쑤다. 첫째, 한글 번역은 예수가 앞장서고 제자들이 뒤를 따라가며 이삭을 자르는 풍경을 연상시킨다. 둘째, "제자들이 길을 열며 이삭을 자르니"라는 표현에서 길을 여는 행위와 이삭을 자르는 행위가 순차적으로 일어나는 두 개의 동작이라는 느

44. Walter W. Wessel, "Mark," *The Expositor's Bible Commentary: Matthew, Mark, Luke*, vol. 8, ed. Frank E. Gaebelein (Grand Rapids: Zondervan, 1984), 638.; Culpepper, *Mark*, 89; Mary Ann Beavis, *Mark, Paideia Commentaries on the New Testament* (Grand Rapids: Baker Academic, 2011), 63.

낌을 준다. 또한 이 에피소드의 주제 탓인지 두 개의 행위 중 우리는 이삭을 자르는 행위에 더 많은 관심을 둔다.

하지만 헬라어 원문을 보면 그 때의 상황이 보다 선명하게 그려진다. 제자들의 행위를 표현하는 헬라어 원문은 다음과 같다: οἱ μαθηταὶ αὐτοῦ ἤρξαντο ὁδὸν ποιεῖν τίλλοντες τοὺς στάχυας. 원문에서 볼 수 있듯이 본동사(ἤρξαντο)와 가깝게 연결된 행위는 길을 만드는 일이고(ὁδὸν ποιεῖν), 이삭을 자르는 행위(τίλλοντες τοὺς στάχυας)는 보조적인 분사 형태로 표현되어 있다. 분사는 도구적 용법(이삭을 자름으로써)으로 해석하는 것이 자연스럽다.[45] 즉, '제자들이 이삭을 자름으로써 길을 만들기 시작했다'는 것이다. 이러한 직역의 관점에서 보면 위의 두 문제가 자연스럽게 해결된다. 최소한 이 문장에서 제자들의 두 행위 중 더 중요한 것은 길을 만드는 일이었고, 예수는 그 길을 밟으며 뒤따라오는 모양새다.

여기서 주목할 점은 제자들이 길을 만들고 예수가 그 길을 통해 오는 일련의 과정이 예수의 정체성을 암시하고 있다는 것이다. 제자들은 다름 아닌 마가복음 1:3에 등장하는 "주의 길을 준비하라"는 이사야의 예언을 성취하고 있는 것이었다.[46] 마커스(Joel Marcus)는 길을 준비하는 것이 왕의 임재를 준비하는 일에 수반되는 흔한 과정이었으며, 따라서 제자들의 길 만드는 행위는 예수의

45. Hooker, *The Gospel according to St Mark*, 102.

46. 박윤만, 『마가복음』, 241.

"왕적인 권위를 넌지시 암시하"고 있다고 주장했다.[47] 또한 제자들이 주(κύριος)의 길을 준비하고 있다는 것은 이 에피소드의 절정인 2:28에 등장하는 예수의 자기 정체성 발언—인자는 안식일에도 주인(κύριος)이니라—을 통해서도 확인된다. 무심코 읽으면 사건의 배경 설명 정도로 넘어갈 수 있는 구절이 실은 예수의 권위를 은밀한 방식으로 드러내고 있는 것이다.

'인자'라는 용어는 이 에피소드뿐 아니라 2:1-3:6 전체를 이해하는 데 있어서도 매우 중요하다. 듀이와 보어링의 도식에서 살펴보았듯이, 중간 에피소드(C)를 중심으로 첫 두 에피소드(A와 B)는 죄의 문제로 연결되어 있고, 뒤의 두 에피소드(A′와 B′)는 안식일 문제로 연결되어 있다. 그런데 서로 연결된 그룹의 첫 에피소드(A에서는 2:10, B′에서는 2:28)에서 각각 '인자'라는 용어가 등장한다. 구조상으로 볼 때 인자는 서로 연결된 에피소드를 이해하는 키워드인 셈이다.

인자라는 표현이 들어가는 예수의 발화 부분은[48] 첨예한 역사적 쟁점이다. 일군의 학자들은 예수의 발화가 실제 예수가 한 말이 아니라 후대의 편집자에 의해 첨가된 표현이라고 주장한다. 마가복음 2:27에 나오는 "또 이르시되"라는 표현은 어떤 주제가 나왔을 때 관련된 예수의 독립된 어록을 삽입하는 마가의 문학적 기

---

47. 마커스, 『마가복음 I』, 386.
48. 2:10 "그러나 인자가 땅에서 죄를 사하는 권세가 있는 줄을 너희로 알게 하려 하노라"; 2:28 "이러므로 인자는 안식일에도 주인이니라."

법이라는 점,[49] 이 에피소드가 27-28절의 예수의 발화 내용 없이도 완결이 가능하다는 점,[50] 27-28절은 안식일과 인간 그리고 예수에 대한 일반적 원리를 진술하고 있다는 점을[51] 지적하며 예수의 발화가 마가의 편집적 코멘트라고 주장한다. 반면, 다른 학자들은 인자라는 호칭이 항상 예수의 입을 통해 발화되고 있다는 점을 강조하며 예수 발화의 진원지를 굳이 다른 곳에서 찾을 이유가 없다고 주장한다.[52] 역사적 관점이나 예수 전승의 기원을 탐구하는 입장에서는 이러한 작은 차이가 큰 해석학적 함의를 가질 수 있겠으나, 복음서 장르에 충실한 해석에서는 그리 중요한 문제가 아니다. '인자'라는 호칭은 마가복음 2:10에서는 죄 사함을 선포하는 권위를 가진 존재임을 강조하기 위해, 마가복음 2:28에서는 안식일 규정과 관련해 최종적 권위를 행사할 수 있는 존재임을 부각시키기 위해 사용됐다. 만약 이것이 예수의 입에서 나온 발언이라면, 자기 정체성 발언으로서 죄와 안식일 문제에 관해 본인의 권위를 드러내고 있는 것이다. 반면, 이것이 마가의 편집적 코멘트라면, 전기 작가인 마가가 주인공 예수의 정체성을 보다 분명하게 밝히기 위해 했던 시도라고 할 수 있다.[53] 하지만 어느 쪽이든 효과는 마찬가

49. Wessel, "Mark," 638.
50. Culpepper, *Mark*, 89.
51. Witherington, *The Gospel of Mark*, 131.
52. Edwards, *The Gospel according to Mark*, 97; 스트라우스, 『강해로 푸는 마가복음』, 139.
53. 예를 들어, Witherington은 그의 주석 *The Gospel of Mark*, 132에서 다음과 같이 논평한다. 28절은 "삽입적 논평으로서 전기적(biographical) 관심을 가

지다. 예수의 자기 정체성 발언으로 해석해도, 전기 작가 마가의 주인공 묘사 발언으로 해석해도, 예수의 권위가 강조되는 것은 매한가지다.

안식일의 주인으로서 예수의 권위는 마가복음 2:25-26의 다윗의 예에서도 확인된다. 다윗의 예가 여러 가지 면에서 한계가 있는 유비라는 것은 사실이지만,[54] 예수가 이 유비를 사용한 목적은 꽤 분명하다. 다윗과 같은 권위 있는 존재가 함께 있으면 다윗과 그의 사람들이 안식일을 범한 것이 허용되었듯이, 권위 있는 예수가 함께 있으면 그의 제자들이 안식일을 범한 것도 허용된다는 것이다.

3.5. 안식일에 병자를 고침(3:1-6)

고대 그리스-로마 전기에서 인물묘사(characterization)는 주로 주인공의 말과 행동을 보여주는 간접적인 방식으로 이루어진다.[55] 이는 전기 작가가 등장인물의 심경이나 성격에 대한 직접적인 코멘트를 종종 첨가하는 현대전기의 인물묘사 방식과는 사뭇 다르다. 고대 전기에도 작가에 의한 직접적 코멘트가 전혀 없는 것은 아니었지만, 주인공의 말과 행동을 그대로 보여주고 작가의 해석이나 논평을 최소화하여 독자들에게 판단을 맡기는 것이 인물묘

지고 있으며 따라서 이야기가 특히 예수의 어떤 부분을 밝히고 있는지 보다 분명히 알리고자 하는 복음서 저자의 결론이라고 할 수 있다."

54. Lane, *The Gospel of Mark*, 115-17.

55. Keener, *Christobiography*, 136.

사의 주된 방식이다. 이 때문에 그리스-로마 전기인 복음서를 읽을 때도 주인공인 예수의 말과 행동에 집중할 필요가 있다. 앞장에서 논의했듯이 현재 에피소드는 이전 에피소드(2:23-28)와 주제적 일치(안식일 문제)를 이루고 있으며, 두 에피소드를 이해하는 중심에는 예수의 말씀—인자는 안식일에도 주인이니라—이 위치하고 있다. 이러한 본문의 구조는 현재 에피소드를 안식일의 주인이신 예수, 다른 말로 하자면, 안식일 문제에 대한 최종적 권위를 가지고 있는 예수의 관점에서 본문을 해석할 것을 요청한다.

그리스-로마 전기에서 인물묘사를 위해 종종 쓰이는 또 다른 방법은 대조다. 주인공과 대조되는 인물을 병치함으로써 주인공의 덕이나 인격을 상대적으로 강조하는 것이다. 예를 들어, 리비우스(Livy)는 누마 폼필리우스(Numa Pompilius)의 정의와 독실함을 강조하기 위해 그의 전임자인 로물루스(Romulus)와 그의 후임자인 툴루스 호스틸리우스(Tullus Hostilius)와 대조하는 방식을 취했다.[56]

인물묘사의 관점에서 보자면 마가복음 3:1-6은 바리새인과 대조해 예수를 두 가지 중요한 면에서 부각시킨다. 첫째, 예수는 말하고 바리새인은 침묵한다. 그리스-로마 전기의 인물묘사 방식을 감안하면 주인공인 예수의 말과 행동을 유심히 살펴야 한다. 흥미로운 점은 예수를 포함한 등장인물들이 모두 말하고 있는 다른 에

56. L. V. Pitcher, "Characterization in Ancient Historiography," *A Companion to Greek and Roman Historiography*, ed. John Marincola (Malden: Wiley-Blackwell, 2011), 112-13.

피소드들과 달리, 이 에피소드에서는 오로지 예수만이 발화하는 존재로 묘사된다. 손 마른 사람도 예수에게 고쳐달라고 말한 적이 없고, 바리새인들도 예수의 질문에 묵묵부답이다.[57] 하지만 이 두 그룹의 침묵의 성격에는 분명한 차이가 있다. 손 마른 사람은 단순히 말할 기회가 없었던 것이지만, 바리새인들은 말할 기회가 있었음에도 불구하고 침묵을 선택했다. 예수의 도전적인 질문에 차마 대답을 할 수 없었던 것이다. 예수가 적대 세력의 입을 막고 그들을 잠잠하게 한 것은 마가복음의 다른 곳에서도 관찰되는 패턴이다(1:25, 34; 4:39).[58]

둘째, 안식일에 예수는 "생명을 구하는 것"을 택했고 바리새인들은 "죽이는 것"을 택했다. 이는 3:4의 예수의 질문("안식일에…생명을 구하는 것과 죽이는 것, 어느 것이 옳으냐")에도 암시되어 있지만 본문의 다른 증거들을 통해 더욱 분명해진다. 많은 주석가들은 손 마른 사람의 병이 죽고 사는 문제가 아니었음을 지적한다. 유대 문헌에 따르면 안식일에 생사가 걸린 병을 치유하는 것은 안식일 준수에도 위배되지 않았다.[59] 하지만 완료 분사(ἐξηραμμένην)의 형태로 미루어보아 손 마른 사람의 병은 만성이었고, 이 때문에 예수의 치유는 안식일을 범하는 행위였다고 이 주석가들은 주장한다.[60]

57. Boring, *Mark*, 93.
58. Culpepper, *Mark*, 99.
59. Beavis, *Mark*, 64.
60. 예를 들면, Lane, *The Gospel of Mark*, 123; Witherington, *The Gospel of Mark*, 133.

하지만 이들이 간과한 사실이 있다. 예수의 치유 사건 이후에 바리새인들이 현장에서 예수를 고발하지 않았다는 점이다. 예수의 위법성이 확실했다면 바리새인들은 예수의 질문에 대해 보다 공격적인 대응을 했을 것이고, 현장에서 예수의 위법성을 공식적으로 드러내 그를 돌에 맞아 죽게 할 수도 있었다. 하지만 바리새인들은 침묵했고 그를 죽일 기회를 다음으로 미뤘다.

또한 실제로 예수는 손 마른 병자를 고치는 일이 죽고 사는 문제와 결부된다고 생각했을 수도 있다. "수분이 생명을 의미하는 건조한 땅에서 '마른'(withered)이란 표현은 '죽음'을 암시했다(참조. LXX 욥 8:12; 12:15; 18:16; 시 90:6; 101:5, 12; 128:6; 사 37:27; 40:7, 24; 51:12; 겔 19:12; 단 7:8)."[61] 또한 대부분의 사람들이 손으로 일하는 사회에서 마른 손을 가지고 있었다는 것은 제대로 된 직장을 가질 수 없다는 것을 의미했으며 이는 생계 문제와 직결되었을 것이다.[62] 이에 더하여 허타도(Larry Hurtado)는 레위기 21:16 이하 말씀을 근거로 예수가 손 마른 자를 고친 행위는 공동체 예배에 온전히 참여할 수 있도록 도운 실제적인 조치였다고 지적한다.[63] 이 같은 증거를 종합한다면, 예수는 사회적으로, 경제적으로, 영적으로 죽은 상태에 놓여 있었던 손 마른 자의 "생명을 구"한 것이었다. 반면, 바리새인들은 이러한 예수의 행동을 보고 예수를 "죽일" 결심을 했다.

---

61. Boring, *Mark*, 93.
62. Culpepper, *Mark*, 98.
63. Larry Hurtado, *Mark* (New York: Harper & Row, 1983), 35; Witherington, *The Gospel of Mark*, 134에서 재인용.

정리하자면, 마가는 다른 그리스-로마 전기 작가들이 흔히 그랬던 것처럼, 대조라는 형식을 통해 예수의 정체성과 됨됨이를 부각시키고 있다. 예수는 말했고 바리새인들은 침묵했다. 예수의 말은 다른 사람의 "생명을 구하는" 일로 이어졌고, 바리새인들의 침묵은 다른 사람을 "죽이는" 모의로 발전되었다. 그리고 이 모든 일은 "사람을 위하여 있는"(2:27) 안식일에 행해졌다.

3.6. 금식에 대한 질문/옛것과 새것(2:18-22)

이 에피소드는 2:1-3:6의 논쟁 담화의 정중앙에 위치한다. 구조상 이 에피소드는 전후에 위치하는 두 묶음의 에피소드를 해석하는 데 결정적 단서를 제공한다. 이 에피소드는 표면상 금식의 문제를 다루고 있지만 실상은 예수라는 인물의 정체성을 드러내주고 있다. 사람들은 예수에게 금식의 당위성에 대해 물었지만 예수는 세 가지 비유를 통해 금식의 당위성은 예수의 임재 여부에 달려있다고 반문하고 있는 듯하다.

"요한의 제자들과 바리새인의 제자들은 금식하는데 어찌하여 당신의 제자들은 금식하지 아니하나이까"(막 2:18)라는 사람들의 질문에 대한 예수의 첫 번째 대답은 결혼식 비유이다. 예수는 금식 자체가 잘못된 것은 아니지만 시기의 문제가 있다고 지적한다. "혼인 집 손님들이 신랑과 함께 있을 때"는 금식할 수 없듯이 제자들이 예수와 함께 있을 때는 금식할 수 없다. 하지만 "신랑을 빼앗길 날(ἡμέραι)이 이르리니 그날(ἐκείνῃ τῇ ἡμέρᾳ)에는 금식할 것"이라고 말한다. 자연스럽게 여기서 혼인 집 손님들은 제자들을, 신랑은 예수를 가리킨다. 결혼식 비유가 암시하는 두 가지 중요한 점이 있다. 첫째, "그날"이라는 표현은 종말론적 함의를 지니고 있으며 그 중심에는 예수의 존재가 있다.[64] 예수가 오심으로 인해 새 시대가 시작되었고, 예수의 존재 여부는 현재의 상태에 새로운 질서를 부여한다. 예수가 있으면 축제의 때이고 예수가 없으면 금식의 때이다. 둘째, 신랑은 구약에서 하나님을 가리키는 비유로 종종 사용됐다(호 2:16-20; 사 54:4-8; 렘 2:2; 31:32; 겔 16:7-14).[65] 신랑이 메시아적 인물을 암시하는 용례는 보다 후대에 관찰되기 때문에,[66] 여기서 마가의 의도는 예수의 신적 권위를 부각시키기 위함이었다고 보는 것이 보다 합리적인 추론이다. 콜린스의 논평을 빌리자면, "역사적 예수는 이 말[결혼의 비유와 신랑에 대한 언급]을 통해 자신이 하나님의 주요한 대리인이고, 따라서 마지막 때에 하나님의 임재를 중재하고 있음을 간접적으로 주장하는" 것이다.[67]

사람들의 질문에 대한 예수의 두 번째와 세 번째 대답은 겉 무늬만 다를 뿐 속 내용은 동일하다. 생베 조각이 낡은 옷과 함께할 수 없고 새 포도주가 낡은 가죽과 함께할 수 없듯이, 새 시대는 옛 시대와 함께할 수 없다. 새 시대는 옛 시대를 단순히 개선하고 개

64. Moloney, *The Gospel of Mark*, 66; Boring, *Mark*, 85; Beavis, *Mark*, 61-62.
65. 참고 성경 구절은 Donahue, *The Gospel of Mark*, 107.
66. Lane, *The Gospel of Mark*, 110; Hooker, *The Gospel according to St Mark*, 100; Moloney, *The Gospel of Mark*, 66-67.
67. Collins, *Mark*, 199.

혁하는 것이 아니라, 전혀 다른 질서와 논리에 따라 유지된다. 옛것과 새것이 공존할 수 있었다면 낡은 옷이 찢어질 일도 없고 낡은 가죽 부대가 터질 일도 없다. 예수의 존재는 새로운 시대의 시작을 알리고, 따라서 새로운 질서를 받아들일 것을 요청한다.

마가복음 2:18-22은 표면적으로 금식 논쟁의 형태를 취하고 있지만 실은 예수의 정체성을 드러내주고 있다. 이는 주인공에 집중하는 그리스-로마 전기의 장르적 해석에 충실한 것이기도 하다.

4. 나가는 말

본 장은 복음서가 그리스-로마 전기이며, 이 장르에 충실한 복음서 해석은 주인공인 예수에게 집중하는 것이라는 이전 연구의 주장과 방법론을 마가복음 2:1-3:6의 해석에 적용했다. 위의 연구에 따르면, 마가복음 2:1-3:6은 치유, 죄 사함, 금식, 옛 시대와 새 시대, 안식일 문제 등 다양한 주제를 다루고 있지만 복음서 장르에 충실한 해석을 위해서는 일종의 필터링 작업이 필요하다는 것이다. 그중 한 가지는 다음의 시금석 질문을 지속적으로 던지는 것이다. '이 석의 작업이 복음서의 주인공인 예수를 관찰하고 조명하고 드러내고 부각시키고 있는가?'

위의 시금석 질문을 통과한 마가복음 2:1-3:6의 해석은 다음과 같다. 마가복음 2:1-3:6은 교차대구법의 구조를 이루고 있는데 그

중심에 위치하는 에피소드는 금식 논쟁(2:18-22)이다. 이 에피소드는 표면적으로 금식의 문제를 다루고 있으나 실상은 복음서의 주인공인 예수의 정체성을 드러내고 있다. 이 에피소드에서 예수는 새로운 시대를 열고 현 상태에 새로운 질서를 부여하는 존재로 묘사된다. 이러한 예수상은 금식 에피소드 전후 두 묶음의 에피소드를 이해하는 데에도 결정적인 역할을 한다. 새로운 시대에서 예수는 하나님과 같이 죄를 사할 수 있는 권위를 소유한 분이다(2:1-12). 또한 그분은 죄인들을 배제하는 옛 시대와 달리 세리와 죄인들과 식탁의 교제를 나눈다(2:13-17). 예수는 안식일의 주인이자(2:23-28) 안식일 준수에 새로운 의미를 부여할 수 있는 분이다(3:1-6).

제5장
사람들의 완악해짐은 예수가 비유를 사용한 목적인가 결과인가?: 마가복음 4:12의 ἵνα 해석[1]

1. 들어가는 말

마가복음 4:12에 인용된 이사야 6:9-10의 의미를 확정하는 일은 마가복음 해석의 대표적 난제다. 이 때문에 후커(Morna Hooker)는 "이 구절은 아마도 마가복음 전체에서 가장 어렵고 가장 많이 논의된 구절일 것이다"라고 논평한 바 있다.[2]

마가복음 4:12은 ἵνα절을 이끌고 있는데 이는 전통적으로 목적

1. 본 장은, "사람들의 완악해짐은 예수가 비유를 사용한 목적인가 결과인가?: 마가복음 4:12의 ἵνα 해석," 『성경원문연구』 51 (2022), 151-69을 성경번역연구소로부터 사용 허락을 받아 재출판한 것이다.
2. Morna D. Hooker, *The Gospel according to Saint Mark*, BNTC (London: Continuum, 1991), 125. Malina와 Rohrbaugh도 비슷한 논평을 한 바 있다. Bruce J. Malina and Richard L. Rohrbaugh, *Social-Science Commentary on the Synoptic Gospels*, 2nd ed. (Minneapolis: Fortress, 2003), 161.

절로 해석되어 왔다. 예수가 "외인에게는 모든 것을 비유로 하"신(막 4:11) 목적이 "이는 그들로 보기는 보아도 알지 못하며 듣기는 들어도 깨닫지 못하게 하여 돌이켜 죄 사함을 얻지 못하게 하려 함이라"(막 4:12)는 것이다. 목적절로 해석할 경우 예수가 비유를 사용한 목적이 외인들에게 하나님 나라의 비밀을 감추기 위한 것이며, 이는 외인들이 하나님 나라의 백성으로 편입되는 것을 애초에 차단하는 것처럼 보인다. 이러한 독법에 동의하지 않는 해석자들은—그러한 해석자들은 대체로 마가복음 4:12의 내용을 신학적으로 받아들이기 어렵다고 판단한다[3]—새로운 해석을 제안했다.[4]

마가복음 4:12의 의미를 확정하기 위해 기존의 논의들은 주로 ἵνα절의 용례에 집중했다. 목적절을 옹호하는 해석자들은 ἵνα절이 목적으로 해석되는 것이 가장 일반적이라고 주장하며, 12절 후반부에 등장하는 μήποτε의 용례[5] 역시 이러한 해석을 뒷받침한다고 지적한다. 반면, 목적절로 해석하는 것을 거부하는 학자들은 ἵνα절이 다양한 이유로 다르게 해석되어야 한다고 주장한다.[6] 이러한 그리스어 문법과 언어적 논의에는 분명한 이점이 있다. 하지만 이러한 논의는 수렴되거나 교차되는 것이 아니라 결코 만나지 않는

---

3. Joel Marcus, *Mark 1-8: A New Translation with Introduction and Commentary*, AB 27 (New Haven: Yale University Press, 2008), 299.
4. 다양한 해석적 입장에 대해서는 Robert H. Stein, *Mark*, BECNT (Grand Rapids: Baker Academic, 2008), 209-10을 보라.
5. μήποτε 뒤에는 부정 목적절이 따라온다. BDAG ②번 의미 참조.
6. R. T. France, *The Gospel of Mark: A Commentary on the Greek Text*, NIGTC (Grand Rapids: Eerdmans, 2002), 199.

평행선을 이루는 것처럼 보인다. 이 때문에 그리스어 문법과 언어적 논의에 기대어 마가복음 4:12의 의미를 확정하는 일은 요원해 보인다. 따라서 본 장은 기존의 주요 주장과 근거들을 반복하는 것을 최대한 피하고 이전 연구들이 크게 주목하지 않았던 세 영역, 바로 (1) 이사야의 원문맥, (2) 마가의 이사야 본문 사용, 그리고 (3) 마가복음의 문맥을 연구함으로써 이 문제의 얽혀있는 실타래를 풀어보고자 한다.

어번(David V. Urban)은 자신의 논문에서 ἵνα절이 목적절이 아닌 결과절로 해석될 수 있는 가능성을 소개한 뒤 신중한 발언을 덧붙인다. "우리는 ἵνα가 고전 그리스어(Classical Greek)에서는 아니지만 헬레니즘 그리스어(Hellenistic Greek)에서는 결과적으로 해석될 수 있었음을 처음부터 인정해야 한다. 하지만 이는 상대적으로 드문 경우였으며 그럴 듯한 이유 없이 마가복음 4:12을 이와 같이 해석할 수는 없을 것이다."[7] 어번의 발언에 대해, 필자는 "그럴 듯한 이유"가 위의 세 가지 영역을 연구함으로써 발견될 수 있다고 대답하고자 한다. 필자는 ἵνα절이 목적절이 아닌 결과절로 해석될 때 예수의 비유 사용 의도와 부합하며 마가복음의 전체 논조와도 어울린다고 주장한다.

이를 위해 제2절에서 이사야의 원문맥을 살펴본 뒤 마가가 이사야의 구절을 어떻게 변형했는지 관찰한다. 제3절에서는 4:12의

7. David V. Urban, "Obscurity and Intention in Mark 4:11-12: Jesus' Parabolic Purposes," *CTJ* 49 (2014), 122.

결과절 해석이 가깝게는 인접 문맥과 그리고 멀게는 마가복음의 다른 본문들과 어떻게 조화될 수 있는지 논증한다. 마지막으로 제 4절에서 앞선 절들의 주요한 논의들을 요약하고 후속 연구를 위한 제언을 덧붙인다.

2. 마가의 이사야 6:9-10 사용

신약성서 저자들이 자신의 논점을 증명하기 위해 구약성서를 인용하는 것은 잘 알려진 관행이다. 신약성서 저자들이 구약성서 본문의 원래 의미를 살려 그대로 인용하는 경우도 있지만, 그것을 자신의 목적에 맞게 변경하는 경우도 빈번하게 관찰된다. 이러한 변경에는 다양한 형태가 포함된다. 단어나 문장을 변경하거나 삭제하는 경우도 있고 원래 본문에 없었던 표현을 첨가시킬 때도 있다. 이러한 변경 사항을 주의 깊게 살피면 신약성서 저자의 의도를 추측할 수 있다.

2.1. 이사야의 원문맥

마가가 이사야 6:9-10을 어떻게 변경했는지 추적하기 전에 이사야의 원문맥을 살펴볼 필요가 있다. 이사야 6장은 선지자 이사야의 소명 사건을 기록하고 있는 유명한 장면이다. 본문에 따르면 이사야는 “웃시야 왕이 죽던 해에” 성전에서 하나님의 임재를 경험하고 소명을 받는다. 이사야의 소명 사건이 웃시야 왕이 죽던 해에 일어났다는 것은 간과할 수 없는 중요한 사실이다. 웃시야 왕의 죽음을 전후로 팔레스타인 지역 주변의 국제 정세에 중요한 변동이 생겼기 때문이다. 웃시야 왕이 죽기 몇 해 전에 디글랏 빌레셀이 앗시리아의 왕으로 등극한다.[8] 왕위를 차지한 디글랏 빌레셀은 얼마 지나지 않아 팔레스타인 지역을 포함하여 서진 정복전쟁을 펼친다.[9] 이러한 일련의 사건들이 군사적 리더십이 탁월했던 웃시야 왕이 통치하고 있을 때 일어났었더라면 남유다 왕국은 큰 위기감을 느끼지 않았을지도 모른다. 하지만 웃시야 왕에 비해 존재감이 미미한 요담을 왕으로 두고 있는 남유다 왕국은 그야말로 풍전등화의 상태였다.[10] 이사야 6장은 이러한 역사적 맥락에서 이해되어야 한다. 즉, 남유다 왕국이 진정한 왕이라고 생각했던 웃시야가 역사의 무대에서 사라지고 난 뒤, 이사야는 유다 백성들에게 하나님이야말로 그들의 진정한 왕임을 상기시키고 있는 것이다.

선지자 이사야는 1-5장에서 남유다 왕국이 하나님을 주인으

---

8. David W. Baker, *Isaiah*, Zondervan Illustrated Bible Backgrounds Commentary 4 (Grand Rapids: Zondervan Academic, 2009), Kindle edition, "Isaiah's Commission and Message (6:1-13)." 웃시야 왕의 죽음 그리고 디글랏 빌레셀의 왕위 등극과 서진 정복전쟁의 년도를 특정하는 것은 어렵다. 관련 논의를 위해서는 John N. Oswalt, *The Book of Isaiah 1-39*, NICOT (Grand Rapids: Eerdmans, 1986), 176, 특히 각주 24을 보라.
9. Baker, *Isaiah*, Kindle edition, "Isaiah's Commission and Message (6:1-13)."
10. John N. Oswalt, *Isaiah: The NIV Application Commentary* (Grand Rapids: Zondervan Academic, 2003), Kindle edition, "Text and Commentary on Isaiah 6:1-13."

로, 진정한 왕으로 섬기지 못했음을 다방면으로 지적한다. "소는 그 임자를 알고 나귀는 그 주인의 구유를 알건마는" 그들은 하나님이 자신의 주인임을 "알지 못하고 … 깨닫지 못"한다(사 1:3). 그들은 "선행을 배우며 정의를 구하며 학대 받는 자를 도와주며 고아를 위하여 신원하며 과부를 위하여 변호하라"(사 1:17)는 하나님의 뜻을 저버리고 "패역하며 도둑과 짝하며 다 뇌물을 사랑하며 예물을 구하며 고아를 위하여 신원하지 아니하며 과부의 송사를 수리하지 아니하는"(사 1:23) "살인자들"(사 1:21)이다. 그들은 우상을 섬기고 인생을 의지했지만(사 2:18-22), 하나님은 그들이 "의뢰하며 의지하는 것을 제하여 버리"신다(사 3:1; 사 3장은 이 주제를 전반적으로 상술한다). 무엇보다도 그들이 "만군의 여호와의 율법을 버리며 이스라엘의 거룩하신 이의 말씀을 멸시"했기 때문에 심판은 기정사실화된 것처럼 보인다(사 5:24).

이사야 1-5장을 간략히 요약하자면, 남유다 백성들은 하나님을 주인으로 인정하지 않고 우상을 섬겼으며, 하나님의 뜻을 따르지 않고 헛된 것을 의지하고 악행을 일삼았다. 이러한 그들에게 심판의 메시지는 자연스러운 것이었다. "그러므로 여호와께서 자기 백성에게 노를 발하시고 그들 위에 손을 들어 그들을 치신지라 산들은 진동하며 그들의 시체는 거리 가운데에 분토같이 되었도다 그럴지라도 그의 노가 돌아서지 아니하였고 그의 손이 여전히 펼쳐져 있느니라"(사 5:25).

이러한 심판의 분위기와 이사야 6:9-10의 어조는 잘 어울린다.

"여호와께서 이르시되 가서 이 백성에게 이르기를 너희가 듣기는 들어도 깨닫지 못할 것이요 보기는 보아도 알지 못하리라 하여 이 백성의 마음을 둔하게 하며 그들의 귀가 막히고 그들의 눈이 감기게 하라 염려하건대 그들이 눈으로 보고 귀로 듣고 마음으로 깨닫고 다시 돌아와 고침을 받을까 하노라." 이전 문맥인 이사야 1-5장에 대한 이해 없이 이사야 6:9-10만 독립적으로 읽는다면 하나님의 선포는 한없이 모질게 들릴 수도 있다. 하지만 하나님을 의지하지 않고 그의 말씀을 경시하고 그의 뜻을 따르지 않은 남유다 백성들의 상태를 고려한다면 심판의 메시지는 비록 모질지만 납득할 만하다.

심판의 어조가 분명한 이사야의 원문맥을 고려한다면 마가복음 4:12의 ἵνα를 목적절로 해석하는 것이 타당해 보인다. 하나님이 불순종한 남유다 백성들에게 심판의 메시지를 선포했듯이, 예수가 외인들에게 비유를 사용한 것도 심판의 맥락에서 이해되어야 한다는 것이다. 즉, 예수가 외인들에게 비유를 사용한 이유는 알지 못하고 깨닫지 못하게 하여 결국 회개하지 못하도록 하기 위함이라는 것이다. 한글 성경 대부분의 번역본들이 ἵνα를 목적절로 해석한다.

> **개역개정:** 이는 그들로 보기는 보아도 알지 못하며 듣기는 들어도 깨닫지 못하게 하여 돌이켜 죄 사함을 얻지 못하게 하려 함이라 하시고

새번역: 그것은 그들이 보기는 보아도 알지 못하고, 듣기는 들어도 깨닫지 못하게 하셔서, 그들이 돌아와서 용서를 받지 못하게 하시려는 것이다

현대인의성경: 이것은 그들이 보아도 알지 못하고 들어도 깨닫지 못하게 하여 그들이 돌이켜 용서받지 못하도록 하기 위해서이다

쉬운성경: 이는 그들이 보기는 보아도 알지 못하고, 듣기는 들어도 깨닫지 못하게 하여 돌이켜 용서받지 못하게 하기 위함이다

우리말성경: 이것은 그들이 보기는 보아도 알지 못하고 듣기는 들어도 깨닫지 못하게 해 그들이 돌아와서 용서를 받지 못하게 하시려는 것이다

공동번역: 그것은 그들이 보고 또 보아도 알아보지 못하고 듣고 또 들어도 알아듣지 못하게 하려는 것이다. (그들이 알아보고 알아듣기만 한다면 나에게 돌아와 용서를 받게 될 것이다.)[11]

---

11. 공동번역은 12절의 전반부를 이끄는 ἵνα를 목적절로 해석하지만 후반부(괄호로 표시된 부분)를 이끄는 μήποτε를 부정 목적절을 암시하는 단어로 해석하지 않고 '만약 그렇지 않다면' 혹은 '아마도'의 의미를 반영하여 해석한 것으로 보인다. '만약 그렇지 않다면'의 용례에 대해서는 J. R. Kirkland, "The Earliest Understanding of Jesus' Use of Parables: Mark 4:10-12 in Context,"

하지만 자세히 살펴보면 이사야의 원문맥이 심판 일변도는 아니다. 마가복음 4:12에 인용된 이사야 6:9-10의 인접 후문맥을 보면 하나님의 심판이 일시적인 것임을 알 수 있다. “내가 이르되 주여 어느 때까지니이까 하였더니 주께서 대답하시되 … 이 땅 가운데에 황폐한 곳이 많을 때까지니라”(사 6:11-12). 하나님의 의도가 심판 자체였다면, 그래서 남유다 백성들이 회개하지 못하도록 하는 것이 궁극적인 목적이었다면, 심판이 일시적이라는 이러한 진술을 굳이 덧붙일 필요가 있었을까. 이사야 6:13은 하나님의 의도가 심판 자체가 아니었음을 보다 분명하게 드러낸다. 하나님은 심판 와중에도 “그루터기는 남아 있는 것같이” 거룩한 씨를 남겨놓을 것이라고 선언한다. 이사야의 다른 구절인 29:18과 35:5 역시 하나님의 목적 자체가 심판이 아니었음을 확인해준다.[12]

마가복음 4:12의 ἵνα를 목적절로 해석하면 이사야 원문맥의 이러한 뉘앙스를 전달하지 못한다. 다시 말해 이사야의 심판의 메시지는 담아낼 수 있지만 회복의 메시지는 소거된다. 하지만 ἵνα를 결과절로 해석하면 이사야의 심판과 회복의 메시지를 동시에 담

NovT 19.1 (1977), 7; Stein, *Mark*, 210-11을 참조하라. ‘아마도’의 용례에 대해서는 BDAG의 ④번 의미를 참조하라. Donahue는 이러한 용례가 고전 그리스어 이후 시대(post-classical Greek)에 종종 발견된다고 논평한다. John R. Donahue, *The Gospel of Mark*, SP 2 (Collegeville: Liturgical, 2002), 141.

12. 신현우, “마가복음 4:12 번역: 비유의 목적인가, 결과인가?,” 『성경원문연구』 50 (2022), 100.

아낼 수 있다. 결과절로 해석할 경우 마가복음 4:11-12의 의미는, 예수가 비유로 말씀하신 것의 '결과로' 어떤 이들은 보기는 보아도 알지 못하고 듣기는 들어도 깨닫지 못하게 된다는 것이다. 하지만 비유를 듣고 이해에 도달하는 사람들은 여전히 존재할 수 있다. 결과절로 해석하는 것은 듣는 자의 상태에 따라 하나님 나라 이해에 도달할 수도 있고 못할 수도 있다는 씨 뿌리는 자의 비유(혹은 땅의 비유)의 전체 논조와도 잘 어울린다.[13]

마가복음 4:12의 ἵνα를 결과절로 해석하는 것이 더 설득력이 있다는 것은 이사야의 원문맥에 대한 탐구를 통해서도 드러나지만, 마가가 이사야 6:9-10을 어떻게 변경했는지를 추적해 봄으로써 보다 여실히 드러난다. 제2절의 서두에서 밝혔듯이, 신약 저자들이 구약성서 본문을 사용할 때 항상 친절하게 그대로 인용하는 것은 아니다. 다시 말해, 특별한 해석의 필터를 거치지 않고 구약의 원문맥의 어조를 고스란히 반영하는 경우도 있지만 그렇지 않은 경우도 많다. 신약성서 저자가 자신의 목적에 맞게 구약성서 본문에 변경을 가할 때도 있다는 것이다. 마가의 이사야 6:9-10 사용도 마찬가지다. 필자는 마가의 변경 부분을 추적하면 ἵνα를 목적절이 아닌 결과절로 해석하는 것이 더 타당하다는 결론에 이르게 된다고 주장한다.

13. 이에 대해서는 제3절에서 보다 자세히 다룰 것이다.

2.2. 마가는 이사야 6:9-10을 어떻게 변경했는가?

마가가 인용한 구약 본문이 어떤 것인가에 대해서는—크게 맛소라 본문, 칠십인역, 탈굼으로 나뉜다—학자들 간에 의견이 불일치한다. 이 때문에 세 가지 본문과의 차이점을 각각 살펴볼 필요가 있다.[14] 이전 연구와의 중복을 최대한 피하기 위해 여기서는 몇 가지 유의미한 변경을 집중적으로 다루고, 이러한 변경이 ἵνα를 결과절로 해석하는 입장과 어떻게 조화될 수 있는지 살펴볼 것이다.

맛소라 본문, 칠십인역과 비교했을 때 마가의 가장 유의미한 변경은 동사의 형태다. 맛소라 본문에서 대부분의 동사들은 명령형으로 표현되어 있다. 이사야 6:9에서 하나님은 남유다 백성들을 향해 "들으라", "보아라"고 명령한다. 또한 이사야 6:10a에서 하나님은 이사야 선지자에게 "이 백성의 마음을 **둔하게 하며** 그들의 귀가 **막히**[게 하]**고** 그들의 눈이 **감기게 하라**"고 명령한다. 명령형의 동사는 이 모든 일의 주도권이 하나님에게 있음을 보여준다. 게다가 볼드체의 동사들은 모두 히필 형태다.[15] 히필 동사가 원인

---

14. 마가복음의 이사야 인용과 각 구약 본문이 어떻게 차이가 나는지에 관한 자세한 논의는 Craig Evans, *To See and Not Perceive: Isaiah 6.9-10 in Early Jewish and Christian Interpretation*, JSOTSup 64 (Sheffield: JSOT, 1989), 53-76, 91-106을 참조하라. 좀 더 간략한 버전을 위해서는 김선욱, "'씨 뿌리는 자의 비유'의 구약 인용(막 4:12; 마 13:13; 눅 8:10) 변형과 신학적 의의," 『신약연구』 20.1 (2021), 79-90; M. Eugene Boring, *Mark: A Commentary*, NTL (Louisville: Westminster John Knox, 2012), 124-26을 보라.
15. 김선욱, "'씨 뿌리는 자의 비유'의 구약 인용," 81.

의 의미를 가지고 있는 것을 감안할 때,[16] 이 구절은 하나님의 명령이 남유다 백성들이 완악해지는 데 원인으로 작용했음을 표현한다.

만약 이사야 6:10a가 마가복음 4:12의 인용에 포함되었다면, 이는 ἵνα를 목적절로 해석하는 견해를 지지하는 강력한 증거가 되었을 것이다. 이사야 6:10a에서 하나님이 남유다 백성들을 완악하게 하신 것처럼, 마가복음 4:11-12에서 예수가 외인들에게 비유를 사용하신 목적이 그들로 하여금 깨닫지 못하게 하기 위함이라는 것이다. 하지만 문제는, 이사야 6:10a가 마가복음 4:12의 인용 부분에 포함되지 않았다는 점이다. 이러한 마가의 변경은 ἵνα를 결과절로 해석하는 견해에 논증의 무게를 실어준다. 인간을 완악하게 하는 하나님의 의도성을 짙게 풍기는 부분을 제거함으로써, 마가는 예수가 비유를 사용하신 목적 자체가 외인들을 배제하기 위한 것이 아님을 암시했던 것이 아닐까. 스타인(Robert H. Stein)의 말마따나 "만약 4:12이 '외인들'의 멸망을 위한 하나님의 완악하게 하심을 강조하기 위한 것이라면, '이 백성의 마음을 둔하게 하며 그들의 귀가 막히고 그들의 눈이 감기게 하라'는 인용 부분을 삭제할 이유가 있겠는가?"[17] 하지만 마가복음 4:12의 ἵνα를 결과절로 해석하면 문제는 쉽게 해결된다. 예수가 애초에 사람들을 완악하

16. B. M. Rocine, *Learning Biblical Hebrew: A New Approach Using Discourse Analysis* (Macon: Smyth & Helwys, 2000), 156.

17. Stein, *Mark*, 211.

게 하기 위해 비유를 사용하신 것이 아니라, 예수가 비유를 사용하신 '결과로' 일부 사람들이 완악해진다는 것이다. 이러한 해석은 비유를 이해하는 사람들도 존재할 수 있음을 암시한다.

칠십인역은 맛소라 본문에 비해 덜 강한 어조이지만 여전히 신적 의도성과 주도권을 보여준다. 이사야 6:9의 맛소라 본문에서는 명령형이 사용되었지만 칠십인역에서는 미래 직설법 동사(ἀκούσετε, βλέψετε)가 사용된다.[18] 명령형만큼 강하지는 않지만 미래 직설법에서도 신적 주도권은 여전히 감지된다. 이사야 6:10의 맛소라 본문이 히필 동사의 사용으로 신적 의도성과 주도권을 강조했다면, 칠십인역은 신적 수동태(ἐπαχύνθη)의 사용으로 동일한 효과를 나타낸다.[19] 하지만 칠십인역에서는 신적 의도성과 주도권에 대한 강조가 다소 약해진 것을 알 수 있다. 왜냐하면 맛소라 본문에서 히필 형태로 사용된 세 개의 동사가 칠십인역에서는 하나만 신적 수동태로 사용되고 나머지는 남유다 백성들을 주어로 한 능동태(ἤκουσαν, ἐκάμμυσαν)로 사용되기 때문이다.[20]

하지만 마가는 칠십인역에서 이미 완화된 어조를 더욱 완화시킨다. 이는 두 가지 방향으로 전개되는데 (1) 법의 변화와 (2) 약화

18. 김선욱, "'씨 뿌리는 자의 비유'의 구약 인용," 82.

19. Ibid., 83.

20. Ibid., 82-83. 여기서 김선욱은 두 개의 동사가 능동태로 전환된 것이 이스라엘의 책임을 강조하는 것이라고 주장한다. 이러한 주장은 마가복음 4:12의 ἵνα를 결과절로 해석하는 입장을 지지하는 근거로 사용될 수 있다. 하지만 김선욱은 다른 여러 증거들을 고려한 뒤 ἵνα를 결국 목적절로 해석한다.

된 부정 표현이다. 첫째, 법의 변화는 직설법에서 가정법으로의 전환이다. 마가는 이사야 6:9의 칠십인역에서 사용된 미래 '직설법' 동사(ἀκούσετε, βλέψετε)를 '가정법' 동사(ἀκούωσιν, βλέπωσιν)로 바꾼다.[21] 이러한 변경은 어떤 함의를 지닐까? 칠십인역의 직설법 동사는 독자들의 듣고 보는 행위를 '기정사실화'하지만, 마가복음의 가정법은 독자들의 듣고 보는 행위를 '가능성'의 영역으로 밀어낸다.[22] 마가의 이러한 변경은 신적 의도성과 주도권을 약화시키는 효과를 가져온다. 이사야에서 하나님이 독자들의 듣고 보는 것을 좀 더 '확실히' 챙긴 반면, 마가복음에서 예수는 독자들의 듣고 보는 행위를 좀 더 '느슨하게' 남겨둔다. 신적 의도성과 주도권을 약화시키는 것은 ἵνα를 결과절로 해석할 때 훨씬 이해하기 쉽다. 만약 예수의 비유 사용 목적 자체가 사람들을 완고하게 하는 것이었다면(ἵνα를 목적절로 해석하는 경우), 마가가 신적 의도성을 더욱 잘 드러낼 수 있는 직설법을 굳이 가정법으로 바꿀 이유가 없었을 것이다.

둘째, 약화된 부정 표현에 주목할 필요가 있다.[23] 이사야 6:9의 칠십인역에서는 강한 부정(οὐ μὴ)—하나님의 말씀을 듣고 본 남유다 백성들이 '결코' 깨닫지 못하고 알지 못할 것이다—이 사용됐지

21. 신현우, "비유의 목적인가, 결과인가?," 101.
22. 가정법이 가능성의 영역을 다룬다는 것에 관해서는 Daniel B. Wallace, *Greek Grammar beyond the Basics: An Exegetical Syntax of the New Testament* (Grand Rapids: Zondervan, 1996), 461을 보라.
23. 신현우, "비유의 목적인가, 결과인가?," 101.

만, 마가는 이를 좀 더 완화된 단순 부정(μὴ)으로 바꾼다.[24] 이것이 함의하는 바는 무엇일까? 이사야는 강한 부정을 통해 남유다 백성의 완고해짐이 확실히 일어날 것임을 암시한다. 이는 신적 의도성과 주도권을 강력히 시사한다. 반면, 마가는 강한 부정을 단순 부정으로 완화시킴으로써 예수의 비유를 듣는 자들의 이해 가능성에 대한 여지를 좀 더 열어둔다. 이러한 마가의 변경은 ἵνα를 결과절로 해석할 때 훨씬 납득하기 쉽다. 만약 예수의 비유 사용 목적 자체가 사람들을 완고하게 하는 것이었다면(ἵνα를 목적절로 해석하는 경우), 마가가 신적 의도성을 더 잘 드러낼 수 있는 강한 부정을 단순 부정으로 굳이 전환할 필요가 없었을 것이다. 하지만 결과절로 해석될 경우 예수의 비유를 듣고 이해하는 사람들도 존재할 수 있기 때문에, 마가의 입장에서는 이사야의 강한 부정(οὐ μὴ)을 그대로 사용하기가 부담스러웠을 것이다.

제2절의 논의를 정리해 보자면, 이사야 원문맥과 마가의 변경 요소들에 대한 연구는 ἵνα를 결과절로 해석하는 견해를 지지하는 것처럼 보인다. 이사야 원문맥과 관련하여, 마가복음에 인용된 이사야 6:9-10만 보았을 때는 심판의 어조가 강하지만 인접 후문맥과 이사야 전체의 메시지를 고려하면 하나님의 심판이 일시적임을 알 수 있다. 이는 ἵνα의 결과절 해석을 선호하게 만든다. 즉, 이사야에서 하나님이 심판 중에도 거룩한 씨를 남겨놓았듯이, 예수

---

24. μὴ에 οὐ가 첨가되는 경우 부정을 강화시키는 효과가 있다. BDAG ④번 의미 참조.

의 비유를 들은 '결과' 일부는 이해하지 못하겠지만 그것을 이해하는 이들도 존재할 것이다. 마가가 이사야 구절 인용 시 변경한 부분들도 ἵνα의 결과절 해석을 지지한다. 마가는 목적절 해석의 강력한 증거가 될 수 있었던 부분(사 6:10 "이 백성의 마음을 둔하게 하며 그들의 귀가 막히고 그들의 눈이 감기게 하라")을 과감히 삭제한다. 또한 신적 의도성과 주도권을 드러내는 맛소라 본문과 칠십인역의 동사 형태나 부정 표현 방식을 완화시킴으로써 예수의 비유의 목적과 의도 자체가 사람들을 완악하게 하는 것이 아니었음을 넌지시 암시한다.

3. 마가복음의 문맥

마가복음 4:12에 나타난 ἵνα의 목적절 해석과 결과절 해석의 요점과 함의를 간단히 개념화하면 아래와 같다.

〈목적절 해석〉

막 4:11-12의 요점: 예수가 외인에게 모든 것을 비유로 말씀하신 목적은 그들을 완악하게 하여 죄 사함을 얻지 못하게 하기 위함이다.

함의: 예수가 비유를 사용한 목적 자체가 외인들을 배제하기 위

함이었으며 따라서 외인의 심판은 확정적이다. 여기서 외인이 심판을 받는 것은 외인의 책임보다는 신적 의도성과 주도권의 결과다.

〈결과절 해석〉

막 4:11-12의 요점: 예수가 외인에게 모든 것을 비유로 말씀하신 결과, 그들은 완악하게 되고 죄 사함을 얻지 못하게 된다.

함의: 예수가 비유를 사용했고 결과적으로 일부 사람들("외인")이 배제되고 심판을 당하게 된다. 여기서 외인이 심판을 받는 것은 신적 의도성과 주도권보다는 외인의 책임(비유에 대한 반응과 수용성)의 결과다.

이처럼 ἵνα를 목적절로 해석하느냐 아니면 결과절로 해석하느냐에 따라 뉘앙스가 전혀 달라진다. 제2절에서 우리는 이사야의 원문맥과 마가의 이사야 사용이 결과적 해석을 지지함을 살펴보았다면, 제3절에서는 마가복음의 인접 문맥과 원격 문맥의 증거들이 결과적 해석과 부합함을 증명할 것이다.

3.1. 마가복음의 인접 문맥

마가복음 4:12은 씨 뿌리는 자의 비유, 좀 더 정확히는 땅의 비유에 대한 예수의 설명 가운데 등장하는 구절이다. 이 때문에 땅의 비유의 핵심주제와 논조를 파악하는 것은 마가복음 4:12의 ἵνα의 용법을 확정하는 데 도움을 줄 수 있다.

예수가 가르친 땅의 비유의 내용은 대략 다음과 같다. 씨를 뿌리는 자는 각기 다른 땅, 즉 길가, 흙이 얕은 돌밭, 가시떨기, 좋은 땅에 씨를 뿌린다. 씨가 어느 땅에 뿌려졌느냐에 따라 씨의 결국의 모습이 달라진다. 뿌리를 아예 내리지 못한 것도 있고, 싹이 조금 나오다가 마른 것도 있으며, 열매를 맺지 못한 것도 있고, 풍성한 결실을 맺는 것도 있다.

땅의 비유를 말한 뒤 예수는 4:13-20에서 비유의 의미에 대해 비교적 자세히 설명한다. 여기서 주된 논점은 말씀을 듣는 자의 상태에 따라 결실 여부가 달라진다는 것이다. 다시 말해, 말씀을 듣는 자의 반응과 수용성이 말씀의 이해 여부를 결정한다는 것이다. 이러한 땅의 비유의 논조는 ἵνα를 목적절로 해석할 때는 잘 반영되지 않는다. 목적절 해석의 요점은 예수의 비유 사용이 처음부터 일부 사람들을 배제하기 위한 것이었다는 점인데, 씨 뿌리는 자의 비유도 그에 대한 예수의 설명도 이러한 뉘앙스를 전달하지 않는다. 하지만 ἵνα를 결과절로 해석하게 되면 땅의 비유의 논조가 잘 드러난다. 예수가 비유를 사용하신 결과 일부 사람들이 완고해졌다는 것은 말씀을 듣는 자의 상태에 따라 말씀 이해도가 달라진다는 땅의 비유의 논조와도 잘 조화된다.

말씀을 듣는 자의 반응과 수용성은 땅의 비유의 전체 주제이기도 하지만[25] 땅의 비유에서 사용된 세부적인 표현에서도 발견된다. 예를 들어, 4:9에서 예수는 땅의 비유를 말한 뒤 "들을 귀 있는 자는 들으라"고 덧붙인다.[26] 이 발언은 외인들을 애초에 배제하고 내부인들에게만 하는 말이라기보다는[27] 비유를 듣는 모든 이들에게 반응과 수용성의 중요함을 상기시키는 말이라고 보는 것이 문맥적으로 더 타당하다.[28] 땅의 비유 자체도 청자의 반응과 수용성을 강조하고 있으며 땅의 비유 이후에 나오는 다양한 비유들도 이 주제를 변주하고 있다. 4:21-25의 등불의 비유는 등불을 '많은 사람이 볼 수 있도록' 등경 위에 두어야 한다고 말한다. 등불의 목적은 어둡게 하기 위한 것이 아니라 밝히기 위한 것이다. 마가는 등불의 비유를 통해 비유의 궁극적 목적을 암시하고 있는 것처럼 보인다.[29] 4:26-29의 자라나는 씨 비유와 4:30-32의 겨자씨 비유도 동일한 주제를 전개한다. 자라나는 씨도, 겨자씨도 처음에는 미미

---

25. France, *The Gospel of Mark*, 198.
26. 이것이 예수의 직접 발화이든지 마가가 덧붙인 편집적 코멘트든지, 이 표현을 통해 전달되는 의미와 효과는 동일하다.
27. Adela Yarbro Collins, *Mark: A Commentary on the Gospel of Mark*, Hermeneia (Minneapolis: Fortress, 2007), 249-50.
28. Klyne Snodgrass, "4 Ezra and Mark 4:1-34: Parables on Seeds, Sowing, and Fruit," *Reading Mark in Context: Jesus and Second Temple Judaism*, eds. Ben C. Blackwell, John K. Goodrich, and Jason Maston (Grand Rapids: Zondervan, 2018), 74-75.
29. William L. Lane, *The Gospel of Mark*, NICNT (Grand Rapids: Eerdmans, 1974), 166-67.

해 보이지만 결국 모두가 알아볼 수 있는 방식으로 변한다.[30] 이 모든 비유들이 말하는 바를 종합해보면, 비유의 속성에 대한 중요한 단서를 발견할 수 있다. 4:22의 표현을 빌려 말하자면, 예수가 비유를 사용하신 궁극적 목적은 숨기는 것이 아니라 드러내는 것, 감추는 것이 아니라 나타내는 것이다.[31] 만약 예수가 숨기고 감추기 위해 비유를 사용했다면(ἵνα의 목적절 해석), 제자가 아닌 자들(4:10 "함께한 사람들")이 예수를 찾아왔을 때 비유의 의미를 설명할 필요도 없었을 것이며, "그들이 알아 들을 수 있는 대로" 반복적으로 가르칠 필요도 없었을 것이다(4:33).[32]

이처럼 땅의 비유뿐 아니라 마가복음 4장에 나타난 다양한 증거의 누적 효과는 ἵνα의 결과절 해석을 옹호한다.

30. David E. Garland, *Mark*, The NIV Application Commentary (Grand Rapids: Zondervan, 1996), 179.
31. France, *The Gospel of Mark*, 200; Snodgrass, "4 Ezra and Mark 4:1-34," 74.
32. '반복적으로'라는 표현은 성경에 나오지 않지만 ἐλάλει가 미완료인 것을 감안하면 예수가 비유를 반복적으로 말하고 가르쳤음을 알 수 있다. Ben Witherington III, *The Gospel of Mark: A Socio-Rhetorical Commentary* (Grand Rapids: Eerdmans, 2001), 172. 예수가 비유를 여러 번 가르치는 것은 마가복음 7:14-15에서도 발견된다. Marcus, *Mark 1-8*, 303. 미완료 동사가 반복적인 행위를 가리키는 용례에 대해서는 Wallace, *Greek Grammar beyond the Basics*, 547을 참조하라. 미완료 동사의 다른 용례에 대한 최근 논의를 위해서는 Constantine R. Campbell, *Verbal Aspect, the Indicative Mood, and Narrative : Soundings in the Greek of the New Testament* (New York: Peter Lang, 2012), 77-102.

3.2. 마가복음의 원격 문맥

마가복음 4:12에 있는 ἵνα의 결과절 해석은 신적 의도성보다는 청자의 반응과 수용성을 강조한다. 또한 그것은 하나님 말씀의 선포와 가르침이 보다 많은 이들에게 전달될 수 있는 여지를 남겨둔다. 이러한 주제들은 마가복음 4장뿐 아니라 마가복음 전체에 걸쳐 관찰된다. 이와 관련하여 눈여겨볼 만한 이슈는 외부인과 내부인이다. 마가복음에서 외부인과 내부인은 처음부터 결정되어 바뀌지 않는 것이 아니라 언제든 변경될 수 있는 유연한 위치다.[33] 이러한 유연성은 독자들을 당황하게도 하지만 독자들의 반응과 수용성을 자극하는 수사학적 수단으로 기능하기도 한다. 외부인도 언제든지 내부인이 될 수 있기 때문에 이는 하나님의 말씀이 보다 많은 이들에게 전달될 수 있는 가능성을 시사한다.

외부인과 내부인이 언제든 바뀔 수 있다는 것은 땅의 비유에도 이미 암시되어 있다. 예수가 땅의 비유를 말했을 때 처음부터 이해한 사람은 아무도 없었다. 무리뿐 아니라 제자들도 비유를 이해하지 못했다. 다시 말해 내부인으로 여겨졌던 제자들이 외부인으로 판명되는 순간이다. 그렇다면 누가 예수의 비유를 이해했을까? 예수를 따로 찾아온 이들이다. 그런데 예수를 따로 찾아온 이

33. 마가복음에서 외부인이 내부인으로, 내부인이 외부인으로 판명되는 것은 마가복음의 더 큰 주제인 아이러니와도 연관된다. 마가복음의 아이러니에 대한 본격적인 연구서로는 Jerry Camery-Hoggatt, *Irony in Mark's Gospel: Text and Subtext*, SNTSMS 72 (Cambridge: Cambridge University Press, 1992)가 있다.

들 중에는 제자가 아닌 이들도 있었다.[34] "예수께서 홀로 계실 때에 **함께한 사람들이** 열두 제자와 더불어 그 비유들에 대하여 물으니"(4:10). 열두 제자가 아닌 사람들도 예수의 비유를 이해하게 된다. 외부인으로 여겨졌던 이들이 내부인으로 판명되는 순간이다.

이러한 패턴은 마가복음 전체에 걸쳐 나타난다. 몇 가지 예를 들어보자. 마가복음 3:31-35에서 예수는 가족을 재정의한다. 혈연으로 맺어진 가족은 외부인으로 판명되고, "누구든지 하나님의 뜻대로 행하는 자"가 내부인으로 밝혀진다.[35] 이와 유사하게 마가복음 6:1-6에서는 예수를 가장 잘 알 것이라고 기대되었던 고향 사람들이 예수를 믿지 않는 외부인으로 판명된다. 헤롯의 연회와 예수의 오병이어 사건에서도 외부인과 내부인의 역전이 감지된다(막 6:14-44).[36] 내부인으로 여겨졌던 "대신들과 천부장들과 갈릴리의 귀인들"(막 6:21)은 예수의 종말론적 식탁에 초대받지 못하고 외부인으로 여겨졌던 "목자 없는 양 같"은 이들(막 6:34)이 그 자리를 대신한다. 내부인으로 여겨졌던 제자들은 여전히 예수의 말씀을 이해하지 못하고 "길에서" 서로 누가 크냐 논쟁을 벌인 반면(막 9:34), 외부인으로 여겨졌던 맹인 바디매오는 예수의 말씀을 듣고 즉각

---

34. R. Alan Culpepper, *Mark*, SHBC (Macon: Smyth & Helwys, 2007), 137.
35. Robert A. Guelich, *Mark 1-8:26*, WBC 34a (Dallas: Word, 1989), 181.
36. 헤롯의 연회와 예수의 오병이어 사건의 대조에 대한 자세한 논의를 위해서는 권영주, "마가복음 6:14-29에 예수는 부재하는가?: 샌드위치 구조와 그레코-로만 전기의 장르적 특성을 중심으로," 『신약연구』 21.1 (2022), 131-62 (본서 제7장)을 보라.

적으로 반응한 뒤 "길에서" 예수를 따랐다(막 10:52).[37] '누가 진정한 제자인가?'라는 물음에 대한 대답을 할 때도 외부인과 내부인의 역전이 일어난다. 예수가 택한 열두 제자들은 예수의 공생애 사역 기간 내내 그의 곁을 맴돌았지만 결국 그의 뜻과 계획을 이해하지 못하는 존재로 그려진다. 특히 예수가 자신이 고난받고 죽게 될 것이라는 수난 예고를 세 차례에 걸쳐 하지만 제자들은 그때마다 실패한다. 첫 번째 수난 예고 후 베드로는 사탄으로 몰렸고(막 8:33), 두 번째 수난 예고 후 제자들은 어리석게도 자리다툼을 벌이고 있었으며(9:34), 세 번째 수난 예고 후 야고보와 요한은 예수를 찾아와 재차 높은 자리를 요구한다(10:37). 내부인으로 여겨졌던 제자들은 예수의 의도를 파악하지 못하고 헛발질만 하고 있는 외부인으로 판명된다. 예수가 고난당하는 모습을 보며 "진실로 하나님의 아들이었도다"라는 고백을 한 것은 뜻밖의 인물이었다.[38] 외부인으로 여겨졌던 이방인 백부장이 실상 내부인이었던 것이다.

외부인과 내부인의 위치가 언제든지 변경될 수 있다는 주제는 이처럼 마가복음 전체에 걸쳐 발견된다. 이러한 주제를 고려할 때 마가복음 4:12의 ἵνα를 어떻게 해석하는 것이 더 좋을까? 예수가 비유를 사용하신 목적 자체가 애초에 외부인을 배제하기 위한 것이었다면(목적절 해석) 외부인과 내부인 사이에 존재하는 이러한 유

37. James R. Edwards, *The Gospel According to Mark*, PNTC (Grand Rapids: Eerdmans, 2002), 331.

38. Francis J. Moloney, *The Gospel of Mark: A Commentary* (Grand Rapids: Baker Academic, 2012), 91.

연성을 담아낼 수 없다. 마가복음에 의하면 외부인은 언제든지 내부인으로 판명날 수 있기 때문이다. 하지만 ἵνα를 결과절로 해석하면 이러한 유연성을 잘 드러낼 수 있다. 예수가 비유를 사용하신 결과로 일부 사람들이 완악하게 되었다는 것은 청자의 반응과 수용성을 강조한다. 이는 청자의 반응과 수용성에 따라 외부인이 내부인으로 판명되기도 하고 내부인이 외부인으로 밝혀지기도 한다는 마가복음의 전체 주제와 잘 어울린다.

4. 나가는 말

본 장은 '마가복음 4:12의 ἵνα를 어떻게 해석해야 하는가?'라는 질문을 탐구했다. 이 질문에 대답하기 위해 기존의 논의들은 주로 그리스어 문법과 언어적 이슈에 치중했다. 하지만 ἵνα를 목적절로 해석하는 견해도, 결과절로 해석하는 견해도 문법적·언어적인 면에서 모두 나름의 설득력 있는 근거를 제시한다. 따라서 이전 논의들의 유익에도 불구하고 그것은 마가복음 4:12의 의미를 확정하는 데 큰 기여를 하지 못했다. 본 장은 이러한 공백을 메우기 위해 이사야의 원문맥, 마가의 이사야 사용, 마가복음의 문맥에 대한 연구를 진행했다.

이사야의 원문맥 연구를 통해 하나님이 심판의 메시지뿐 아니라 회복의 메시지를 전했음을 알 수 있었다. 마가의 이사야 사용

연구를 통해 마가는 맛소라 본문과 칠십인역에 나타난 신적 의도성과 주도권을 약화시키는 방식으로 구절을 변경했음을 확인했다. 또한 마가복음의 인접 문맥과 원격 문맥 연구를 통해 마가복음 전체에 걸쳐 독자의 반응과 수용성이 강조되고 있음을 살펴보았다. 이러한 증거들을 종합하면 ἵνα를 목적절이 아닌 결과절로 해석하는 견해가 문맥적으로 훨씬 타당하다는 결론에 이르게 된다.

제6장
그리스-로마 전기 장르로 다시 읽는 마가복음 5:1-43[1]

1. 들어가는 말

버릿지(Richard Burridge)의 저서 『복음서는 무엇인가?: 그리스-로마 전기와의 비교』(*What Are the Gospels?: A Comparison with Greco-Roman Biography*)의 출판 이후로 복음서의 장르가 그리스-로마 전기라는 것에 대해서는 학자들 간에 상당한 합의가 이루어졌다.[2] 그

1. 본 장은, "그레코-로만 전기의 장르적 특성에 비추어본 복음서 해석: 마가복음 5장을 중심으로," 『성경원문연구』 49 (2021), 122-43을 성경번역연구소로부터 사용 허락을 받아 재출판한 것이다. 이 논문은 2021년도 한국침례신학대학교 교내 연구비 지원에 의해 수행된 연구다.
2. 복음서 장르가 그리스-로마 전기라는 것에 대해서는 이미 많은 논의가 이루어졌기 때문에 이 장에서는 그것을 되풀이하지 않는다. 복음서 장르에 관한 간략한 연구사를 위해서는 Youngju Kwon, "Charting the (Un)Charted: Gospels as Ancient Biographies and Their (Un)Explored Implications,"

동안 학자들이 '복음서의 장르는 무엇인가?'라는 질문에 답하기

Biographies and Jesus: What Does It Mean for the Gospels to Be Biographies?, eds. Craig S. Keener and Edward T. Wright (Lexington: Emeth, 2016), 60-65을 보라. 더 많은 관련 논의를 위해서는 Dirk Frickenschmidt, *Evangelium Als Biographie: Die Vier Evangelien Im Rahmen Antiker Erzählkunst*, TANZ 22 (Tübingen: Francke, 1997); Maria Ytterbrink, *The Third Gospel for the First Time: Luke within the Context of Ancient Biography* (Lund: Lund University—Centrum för teologi och religionsvetenskap, 2004); Christopher Bryan, *A Preface to Mark* (Oxford: Oxford University Press, 1993); John Fitzgerald, "The Ancient Lives of Aristotle and the Modern Debate about the Genre of the Gospels," *ResQ* 36 (1994), 209-21; Graham N. Stanton, *The Gospels and Jesus*, 2nd ed. (Oxford: Oxford University Press, 2002), 14-18; James D. G. Dunn, *Jesus Remembered* (Grand Rapids: Eerdmans, 2003), 184-86; Martin Hengel, "Eye-Witness Memory and the Writing of the Gospels: Form Criticism, Community Tradition and the Authority of the Authors," *The Written Gospel*, eds. Markus Bockmuehl and Donald A. Hagner (Cambridge: Cambridge University Press, 2005), 72; Craig S. Keener, *The Gospel of Matthew: A Socio-Rhetorical Commentary* (Grand Rapids: Eerdmans, 2009), 16-24; Craig S. Keener, *The Historical Jesus of the Gospels* (Grand Rapids: Eerdmans, 2009), 73-84; Craig S. Keener, *The Gospel of John: A Commentary*, vol. 1, 2 vols. (Peabody: Hendrickson, 2010), 11-34; Craig S. Keener, "Assumptions in Historical-Jesus Research: Using Ancient Biographies and Disciples' Traditioning as a Control," *JSHJ* 9 (2011), 30-39; Craig S. Keener, "Reading the Gospels as Biographies of a Sage," *BurH* 47 (2011), 59-61을 보라. 위의 문헌 정보는 필자의 이전 논문 Kwon, "Charting the (Un)Charted," 59-60, 각주 3에서 가져온 것이다. 국내에서 복음서 장르와 해석의 연관성에 대한 논의는 대체로 도외시되어 왔다. 그리스-로마 전기의 관점에서 복음서를 해석한 국내 연구는 부재하고, 복음서를 그리스 비극의 관점에서 해석한 연구가 있었다. 박노식, "복음서와 드라마—마가복음의 비극적 요소들," 『신약논단』 14.2 (2007), 265-300; 박노식, "마가복음의 그리스 비극적 요소—합창의 신분과 기능," 『신약논단』 18.3 (2011), 667-716; 박노식, "The Gospel of Mark as Christian

위해 씨름해 왔다면, 이제는 '복음서의 장르가 지니는 함의는 무엇인가?'라는 질문에 답할 차례가 되었다. 좀 더 구체적으로 말해, 복음서의 장르가 그리스-로마 전기라면 그것이 복음서 해석에 어떤 영향을 미칠 수 있는지에 대해 심도 있는 논의가 전개될 필요가 있다. 본 장은 이러한 필요에 응답하기 위해 그리스-로마 전기의 장르적 특성을 반영하여 마가복음 5장의 새로운 읽기를 제안한다.

이를 위해 제2절에서 그리스-로마 전기의 중요한 장르적 특성을 간략히 설명한다. 그리고 제3절에서 마가복음의 저자가 그리스-로마 전기의 장르적 특성을 잘 살려서 마가복음 5장의 이야기들을 구성하고 있음을 논증한다. 마지막으로 제4절에서 앞선 장들의 주요한 논의들을 요약하고 후속 연구를 위한 제언을 덧붙인다.

2. 그리스-로마 전기의 장르적 특성

앞서 언급한 버릿지의 저서는 복음서 장르 분야에 지대한 공헌을 했다. 그의 저서가 남긴 중요한 통찰 중에 한 가지는 그리스-로마 전기의 장르적 특성이다. 버릿지는 복음서 저작 이전에 기록된 5개의 그리스-로마 전기 샘플과 복음서 저작 이후에 기록된 5

Biographical Tragedy," 『신약연구』 11.2 (2012), 1-29.

개의 그리스-로마 전기 샘플들을 비교/대조한 뒤 전기의 주요한 장르적 특성을 발견했다. 그것은 바로 주인공에 대한 집중적 관심이다.[3] 전기가 다른 문학 장르와 비교했을 때 지니는 주요한 장르적 특성은 다름 아닌 주인공에 대한 집중적 관심이라는 것이다.

다른 문학 장르들, 예를 들어 역사는 전기와 마찬가지로 인물들을 다룬다. 역사에도 복수의 인물들이 등장하고 전기에도 복수의 인물들이 등장한다. 하지만 전기가 역사(그리고 다른 문학 장르들)와 비교했을 때 확연히 구별되는 특징이 있다면 중심인물, 즉 주인공에 대한 높은 집중도를 보인다는 것이다. 역사는 다양한 사건들을 서술하는 데 관심이 있기 때문에 사건의 장면이 전환될 때마다 그 사건과 관련된 인물들이 달라진다. 따라서 어떤 사건에서 A라는 인물에 대한 서술이 일시적으로 길어질 수는 있지만, 사건이 전환되면 A라는 인물에 대한 언급도 자연스럽게 줄어들거나 사라진다. 이 때문에 역사서 전체에 걸쳐 한 인물에 대한 집중적인 서술은 이루어지지 않는다. 반면, 전기는 주인공에 대한 높은 집중도를 보인다. 다양한 인물들이 등장하거나 사건들이 묘사되는 이유는 그것이 주인공과 연관되어 있기 때문이다. 이 때문에 전기에서는 책 전체에 걸쳐 주인공이 지속적이고 빈번하게 등장한다. 버릿지는 10개의 그리스-로마 전기들의 주어의 빈도수를 일일이 조사

3. Richard A. Burridge, *What Are the Gospels?: A Comparison with Graeco-Roman Biography*, 25th Anniversary ed. (Waco: Baylor University Press, 2018), 131.

하여 이를 증명하였다.

버릿지는 이러한 장르적 특성이 복음서 해석에 영향을 준다고 주장했다. 만약 전기의 장르적 특성이 주인공에 대한 집중적 관심이라면, 복음서 독자는 주인공을 중심으로 본문을 해석할 것을 요청받고 있다는 것이다.[4] 필자는 버릿지의 이러한 주장을 마가복음 1:16-20과 2:1-3:6에 적용하여 새로운 해석을 제안한 바 있다.[5]

본 장은 주인공에 대한 집중적 관심이라는 전기의 장르적 특성에 더하여 또 다른 장르적 특성을 함께 탐구하고자 한다. 그것은 바로 비교/대조이다. 물론 비교/대조는 다른 문학 장르에서도 사용된다. 그런 면에서 보자면 비교/대조는 '주인공에 대한 집중적 관심'이라는 장르적 특성만큼 다른 장르들과 확연히 구분되는 장르적 특성은 아니다. 하지만 분명한 사실은 전기 작가들이 주인공을 부각시키기 위해 비교/대조의 방법을 종종 사용한다는 점이다.[6]

비교/대조가 가장 명시적이고도 포괄적으로 사용된 사례는 플루타르코스의 『영웅전』(*Parallel Lives*)이다. 『영웅전』에서 플루타르코스는 그리스인과 로마인 중에 두 인물/그룹의 생애를 비교/

4. Burridge, *What Are the Gospels*, 248-50.
5. 권영주, "그레코-로만 전기의 장르적 특성에 비추어본 복음서 해석: 마가복음 1:16-20을 중심으로," 『신약연구』 19.1 (2020), 46-76 (본서 제3장); 권영주, "그레코-로만 전기의 장르적 특성에 비추어본 복음서 해석: 마가복음 2:1-3:6을 중심으로," 『영산신학저널』 54 (2020), 201-30 (본서 제4장).
6. Helen K. Bond, *The First Biography of Jesus: Genre and Meaning in Mark's Gospel* (Grand Rapids: Eerdmans, 2020), 173.

대조하면서 그들로부터 배울 수 있는 미덕과 반면교사를 삼을 수 있는 악덕을 제시한다. 이와 같은 형식으로 『영웅전』은 18쌍의 그리스인과 로마인의 생애를 기록한다.

비교/대조의 방식이 플루타르코스의 『영웅전』에서 전면적으로 등장했다면 다른 전기들에서는 보다 국지적으로 등장한다. 예를 들어, 『모세의 생애』(*The Life of Moses*)에서 필로는 모세와 다른 인물들을 비교/대조하면서 모세의 우월성을 증명한다(예. 1:21, 24).[7] 이와 유사하게 수에토니우스는 그의 전기 『갈바』(*Galba*)에서 주인공 갈바가 그의 전임자 가이툴리쿠스(Gaetulicus)에 비해 장군으로서의 수행 능력이 훨씬 더 뛰어남을 강조한다(*Galba* 6.3). 하지만 비교/대조의 방식이 주인공에게만 적용되는 것은 아니다. 주인공과 직·간접적으로 연관된 등장인물들을 서로 비교/대조하는 경우도 있다. 예를 들어, 플루타르코스는 그의 전기 『오토』(*Otho*)에서 주인공 오토의 군사들이 상대편 장군 스푸리나(Spurina)의 군사들에 비해 용맹함과 전투 능력이 훨씬 떨어짐을 서술한다(*Otho* 4.1-2). 이와 같은 예는 더 많이 제시될 수 있지만 요점은 동일하다. 전기 작가들은 비교/대조의 방식을 종종 사용하면서 주인공과 등장인물들의 됨됨이를 묘사하고 그들의 미덕과 악덕을 강조한다는 것이다.

앞선 논의를 간략히 정리하자면, 그리스-로마 전기의 주요한 두 가지 장르적 특성은 (1) 주인공에 대한 집중적 관심과 (2) 비교/대조이다. 이어지는 지면에서는 이 두 가지 장르적 특성을 감안하

7. Ibid., 175.

여 마가복음 5장의 두 가지 이야기, 즉 거라사 광인 이야기와 야이로와 혈루증 여인의 이야기를 살펴볼 것이다.

3. 장르적 특성에 충실한 복음서 독해: 마가복음 5장 다시 읽기

3.1. 마가복음 5장의 공간적 배경

마가복음 5장에는 거라사 광인 이야기(1-20절)가 전반부에 배치되어 있고 야이로와 혈루증 여인의 이야기(21-43절)가 후반부에 배치되어 있다. 지형적으로 보았을 때 거라사 광인 이야기는 갈릴리 호수 동편(5:1; 참조. 4:35), 즉 이방인들이 주를 이루는 지역에서 벌어지고 있고, 야이로와 혈루증 여인의 이야기는 갈릴리 호수 서편(5:21), 즉 유대인들이 더 많이 거주하는 지역에서 일어나고 있다.[8]

이는 각 본문의 내용을 통해서도 알 수 있다. 예를 들어 본문에 명시됐듯이, 거라사 광인 이야기는 "거라사"라는 이방 땅에서 벌어지고 있다.[9] 또한 거라사 광인 속에 있는 귀신이 예수를 부를 때

---

8. R. T. France, *The Gospel of Mark: A Commentary on the Greek Text*, NIGTC (Grand Rapids: Eerdmans, 2002), 233; 래리 허타도, 『마가복음』, 이여진 역 (서울: 성서유니온, 2020), 124.
9. 돼지 떼가 바다에서 몰살했다는 마가의 설명(13절)을 고려할 때 이 사건이 실제로 거라사 지역에서 일어났는지에 대해서는 학자들 간의 의견이 분분하다. 하지만 다른 선택지로 제시된 지역들 역시 갈릴리 호수 동편 지역에 위치한다. 이에 대한 자세한 논의는 John R. Donahue, *The Gospel of Mark*, SP

사용한 명칭 역시 이방 지역과 관련해 자주 사용되는 표현이었다. "지극히 높으신"(ὕψιστος; the most high)이라는 표현은 헬라 종교에서 가장 높은 신인 제우스를 지칭할 때 사용됐다.[10] "지극히 높으신"이 구약에서 사용된 용례를 살펴보아도 비슷한 패턴이 발견된다. 왜냐하면 이 표현은 이스라엘의 하나님이 이방 민족들도 다스리신다는 맥락에서 사용되었기 때문이다(신 32:8; 단 4:17).[11] 마지막으로, 예수가 거라사 광인을 고친 후 보이신 반응을 고려할 때도 이 사건은 이방인들이 우세한 지역에서 일어났음을 알 수 있다. 마가복음에서 예수는 자신의 명성과 사역이 다른 사람들에게 알려지는 것을 극도로 경계하는 경향을 보인다. 반면, 거라사 광인을 고치신 후에는 다른 사람들에게 가서 자신이 경험한 일을 알릴 것을 구체적으로 명한다. "귀신 들렸던 사람이 함께 있기를 간구하였으나 허락하지 아니하시고 그에게 이르시되 집으로 돌아가 주께서 네게 어떻게 큰 일을 행하사 너를 불쌍히 여기신 것을 네 가족에게 알리라 하시니 그가 가서 예수께서 자기에게 어떻게 큰 일 행하셨는지를 데가볼리에 전파하니"(5:18-20). 왜 예수는 소위 '메시아 비밀'에 대해 신경 쓰지 않았을까? 정치적 메시아를 고대하는

---

2 (Collegeville: Liturgical, 2002), 163; Morna D. Hooker, *The Gospel according to Saint Mark*, BNTC (London: Continuum, 1991), 142을 보라.

10. Joel Marcus, *Mark 1-8: A New Translation with Introduction and Commentary*, AB 27 (New York: Doubleday, 2000), 343; Kim Huat Tan, *Mark*, NCCS (Eugene: Cascade Books, 2015), 66.

11. Marcus, *Mark 1-8*, 344.

유대인들에게는 자신이 승리자로 비쳐지는 것을 경계할 필요가 있었지만, 메시아 사상에 대해 둔감한 이방인들에게는 그것을 신경 쓸 필요가 없기 때문이었다.[12]

반면, 야이로의 딸과 혈루증 여인은 유대인들의 관심을 반영한다. 야이로는 유대인 회당의 회당장이었고, 혈루증은 유대 정결법의 관점에서 보았을 때 부정한 병이었다. 야이로의 딸이 죽었을 때 회당장 집 사람들이 보인 반응(5:38 "떠드는 것과 사람들이 울며 심히 통곡함")은 전형적인 유대식 장례의 모습이다.[13] 또한 예수가 야이로의 딸을 고치실 때 하신 말씀인 "달리다굼"은 유대인들이 사용하는 아람어였다.

비록 그리스-로마 전기는 주로 인물 간의 비교/대조를 하지만, 마가복음 5장에 나타난 장소적 배경의 비교/대조는 다방면에서 상당히 인상적이다. 이방 지역의 거라사 광인 이야기와 유대인들이 더 많은 지역에서 일어난 야이로와 혈루증 여인 이야기에 공통적으로 등장하는 주인공은 동일한 인물, 바로 예수다. 예수는 이방인과 유대인의 지역적, 민족적 경계를 넘나들며 말과 행동을 통해 기존의 신념 체계와 행동 양식을 전복시킨다. 이제 전기의 장르적 특성을 고려하여 두 이야기를 좀 더 가까이 들여다볼 차례다.

---

12. Ben Witherington III, *The Gospel of Mark: A Socio-Rhetorical Commentary* (Grand Rapids: Eerdmans, 2001), 179; 박윤만, 『마가복음: 길 위의 예수, 그가 전한 복음』 (용인: 킹덤북스, 2017), 389.

13. James R. Edwards, *The Gospel According to Mark*, PNTC (Grand Rapids: Eerdmans, 2002), 166-67.

3.2. 거라사 광인 이야기(5:1-20)

마가복음은 속도감 있는 전개로 잘 알려진 복음서다. 헬라어 εὐθύς는 마가복음 전체에 걸쳐 42번 등장한다.[14] 예수는 쉬지 않고 행동하고 사람들의 반응도 빠르다. 예수는 부지런히 여행하고 많은 사람들을 만나기 때문에 사건의 장면 전환이 신속하다. 속도감 있는 전개 때문에 사건과 등장인물에 대한 설명은 대체로 간단한 편이다.[15] 그런 면에서 보자면 거라사 광인에 대한 묘사는 매우 상세하다. 이는 평행본문들과 비교해보면 더욱 도드라진다.

> 귀신 들린 자 둘이 무덤 사이에서 나와 예수를 만나니 그들은 몹시 사나워 아무도 그 길로 지나갈 수 없을 지경이더라(마 8:28)

> 귀신 들린 자 하나가 예수를 만나니 그 사람은 오래 옷을 입지 아니하며 집에 거하지도 아니하고 무덤 사이에 거하는 자라(눅 8:27)

> 더러운 귀신 들린 사람이 무덤 사이에서 나와 예수를 만나니라 그 사람은 무덤 사이에 거처하는데 이제는 아무도 그를 쇠사슬로

14. 마크 알란 포웰, 『현대인을 위한 신약개론: 역사적·문학적·신학적 읽기』, 이승호 역 (서울: CLC, 2014), 144.
15. Susan Miller, "Women Characters in Mark's Gospel," *Character Studies and the Gospel of Mark*, eds. Christopher W. Skinner, Matthew Ryan Hauge, and Mark Goodacre, LNTS 483 (New York: Bloomsbury, 2014), 176.

> 도 맬 수 없게 되었으니 이는 여러 번 고랑과 쇠사슬에 매였어도 쇠사슬을 끊고 고랑을 깨뜨렸음이러라 그리하여 아무도 그를 제어할 힘이 없는지라 밤낮 무덤 사이에서나 산에서나 늘 소리지르며 돌로 자기의 몸을 해치고 있었더라(막 5:2-5)

마가복음의 저자가 평소와 달리 구구절절한 설명을 첨가할 때는 뭔가 의도가 있지 않을까 의심해 봐야 한다. 평행본문과 비교했을 때 마가복음만의 독특한 설명은 거라사 광인의 상태가 심각해 제어가 불가능하다는 점을 강조한다. 쇠사슬로도 결박할 수 없는 거라사 광인은 인간의 교양과 품위를 상실한 채 때와 장소를 가리지 않고 고함을 내지르고 자해를 서슴지 않는다.

마가복음만의 독특한 설명 중 결박의 이미지와 "아무도 그를 제어할 힘(ἰσχύω)이 없는지라"라는 표현을 예수에 대한 이전 묘사들과 결부시켜 읽으면 흥미로운 결론이 도출된다. 결박의 이미지는 바알세불 논쟁에서 먼저 사용됐다. 바알세불의 힘을 입어 귀신을 쫓아낸다는 혐의에 대하여 예수는 "사람이 먼저 강한 자를 결박하지 않고는 그 강한 자의 집에 들어가 세간을 강탈하지 못하리니 결박한 후에야 그 집을 강탈하리라"(3:27)고 대답한다. 문맥상 여기서 "강한 자"(ὁ ἰσχυρός)는 사탄(귀신)을 가리키고 "강한 자를 결박하는 사람"은 예수를 지칭한다.[16] 강한 자를 결박하는 사람은 간단히 말해 '더 강한 자'(ὁ ἰσχυρότερός)인데, ὁ ἰσχυρότερός라는 표현

16. Hooker, *The Gospel according to Saint Mark*, 116.

은 침례/세례 요한이 뒤에 오시는 예수를 지칭할 때 사용했던 것 (1:7; 개역개정은 "나보다 능력 많으신 이"라고 번역함)이다.[17]

다시 본문으로 돌아가보자. 거라사 광인은 아무도 결박할 수 없는 강한(ἰσχύω) 자이다. 하지만 바알세불 논쟁에 따르면 예수는 강한 자를 결박할 수 있다. 또한 침례/세례 요한에 의하면 예수는 '더 강한 자'이기 때문에 강한 자인 거라사 광인(속에 있는 귀신)과 싸워 궁극적으로 승리할 것이다.

얼핏 보면 거라사 광인을 좀 더 자세하게 묘사하고 있는 것처럼 보이는 세부 내용들이 실상은 예수의 정체성을 드러내는 도구로 사용되고 있다. 이는 전기의 장르적 특성을 잘 반영한 해석이라고 할 수 있다. 전기에 등장하는 다양한 인물과 사건들은 결국 주인공의 인격과 정체성을 조명하고 부각시키는 데 종종 사용된다. 이러한 점을 감안한다면 거라사 광인의 세부 묘사에 대한 위의 해석은 전기의 장르적 특성을 반영한 해석이라고 할 수 있다.

거라사 광인 이야기에서 전기의 주인공인 예수의 정체성을 드러내주는 또 다른 단서는 광인이 고침을 받은 이후에 예수와 나눈 대화에서 나타난다(18-20절). 온전한 정신을 회복한 거라사 광인은 예수에게 "함께 있기를" 요청한다. 마가복음 3:14에 따르면 함께 있는 행위는 예수가 제자를 부르신 목적 중 하나였다.[18] 달리 말하

17. Francis J. Moloney, *The Gospel of Mark: A Commentary* (Grand Rapids: Baker Academic, 2012), 102.

18. Robert A. Guelich, *Mark 1-8:26*, WBC 34a (Dallas: Word, 1989), 284; Adela Yarbro Collins, *Mark: A Commentary on the Gospel of Mark*,

자면, 거라사 광인은 예수에게 그의 제자가 되고 싶다는 뜻을 전달한 것이다. 놀라운 것은 예수가 이러한 요청을 단호히 거절했다는 점이다(19상반절 "허락하지 아니하시고"). 대신 "집으로 돌아가 주께서 네게 어떻게 큰 일을 행하사 너를 불쌍히 여기신 것을 네 가족에게 알리라"(19하반절)고 명하신다. 그리고 거라사 광인은 "가서 예수께서 자기에게 어떻게 큰 일 행하셨는지를 데가볼리에 전파"(20절)했다. 거라사 광인의 후속 행동이 예수의 말씀을 순종한 것인지 거역한 것인지에 대해서는 학자들 간의 견해차가 좁혀지지 않는다.

거역 쪽에 무게를 싣는 입장은 둘 사이의 분명한 차이점들에 집중한다. 예수는 "네 가족에게 알리라"고 명했는데 거라사 광인은 "데가볼리에 전파"했다. 집이 "비밀의 장소"로 종종 등장하는 것에 주목하면서, 브레데(William Wrede)를 위시한 일부 학자들은 가족에게 알리라고 한 예수의 명령은 일종의 메시아 비밀이었다고 주장한다.[19] 큰 일을 알리는 것을 완전히 금한 것은 아니었지만 많은 사람들이 아닌 소수의 가족 구성원들에게만 알리라고 한 것

Hermeneia (Minneapolis: Fortress, 2007), 273; R. Alan Culpepper, *Mark*, SHBC (Macon: Smyth & Helwys, 2007), 170.

19. Marcus, *Mark 1-8*, 346. Marcus는 집이 비밀의 장소로 기능하는 구절들을 다음과 같이 제공한다. 막 5:38-43; 7:17, 24; 8:26; 9:28, 33; 10:10. 유사한 견해로는 Gerd Theissen, *The Miracle Stories of the Early Christian Tradition* (Minneapolis: Fortress, 1983), 146-47; M. Eugene Boring, *Mark: A Commentary*, NTL (Louisville: Westminster John Knox, 2012), 154.

은 일종의 소문 억제책이었다고 볼 수 있다.[20] 또한 다른 학자들은 나병환자와의 유사성을 상기시키면서 거라사 광인이 예수의 말씀을 거역한 것이라고 주장한다.[21] 예수는 제사장에게만 가서 깨끗함을 입증하라고 명했지만 나병환자가 많은 사람들에게 전파한 것처럼, 거라사 광인 역시 예수의 말씀을 그대로 이행하지 않는다. 이러한 증거들이 나름의 설득력을 가지고 있음에도 불구하고 여전히 해석의 여지가 있다. 먼저, 집은 비밀의 장소일 때도 있지만 공개적인 장소로 기능하기도 한다.[22] 마가복음 1:29-34에 따르면 예수는 "시몬과 안드레의 집"에서 공개적인 치유를 행하고 그로 인해 "온 동네가 그 문 앞에" 모일 정도로 집 주변은 수많은 인파로 붐비게 된다. 중풍병자를 고친 가버나움에서도 유사한 일이 벌어진다. 예수가 "집에 계시다"는 소문을 듣고 "많은 사람이 모여서 문 앞까지도 들어설 자리가 없게 되었"다(막 2:1-2). 예수가 레위의 집에 들어가 식사하실 때 현장에 "많은 세리와 죄인들이" 있었고, 레위의 집에서의 식사는 그들만의 은밀한 회동이 아니라 "바

---

20. Joel F. Williams, *Other Followers of Jesus: Minor Characters as Major Figures in Mark's Gospel*, JSNTSup 102 (Sheffield: JSOT, 1994), 111-12. 한 가지 주목할 것은 여기서 "네 가족에게"라는 표현에 해당하는 헬라어 원문은 πρὸς τοὺς σοὺς인데 이는 직역하자면 "너의 것들" 혹은 "너의 사람들"로 번역할 수 있다. 너의 사람들은 반드시 가족이 아닌 더 넓은 범위의 사람들을 지칭할 수도 있음을 암시한다. BDAG은 이러한 용례로 Josephus, *Ant*. 7.218; 8.54을 제시한다.

21. Collins, *Mark*, 273.

22. 다음의 성경 구절들은 Marcus, *Mark 1-8*, 346으로부터 가져온 것이다. 하지만 Marcus는 각 구절에 대한 주석과 설명은 달지 않는다.

리새인의 서기관들"도 알 수 있을 정도로 공개적인 모임이었다(막 2:15-16). 거라사 광인의 이야기가 나병환자의 이야기와 유사한 부분이 있는 것은 사실이지만 무시할 수 없는 차이점이 존재한다. 나병환자에게는 "삼가 아무에게 아무 말도 하지 말고"라는 분명한 지시가 있었지만 거라사 광인에게는 이러한 금지조항이 없다. 이 때문에 거라사 광인의 이야기를 메시아 비밀의 관점에서 해석하면서, 거라사 광인이 데가볼리에 소식을 전한 것을 예수의 명령을 거역한 것이라고 주장하는 입장에는 다소 의문의 여지가 있다고 할 수 있다.

거역과 관련한 또 다른 이슈는, 예수가 "주께서" 행하신 큰 일을 알리라고 했는데 거라사 광인은 "예수께서" 행하신 큰 일을 알렸다는 점이다. 거역의 입장을 취하는 학자들은 여기서 "주"가 하나님을 가리키는 것이라고 주장한다.[23] 예수가 자신을 "주"라고 지칭하는 것이 어색해 보이는 것은 사실이다. 예수는 거라사 광인에게 '내가' 네게 어떻게 큰 일을 행했는지를 알리라고 말할 수도 있었다. 하지만 예수는, 마치 다른 인물을 염두에 둔 듯이, '주께서' 네게 어떻게 큰 일을 행했는지를 알리라고 말했다. "주"가 하나님을 가리키는 용례는 마가복음에서도 발견되고(12:29; 13:20),[24] 실제로 후대 저자인 누가는 평행본문에서 '주'를 '하나님'으로 대체한

23. Bruce J. Malina and Richard L. Rohrbaugh, *Social-Science Commentary on the Synoptic Gospels*, 2nd ed. (Minneapolis: Fortress, 2008), 166; 마크 L. 스트라우스, 『강해로 푸는 마가복음』, 정옥배 역 (서울: 디모데, 2016), 250.

24. Donahue, *The Gospel of Mark*, 168.

다(눅 8:39 "집으로 돌아가 '하나님'이 네게 어떻게 큰 일을 행하셨는지를 말하라").[25] 하지만 설령 마가복음 5:19의 주가 하나님을 지칭한다고 하더라도 거라사 광인의 이후 발언이 예수의 말씀을 거역한 것이라고 반드시 해석할 필요는 없다.

거라사 광인의 발언은 예수의 말씀을 거역한 것이라기보다는 그의 말씀을 신학적으로 해석한 것이라고 볼 수도 있다. 주께서 행하신 일을 예수가 행하신 일로 변경한 것의 주체가 거라사 광인인지 저자 마가인지에 대해서는 학자들의 논쟁이 있지만[26] 그것을 확실하게 알 길은 없다. 분명한 것은 그것이 거라사 광인의 입에서 나온 것이든 마가의 편집적 코멘트에서 기원한 것이든 하나님이 한 일을 예수가 한 일로 변경한 것은 신학적 해석이라고 할 수 있다. 이러한 변경의 요지는 예수에게 신적인 권위를 부여하는 것이다. 일반적으로 하나님에게만 해당되는 명칭, 속성, 행위를 예수에게 적용시키는 형태의 신학적 해석은 마가복음의 다른 곳에서도 종종 발견된다(대표적인 예. 12:37; 참조. 1:29-31; 2:19-20; 4:39; 6:48).

거라사 광인의 변경 사항들을 종합해 보자면, 그는 예수의 말씀을 단순히 거역한 것이라기보다는 예수의 말씀의 의도를 파악한 뒤 확장 해석/적용한 것이라고 할 수 있다. 광인이 온전한 정신을 회복하게 된 것의 배후에는 분명 하나님이 있다. 하지만 거라사 광인에게 이러한 하나님의 현존과 권위는 예수 안에서 그리고

25. Hooker, *The Gospel according to Saint Mark*, 145.

26. Boring, *Mark*, 154.

예수를 통해 오롯이 경험된다(그래서 거라사 광인은 "예수께서" 행하신 일을 강조한다).[27] 때문에 거라사 광인은 이러한 기쁜 소식을 가족들에게만 알릴 것이 아니라 더 많은 이들에게, 즉 "데가볼리에" 전파하는 것이 마땅하다고 생각했던 것이다.

전기의 장르적 특성을 고려한 또 다른 해석의 지점은 예수와 로마 제국 간의 비교/대조이다. 이러한 비교/대조는 현대 독자들에게 그리 명시적이지 않을 수 있다. 하지만 마가복음이 로마에 있는 그리스도인들을 일차 독자로 상정하고 있다는 사실을 감안한다면, 원독자들에게 이러한 비교/대조가 훨씬 더 생생했을 것이라는 점을 쉽게 짐작할 수 있다. 그렇다면 본문에 나타난 로마 제국적 요소는 무엇일까? 유대 그리스도인들을 일차 독자로 상정하고 있는 마태복음에는 귀신들의 이름이 나와 있지 않지만, 마가복음 5:9에서는 귀신들의 이름이 '군대'(λεγιών)로 특정되어 있음에 주목할 필요가 있다. λεγιών은 로마 군대 중 가장 큰 단위로서 6천 명 정도의 군단 병력을 가리킨다.[28] 더불어, λεγιών으로 명명되는 귀신들이 지배하고 있던 거라사 광인의 모습이 다른 복음서들에 비해 긴 호흡으로 묘사되는 것도 무시할 수 없는 사실이다. 앞서 필자는 이러한 상세 내용이 예수의 정체성을 드러내는 역할을 한

27. Hooker, *The Gospel according to Saint Mark*, 145-146.
28. David E. Garland, *Mark*, The NIV Application Commentary (Grand Rapids: Zondervan, 1996), 204; C. Clifton Black, *Mark*, ANTC (Nashville: Abingdon Press, 2011), 136; Darrell Bock, *Mark*, NCBC (Cambridge: Cambridge University Press, 2015), 190.

다고 논증했다. 그런데 필자는 이러한 상세 내용의 또 다른 역할이 있다고 생각한다. 그것은 바로 λεγιών으로 대표되는 로마 제국의 압제와 수탈로 인해 피지배자들이 겪는 고통과 수모를 보다 생생하게 표현하는 것이다. 로마 제국적 요소는 또 다른 곳에도 숨어 있다. 마가복음 5:13은 군대 귀신이 돼지 속으로 들어가 바다에 몰살하는 장면을 묘사한다. 흥미로운 점은 돼지가 팔레스타인 지역에 주둔하고 있는 로마 군대의 문양(文樣)이었다는 것이다.[29] 돼지가 바다에 몰살한다는 것은 로마의 압제와 수탈에 시달리던 민중들의 염원을 표현하고 있는 것은 아닐까?

그렇다면 본문의 로마 제국적 요소들의 누적된 총합이 궁극적으로 전달하고자 하는 바는 무엇일까? 로마의 황제이자 신의 아들로 여겨지는 카이사르는 로마가 진정한 평화(*Pax Romana*)를 누리고 있다고 선전했다. 하지만 거라사 광인의 이야기가 고발하는 것은, 로마의 피지배자들은 여전히 속박 가운데 있고 인간의 품위와 교양을 잃은 채 살아가고 있으며 그리하여 그들은 궁극적으로 로마 제국이 파멸되어 그것으로부터 해방되기를 꿈꾸고 있다는 것이다. 간단히 말해, 로마는 평화의 제국이 아니고 카이사르는 진정한 왕도 신의 아들도 아니다.

반면, 예수는 λεγιών의 속박 아래 있는 사람에게 실질적인 해방을 가져오는 분이다. 또한 죽음과 부정으로 가득한 무덤에 있던 이를 평화의 공간인 집으로 돌려보낼 수 있는 분이기도 하다. 그

---

29. Marcus, *Mark 1-8*, 351.

는 λεγιών으로 대표되고 있는 로마 제국으로부터도 "지극히 높으신 하나님의 아들"(7절)이라고 인정받을 수 있는 분이다.[30] 간단히 말해, 카이사르가 아니라 예수가 진정한 왕이요 하나님의 아들이다. 또한 로마 제국이 아니라 예수가 선포하는 하나님의 나라가 진정한 평화의 왕국이다.

3.3. 야이로와 혈루증 여인 이야기(5:21-43)

야이로와 혈루증 여인의 이야기는 거라사 광인의 이야기에 비해 인물 간의 비교/대조가 훨씬 더 뚜렷하다. 거라사 광인 이야기에서 예수와 로마 제국 간에 비교/대조가 함축적이었다면 야이로와 혈루증 여인은 여러 면에서 의도적인 비교/대조를 나타낸다. 두 인물 간의 비교/대조를 자세히 살펴보기 전에 평행본문들과의 유사점과 차이점을 간략히 개관할 필요가 있다.

야이로와 혈루증 여인의 이야기는 마가복음, 마태복음, 누가복음에 등장한다. 이 중에서 마가복음 본문이 가장 길다. 인물과 사건들에 대한 묘사가 다른 두 복음서에 비해 길고 자세하다. 앞서 언급했듯이 가장 짧고 속도감 있는 전개로 유명한 마가복음이 어떤 사건을 다른 복음서들에 비해 긴 호흡으로 다루고 있을 때는 숨은 의도가 있지 않을까라는 질문을 던져보아야 한다. 일단 야이

30. 이러한 패턴은 로마의 백부장의 고백에서도 나타난다. "예수를 향하여 섰던 백부장이 그렇게 숨지심을 보고 이르되 이 사람은 진실로 하나님의 아들이었도다 하더라"(15:39).

로와 혈루증 여인에 대한 서술이 가장 짧은 마태복음과 마가복음을 비교해보면 구조적으로 유사하지만 중요한 한 가지 차이점이 발견된다. 먼저 두 복음서는 모두 샌드위치 구조(A-B-A′)로 이루어져 있다. 야이로의 이야기(A)로 시작해서 혈루증 여인의 이야기(B)가 중간에 삽입된 뒤 다시 야이로의 이야기(A′)로 종료되는 구조이다. 이러한 유사한 구조에도 불구하고 두 복음서가 사건을 서술하는 방식에 중요한 한 가지 차이점이 있다. 마태복음은 야이로가 딸의 치유를 위해 예수에게 처음 찾아왔을 때 딸이 이미 죽은 상태라고 묘사한다. 반면, 마가복음은 야이로가 예수를 처음 찾아왔을 때 딸은 아직 살아있었는데, 중간에 혈루증 여인의 치유를 위해 시간이 소요되는 동안 딸이 죽은 것처럼 서술한다.

> 한 관리가 와서 절하며 이르되 **내 딸이 방금 죽었사오나** 오셔서 그 몸에 손을 얹어 주소서 그러면 살아나겠나이다(마 9:18)

> 회당장 중의 하나인 야이로라 하는 이가 와서 예수를 보고 발 아래 엎드리어 간곡히 구하여 이르되 **내 어린 딸이 죽게 되었사오니** 오셔서 그 위에 손을 얹으사 그로 구원을 받아 살게 하소서 하거늘 … 아직 예수께서 [혈루증 여인과] 말씀하실 때에 회당장의 집에서 사람들이 와서 회당장에게 이르되 **당신의 딸이 죽었나이다**(막 5:22-23, 35)

보다 엄격한 현대의 역사성의 기준으로 보았을 때 두 사건은 서로 불일치하기 때문에 역사적 오류라고 판단할 수도 있다. 하지만 고대 전기의 작법(compositional techniques)의 관점에서 보았을 때 이러한 불일치는 허용되는 관행이었다.[31] 여기서 더 중요한 점은 마가가 사건을 서술하는 방식이 야이로와 혈루증 여인의 비교/대조를 극대화시키고 그로 인해 메시지를 보다 확연하게 드러낸다는 것이다.

마태복음에서는 야이로의 딸이 이미 죽어있는 상태였지만, 마가복음에서 야이로의 딸의 죽음은 혈루증 여인이 중간에 끼어듦으로 인해 발생한 것처럼 묘사된다. 이를 다르게 표현하자면, 예수가 야이로의 딸을 고치는 것보다 혈루증 여인을 고치는 것을 우선했다는 것이다. 야이로와 혈루증 여인을 비교/대조해보면 예수의 이러한 선택에는 다분한 의도성이 있었음을 알 수 있다.

야이로와 혈루증 여인은 여러 가지 면에서 대조된다. 가부장제 사회에서 남성과 여성의 신분 격차는 막대한 것이었다. 여성의 지위가 지역과 종교에 따라 차이가 나긴 했지만 남성이 여성보다 우위를 차지하는 데에는 변함이 없었다. 또한 마태복음에서는 두 인물 모두 이름을 알 수 없으나, 마가복음에서 회당장의 이름이 나와 있고 혈루증 여인의 이름은 호명되지 않는다.[32] 말하자면, 회

31. 권영주, "복음서의 상이성은 왜 나타나는가?—고대 전기 작가들의 작법 분석을 중심으로," 『신약연구』 17.4 (2018), 455-90.

32. Garland, *Mark*, 224.

당장 야이로는 이름만 들으면 누구나 알 만한 사람이었고, 혈루증 여인은 이름을 부르지 않아도 될 만큼 존재감이 미미한 사람이었다. 사회경제적인 관점에서 보았을 때도 두 인물은 상당한 차이를 보인다. 야이로의 직업이 회당장이었던 것으로 보아 그는 사회적으로 존경받는 인물이었고 경제적으로도 안정되었을 것이다.[33] 하지만 혈루증 여인은 의사를 찾아다닐 만큼 한때는 경제적으로 풍요했으나 이제는 가진 재산을 모두 허비한 상태였다. "많은 의사에게 많은 괴로움을 받았고 가진 것도 다 허비하였으되"(막 5:26). 마태복음에는 혈루증 여인이 의사를 찾아다닌 것도 재산을 허비했다는 내용도 나오지 않는다. 누가복음에는 "아무에게도 고침을 받지 못했다"는 설명은 나오지만 재산을 모두 썼다는 내용은 나오지 않는다.[34] 이와 같은 마가복음의 부연 설명은 회당장 야이로와 혈루증 여인의 사회경제적 지위를 더욱 대조시킨다. 마지막으로 종교적 입지의 관점에서 보았을 때도 두 인물은 뚜렷이 구별된다. 유대인 회당을 관리하는 야이로는 존경받는 인물이었으나, 혈루증 여인은 유대 정결법의 관점에서 보았을 때 부정한 사람이었다. 레위기 15장은 일시적 혹은 만성적 유출병을 모두 부정한 상태로 규정한다. 특히 월경 기간에 있는 여성은 부정하고 그가 앉고 누운 자리 또한 모두 부정하게 되기 때문에(레 15:21-22) 이 기간 동안

33. Culpepper, *Mark*, 172.
34. Witherington, *The Gospel of Mark*, 186.

다른 사람들과 함께 지내는 것이 어려웠을 것이다.[35] 월경 기간에 있는 여인은 일시적으로 부정한 상태였기 때문에 정상적인 생활을 하지 못하는 것이 고작 며칠이었다. 하지만 몸에서 피가 나오는 상태가 12년 동안 지속된 혈루증 여인은 부정한 사람으로 낙인찍혀 공동체로부터 멀어져 고립과 배제를 만성적으로 경험하는 자였다.

회당장 야이로는 성별, 사회경제적 지위, 종교적 입지 면에서 혈루증 여인과 비교불가할 정도로 우세한 존재였다. 그런데 마가복음의 예수는 혈루증 여인을 먼저 고쳤다. 그 여파로 회당장 야이로의 딸은 우선순위에서 뒤로 밀려 죽음을 맞이했다. 야이로의 딸은 결국 소생하게 되지만, 그럼에도 불구하고 예수의 선택은 의미심장하고 다분히 의도적이다. 예수는 (방랑전도자로 활동할 때가 더 많았지만) 회당에서 사역하는 일도 있었기 때문에, 미래의 사역적인 면을 고려한다면 회당장 야이로의 딸을 먼저 챙기는 것이 그에게 현명한 선택이었을 것이다. 게다가 예수는 모든 병자를 고치지도 않았고 모든 필요에 응답하지도 않았다(참조. 1:37-38). 그렇다면 혈루증 여인의 병을 고치지 않고 야이로의 집으로 직행한다 해도 전혀 이상하지 않다. 우리가 예수의 긍휼하심에 좀 더 지분을 줘서 그가 혈루증 여인을 고친다고 가정해보자. 설령 그렇다 해도 여인의 병은 12년간 지속된 '만성'병이었기 때문에,[36] 좀 더 위급한—삶

35. Edwards, *The Gospel according to Mark*, 163.
36. Collins, *Mark*, 280.

과 죽음의 기로에 서 있는—야이로의 딸을 먼저 고치고 돌아와서 여인의 병을 고친다 해도 비난할 사람은 없을 것이다. 하지만 마가복음의 예수는 굳이 혈루증 여인부터 고친다. 야이로의 딸을 고치러 가던 발걸음을 멈추고 오랜 시간을 들여 혈루증 여인과 대화하고 그녀의 병을 고친다. 그러는 사이 야이로의 딸은 목숨을 잃었다.

예수의 선택은 우리에게 무엇을 말해주는가? 전기의 장르적 특성을 고려하여 질문을 바꿔보자. 전기 작가 마가는 야이로와 혈루증 여인의 비교/대조를 끝까지 밀어붙인 뒤 주인공 예수가 내린 뜻밖의 결정을 보여줌으로써 독자들에게 어떤 메시지를 전해주고 싶은 것인가?

첫째, 마가복음 5장의 예수는 약자의 편을 드는 분이다. 약자의 편을 든다는 것은 예수가 눈을 가린 채 무조건 약자를 옹호한다는 것이 아니다. 본문에서 약자란 시스템과 제도로 인해 은혜의 수혜에서 처음부터 배제된 이를 가리킨다. 유대교 율법 시스템에서 혈루증 여인은 예수와 군중들이 있는 곳에 원칙적으로 접근할 수 없었다. 다른 말로 하자면 혈루증 여인에게는 치유와 구원의 기회가 원천적으로 봉쇄되었던 것이다. 예수는 유대교 율법 시스템의 유지자인 회당장 야이로의 문제보다 유대교 율법 시스템의 희생자인 혈루증 여인의 문제를 먼저 해결함으로써 유대교 율법 시스템의 정당성에 의문을 제기하고 있다. 더 나아가 혈루증 여인의 병을 먼저 고쳐줌으로써 예수가 약자의 편을 든다는 것을 가시적으로 보여준다. 이러한 패턴은 예수가 세리와 죄인들과 함께 식사하는 광경에서도 발견된다(막 2:13-17).

둘째, 예수는 하나님께 나아가는 데 가장 중요한 것은 믿음이라는 것을 가르친다. 앞선 비교/대조에서 살펴보았듯이 회당장 야이로는 여러 면에서 혈루증 여인보다 우세한 존재다. 이름만 들어도 알 수 있는 사람이고 사회경제적으로 안정된 지위를 가지고 있으며 종교적으로도 존경받는 인물이다. 하지만 이러한 것들은 하나님의 은혜를 받는 데 특권으로 작용하지 않는다.[37]

하나님의 은혜를 받고 예수의 기적이 나타나는 데 필요한 것은 바로 믿음이다. 이 때문에 예수는 믿음이 없는 곳에서 기적을 행하지 않기도 했다(예. 막 6:1-6). 마가복음 5:21-43에서 회당장 야이로와 혈루증 여인은 모두 믿음의 모델로 등장한다. 하지만 내러티브의 디테일을 들여다보면 혈루증 여인의 믿음이 더 좋은 것임을 알 수 있다. 그들은 모두 예수에게 처음 찾아왔을 때 굳센 믿음을 소유하고 있었다. 회당장의 모습(5:22 "발 아래 엎드리어")은 존경의 표시였고,[38] 그의 고백(5:23 "내 어린 딸이 죽게 되었사오니 오셔서 그 위에 손을 얹으사 그로 구원을 받아 살게 하소서")은 예수에 대한 신뢰를 보여주기에 충분했다.[39] 혈루증 여인이 예수를 만나기 위해 군중들 속에 들어왔다는 것 자체가 일종의 모험이자 믿음의 행위였고, 그녀의

37. Garland, *Mark*, 225.

38. Guelich, *Mark 1-8:26*, 295.

39. Moloney, *The Gospel of Mark*, 106.

생각(5:28 "내가 그의 옷에만 손을 대어도 구원을 받으리라 생각함일러라")은 예수에 대한 절대적 신뢰를 보여준다. 회당장 야이로와 혈루증 여인 모두 처음에는 굳센 믿음의 소유자로 묘사된다.

하지만 시간이 흐르면서 야이로는 잠시 흔들리는 모습을 보인 반면, 혈루증 여인의 믿음은 요지부동이다. 예수가 혈루증 여인을 치유하는 동안 야이로의 딸이 죽었고 회당장 사람들이 와서 다음과 같이 말한다. "당신의 딸이 죽었나이다 어찌하여 선생을 더 괴롭게 하나이까"(5:35). 본문에는 이 말을 들은 야이로의 직접적 반응이 묘사되어 있지 않다. 하지만 이어지는 예수의 발언을 통해 그의 반응을 짐작해볼 수 있다. "회당장에게 이르시되 두려워하지 말고 믿기만 하라"(5:36). "믿기만 하라"는 현재 명령형(πίστευε)이다. 현재형은 지속성과 반복성을 나타낸다. 즉 예수는 회당장 야이로에게 처음 가졌던 믿음을 끝까지 지킬 것을 권면하는 것이다.[40] 물론 본문은 야이로의 직접적 반응을 감추고 있지만, 야이로가 흔들리지 않았다면 애초에 예수가 이러한 발언을 할 필요가 있었을까? 반면, 혈루증 여인의 믿음은 시종일관 굳건하다. 옷에만 손을 대어도 구원을 받을 것이라는 그녀의 믿음은 즉각적인 결과를 낳았다. "이에 그의 혈루 근원이 곧 마르매 병이 나은 줄을 몸에 깨달으니라"(5:29). 또한 예수는 병이 낫게 된 것이 그녀의 믿음 때문이었다는 것을 이후에 확인해준다. "딸아 네 믿음이 너를 구원하였으니 평안히 가라 네 병에서 놓여 건강할지어다"(5:34).

40. Boring, *Mark*, 161.

야이로와 혈루증 여인 모두 믿음의 소유자였지만 혈루증 여인의 믿음이 보다 성숙한 것임을 알 수 있다. 그렇다면 예수가 야이로의 문제보다 혈루증 여인의 문제를 먼저 해결해준 것이 납득된다. 병 고침의 순서를 통해 예수는 하나님의 은혜를 받는 데 가장 중요한 것이 믿음이고, 인간의 지위와 특권이 이점으로 작용할 수 없음을 가르치고 있다.

4. 나가는 말

본 장은 그리스-로마 전기의 장르적 특성을 반영해 마가복음 5장을 새롭게 해석했다. 모든 해석은 관점을 가지고 진행되는데 본 장은 그리스-로마 전기의 장르적 특성의 관점을 반영해 마가복음 5장의 의미를 추출한 것이다. 본 장에서 주목한 두 가지 전기의 장르적 특성은 (1) 주인공에 대한 집중적 관심과 (2) 비교/대조이다.

거라사 광인 이야기(5:1-20)에서 마가는 주인공 예수의 두 가지 모습을 부각시킨다. 예수는 사탄을 결박할 수 있는 더 강한 자로서 거라사 광인을 귀신의 압제에서 해방시키는 분이다. 더불어 그는 하나님과 동등시될 정도로 신적 권위를 소유한 분이다. 또한 거라사 광인 이야기는 예수와 로마 제국을 함축적으로 비교/대조한다. 평화를 선전하는 로마 제국과 카이사르는 실상 피지배인들을 압제하는 주체이고, 예수와 그가 선포하는 하나님 나라야말로 사람들에게 진정한 평화를 수여할 수 있다.

야이로와 혈루증 여인의 이야기(5:21-43)에서 비교/대조는 훨씬 더 명시적이다. 야이로는 혈루증 여인에 비해 사회적, 경제적, 종교적으로 우세한 존재다. 그럼에도 불구하고 예수는 혈루증 여인을 먼저 고친다. 이를 통해 예수는 두 가지를 가르친다. 첫째, 예수는 약자의 편을 드는 분이다. 둘째, 하나님께 나아가는 데 있어 가장 중요한 것은 믿음이다.

제7장
그리스-로마 전기 장르로 다시 읽는 마가복음 6:14-29[1]

1. 들어가는 말

오랜 논쟁에도 불구하고 복음서의 장르를 그리스-로마 전기라고 보는 것은 현재 대세적인 견해다.[2] 복음서 장르 논쟁의 판도를

---

1. 본 장은, "마가복음 6:14-29에 예수는 부재하는가?: 샌드위치 구조와 그레코-로만 전기의 장르적 특성을 중심으로," 『신약연구』 21.1 (2022), 131-62을 신약연구로부터 사용 허락을 받아 재출판한 것이다. 이 논문은 2020년 대한민국 교육부와 한국연구재단의 지원을 받아 수행된 연구다(NRF-2020S1A5A8041322).
2. Christopher Bryan, *A Preface to Mark* (Oxford: Oxford University Press, 1993); John Fitzgerald, "The Ancient Lives of Aristotle and the Modern Debate about the Genre of the Gospels," *ResQ* 36 (1994), 209-21; Dirk Frickenschmidt, *Evangelium Als Biographie: Die Vier Evangelien Im Rahmen Antiker Erzählkunst*, TANZ 22 (Tübingen: Francke, 1997); Graham N. Stanton, *The Gospels and Jesus*, 2nd ed. (Oxford: Oxford University Press,

현저하게 바꾼 것은 리처드 버릿지(Richard A. Burridge)의 『복음서는 무엇인가?: 그리스-로마 전기와의 비교』(*What Are the Gospels?: A Comparison with Graeco-Roman Biography*)이다.[3] 이 책의 출판을 기점으

2002), 14-18; James D. G. Dunn, *Jesus Remembered* (Grand Rapids: Eerdmans, 2003), 184-86; Maria Ytterbrink, *The Third Gospel for the First Time: Luke within the Context of Ancient Biography* (Lund: Lund University—Centrum för teologi och religionsvetenskap, 2004); Martin Hengel, "Eye-Witness Memory and the Writing of the Gospels: Form Criticism, Community Tradition and the Authority of the Authors," *The Written Gospel*, eds. Markus Bockmuehl and Donald A. Hagner (Cambridge: Cambridge University Press, 2005), 72; Craig S. Keener, *The Gospel of Matthew: A Socio-Rhetorical Commentary* (Grand Rapids: Eerdmans, 2009), 16-24; Craig S. Keener, *The Historical Jesus of the Gospels* (Grand Rapids: Eerdmans, 2009), 73-84; Craig S. Keener, *The Gospel of John: A Commentary*, vol. 1, 2 vols. (Peabody: Hendrickson, 2010), 11-34; Craig S. Keener, "Assumptions in Historical-Jesus Research: Using Ancient Biographies and Disciples' Traditioning as a Control," *JSHJ* 9 (2011), 30-39; Craig S. Keener, "Reading the Gospels as Biographies of a Sage," *BurH* 47 (2011), 59-61; Youngju Kwon, "Charting the (Un)Charted: Gospels as Ancient Biographies and Their (Un)Explored Implications," *Biographies and Jesus: What Does It Mean for the Gospels to Be Biographies?* eds. Craig S. Keener and Edward T. Wright (Lexington: Emeth, 2016), 59-60.

3. Richard A. Burridge, *What Are the Gospels?: A Comparison with Graeco-Roman Biography*, SNTSMS 70 (Cambridge: Cambridge University Press, 1992). 버릿지의 저서는 복음서 장르 논의와 관련하여 핵심적인 텍스트가 되었고, 이러한 사실은 관련 최신 논의를 반영한 후속 버전의 출판으로도 증명된다. Richard A. Burridge, *What Are the Gospels?: A Comparison with Graeco-Roman Biography*, 2nd ed. (Grand Rapids: Eerdmans, 2004); Richard A. Burridge, *What Are the Gospels?: A Comparison with Graeco-Roman Biography*, 25th Anniversary ed. (Waco: Baylor University Press, 2018).

로 복음서의 장르를 그리스-로마 전기라고 보는 것에 대해 학자들 간에 상당한 합의가 이루어졌다. 이 때문에 복음서 장르와 관련된 현재 논의의 축은 이전된 상태다. 버릿지의 저서 이전까지는 '복음서의 장르는 무엇인가?'라는 질문에 초점을 맞추었다면 현재 학자들은 '복음서의 장르가 지니는 함의는 무엇인가?'라는 질문과 씨름하고 있다.[4]

필자 역시 이러한 학문적 흐름을 고려하여 그리스-로마 전기의 장르적 특성을 살린 마가복음의 새로운 해석들을 제안했다.[5] 필자가 주목한 그리스-로마 전기의 장르적 특성은 (1) 주인공에 대한 집중적 관심과 (2) 비교/대조이다. 주인공에 대한 집중적 관심은 그리스-로마 전기의 확연한 특징이다. 다른 장르들과 비교했을 때 전기는 주인공을 중심으로 사건과 인물들을 배치하는 경향이 두드러진다. 같은 사건이라 할지라도 주인공이 누구냐에 따라서 서술 방식이 달라지는데, 가령 주인공과 연관된 장면들을 중심으로 사건이 재편되어 서술된다. 이러한 패턴은 플루타르코스

4. 권영주, "그레코-로만 전기의 장르적 특성에 비추어 본 복음서 해석: 마가복음 5장을 중심으로," 『성경원문연구』 49 (2021), 122-23 (본서 제6장).
5. 권영주, "복음서의 상이성은 왜 나타나는가?: 고대 전기 작가들의 작법 분석을 중심으로," 『신약연구』 17.4 (2018), 455-90; 권영주, "그레코-로만 전기의 장르적 특성에 비추어본 복음서 해석: 마가복음 1:16-20을 중심으로," 『신약연구』 19.1 (2020), 46-76 (본서 제3장); 권영주, "그레코-로만 전기의 장르적 특성에 비추어본 복음서 해석: 마가복음 2:1-3:6을 중심으로," 『영산신학저널』 54 (2020), 201-30 (본서 제4장).

(Plutarch)의 세 전기(카토[小], 폼페이우스, 카이사르)에서 잘 나타난다.[6] 두 번째 장르적 특성인 '비교/대조'는 그리스-로마 전기에서만 발견되는 특징은 아니다. 하지만 당대 전기 작가들이 '비교/대조'를 통해 주인공(protagonist)의 미덕과 반대자(antagonist)의 악덕을 부각시키는 것이 일종의 관행이었다는 점은 부인할 수 없는 사실이다.[7] 정리하자면, '주인공에 대한 집중적 관심'은 그리스-로마 전기의 대표적인 장르적 특성이고, 비교/대조는 다른 장르에서도 관찰되긴 하지만 그리스-로마 전기 작가들이 매우 선호하는 장르적 특성이라 할 수 있다.

하지만 마가복음 6:14-29에서는 이러한 패턴이 무너지는 것처럼 보인다. 주인공에 대한 집중적 관심은 먼 나라 이야기처럼 들린다. 복음서의 주인공인 예수가 잠깐 언급되지만(14a "이에 예수의 이름이 드러난지라") 이마저도 이전 에피소드(6:6b-13)와 관련된 것이고,[8] 본문의 주요 인물들은 침례/세례 요한, 헤롯, 헤로디아와 그의 딸이다. 본문은 침례/세례 요한의 죽음으로 끝을 맺고 예수의 이름은 이후 에피소드들(6:30-31, 6:32-44)에서야 비로소 언급된다.

---

6. 권영주, "마가복음 1:16-20," 52 (본서 제3장).
7. H. K. Bond, *The First Biography of Jesus: Genre and Meaning in Mark's Gospel* (Grand Rapids: Eerdmans, 2020), 173.
8. 다시 말해 6:14-29은 예수에 대해 전혀 이야기하고 있지 않는 것처럼 보인다. 이 때문에 Edwards는 그의 논문에서 다음과 같이 말한다. "이 내러티브는 마가복음에서 유일하게 예수에 대한 것이 아니다." James R. Edwards, "Markan Sandwiches: The Significance of Interpolations in Markan Narratives," *NovT* 31.3 (1989), 205.

예수의 직접 등장이 결여되어 있기 때문에 일부 학자들은 마가복음 6:14-29을 중심 주제에서 이탈한 "여담"(digression)으로 간주한다.[9] 하지만 마가복음 6:14-29이 예수와 관계없는 단순한 여담에 불과한 것일까? '그렇지 않다'는 것이 바로 이 장의 주장이다. 물론 이러한 주장은 공허한 외침이 아니라 논증을 통해 확인되어야 한다. 이를 위해 제2절에서는 마가복음의 샌드위치 구조의 특성을 다룰 것이고, 제3절에서는 비교/대조의 문학적 기법을 살펴볼 것이다. 제4절에서는 제2-3절의 관찰들을 종합하고 후속 연구를 위한 제언을 덧붙일 것이다.

2. 마가복음에 나타난 샌드위치 구조

복음서 중 샌드위치 구조(sandwich technique or intercalation)가 가장 분명하고 빈번하게 나타나는 것은 마가복음이다.[10] 샌드위치 구조가 되기 위해서 어떤 조건들이 충족되어야 하는지에 대한 이슈

---

9. France의 언급은 이러한 입장의 전형을 보여준다. "나는 침례/세례 요한의 죽음 이야기를 '여담'이라고 명명했다. 왜냐하면 이 본문은 (그것을 도입하는 14-16절과 달리) 마가복음에서 독특하게도 예수 혹은 그의 제자들과 분명한 연결성을 보이지 않기 때문이다." R. T. France, *The Gospel of Mark: A Commentary on the Greek Text*, NIGTC (Eerdmans, 2002), 255; 유사한 입장으로는 Adela Yarbro Collins, *Mark*, Hermeneia (Minneapolis: Fortress, 2007), 305을 보라.
10. Edwards, "Markan Sandwiches," 198-99.

와 마가복음 내의 샌드위치 구조의 개수에 대해서는 의견이 분분하지만,[11] 샌드위치 구조의 정의와 효과에 대해서는 학자들의 견해가 대체로 일치한다. 샌드위치 구조는 A-B-A′의 형태로서, A 에피소드로 이야기를 시작해 전혀 새로운 B 에피소드가 중간에 끼어들고 A′ 에피소드가 재개되면서 중단되었던 A계열의 이야기가 결론을 맺는 구조이다. 구조에서 알 수 있듯이 A계열 에피소드는 두 요소(A와 A′)가 합쳐질 때 이야기가 완결되는 반면, B 에피소드는 그 자체로 완결성을 가지고 있는 독립된 이야기다. 여기서 A계열 에피소드(A와 A′)와 독립된 B 에피소드는 서로를 해석하는 데 영향을 준다.

샌드위치 구조의 정의와 효과에 대해서는 대체적인 합의가 이루어졌지만 샌드위치 구조가 성립되기 위해 어떤 조건들이 충족되어야 하는지에 대해서는 여전히 해석의 여지가 있다. 이 절에서 이 문제에 대한 간략한 연구사를 살펴봄으로써 마가복음 6:7-31의 샌드위치 구조에서 중간(B)에 해당하는 '침례/세례 요한의 죽음'

11. 자세한 논의를 위해서는 Edwards, "Markan Sandwiches," 193-216; Geert van Oyen, "Intercalation and Irony in the Gospel of Mark," *The Four Gospels 1992: Festschrift Frans Neirynck*, eds. F. van Segbroeck et al. (Leuven: Leuven University Press, 1992), 949-74; Tom Shepherd, *Markan Sandwich Stories: Narration, Definition, and Function*, AUSDDS 18 (Berrien Springs: Andrews University Press, 1993); Tom Shepherd, "The Narrative Function of Markan Intercalation," *NTS* 41 (1995), 522-40; Geoffrey David Miller, "An Intercalation Revisited: Christology, Discipleship, and Dramatic Irony in Mark 6.6b-30," *JSNT* 35.2 (2012), 176-95을 보라.

에피소드(6:14-29)를 어떻게 해석해야 하는지 힌트를 얻을 수 있을 것이다.

샌드위치 구조를 가장 먼저 다룬 학자는 도브쉬츠(E. von Dobschütz)이지만,[12] 영미권에서 초기에 이 문제를 체계적으로 다룬 것은 에드워즈(James R. Edwards)이다.[13] 에드워즈는 A계열 에피소드와 B 에피소드가 해석에 있어 서로에게 영향을 준다는 보편적 견해에 기본적으로 공감하지만 좀 더 과감한 주장을 펼친다. "거의 항상 중간 이야기[B]가 샌드위치의 신학적 목적에 핵심을 제공한다."[14] 논문에서 그는 샌드위치 구조를 충족시키는 요건들에 대해 논의한 뒤, 마가복음 이전 전승과 마가복음에서 샌드위치 구조라고 여겨지는 본문들을 주석한다. 그가 제시한 요건들은 다음과 같다.

> 마가복음의 각 샌드위치 구조는 두 개의 에피소드나 세 개의 문단 형식으로 서술된 이야기로 이루어진 더 큰 내러티브이다. 전체 내러티브는 A1-B-A2의 형태를 따르는데, 여기서 B 에피소드는 독립된 자료를 형성하고 있는 반면, 양 측면의 A 에피소드들은 서로가 있음으로 인해 내러티브가 완성된다. B 에피소드는 단지 하나의 이야기로 구성되어 있다. 그것은 여러 개의 이야기가

12. E. von Dobschütz, "Zur Erzählkunst des Markus," *ZNW* 27 (1928), 193-98; Oyen, "Intercalation and Irony," 949에서 재인용.
13. Edwards, "Markan Sandwiches," 193-216.
14. Ibid., 196.

> 연결된 것이 아니고, 너무 길어서 독자들이 A2와 A1을 연결시키는 데 실패하는 일이 없어야 한다. 일반적으로 A2의 초반부에는 A1을 가리키는 암시—가령, 주제나 고유명사의 반복과 같은 것들—가 나타난다.[15]

샌드위치 구조에 대해 대체로 합의된 결론—(1) A-B-A′ 구조, (2) A계열 에피소드와 B 에피소드는 해석에 있어 서로에게 영향을 줌—에 더하여 에드워즈의 주장이 지니는 독특성은 다음과 같다. 첫째, A-B-A′ 구조를 좀 더 자세하게 상술한다. 가령, B는 독립된 이야기이고 A는 서로가 있음으로 인해 이야기가 완결된다는 설명을 덧붙인다. 둘째, A계열 에피소드 간에 연결성이 있음을 지적한다. "주제나 고유명사의 반복"처럼 주제 혹은 인물이나 장소가 중복됨으로써 A와 A′가 연결되어 있음을 내러티브 자체가 암시한다. 셋째는 위에서 언급했듯이 좀 더 과감한 주장으로서, 중간에 위치한 B 에피소드가 샌드위치 구조를 해석하는 데 핵심적 역할을 한다는 것이다.

에드워즈 이후에 샌드위치 구조와 관련되어 좀 더 세밀한 연구를 제안한 학자는 쉐퍼드(Tom Shepherd)이다.[16] 에드워즈의 논문에 비해 쉐퍼드의 논문은 여러 면에서 진일보한 결과물이다. 쉐퍼드는 A계열 에피소드와 B 에피소드의 연결성과 비연결성을 좀 더

15. Ibid., 197.
16. Shepherd, "The Narrative Function," 522-40.

깊고 세밀하게 분석한다. 그는 먼저 A계열 에피소드와 B 에피소드를 명확히 구분 짓는 특성들을 다룬다. 그중 중요한 것은 등장인물의 차이다. 쉐퍼드의 말을 빌리자면, "각 샌드위치 구조에서 예수(와 그리고 가끔 그의 제자들)를 제외하고 등장인물들은 두 이야기 사이를 절대로 넘나들지 않는다."[17] 가령, 예수의 친족과 바알세불 논쟁(3:20-35)에서 예수의 친족은 바알세불 논쟁에 관여하지 않고, 서기관들은 예수의 친족 에피소드에서 언급되지 않는다. 무화과나무와 성전청결 사건(11:12-25)에서 무화과나무는 성전청결 사건 에피소드 중에 언급되지 않고 성전청결 사건의 대상이었던 종교 지도자들은 무화과나무 에피소드에서 사라진다. A계열 에피소드와 B 에피소드를 구분 짓는 또 다른 요소는 장소다. 쉐퍼드는 "focalization"과 "defocalization"과 같은 고유한 용어를 사용하여 두 에피소드 간에 장소가 분리되어 있음을 지적한다.[18] 예를 들어, 배반당하는 예수와 베다니향유 사건(14:1-11)에서 A계열 에피소드는 예루살렘에서 일어나는 것으로 보이고 B 에피소드는 베다니에서 벌어진다.

다음으로 쉐퍼드는 두 에피소드를 연결하는 요소들에 대해 논의한다. 이러한 요소들은 (1) "시간적 연결성," (2) "두 이야기 사이에 존재하는 주요 인물들의 연관성," (3) "이야기 플롯과 간극의

17. Ibid., 523. 다음의 예시는 같은 논문 Shepherd의 예(pp. 523-24)를 재진술한 것이다.

18. 다음의 예시는 Shepherd, "The Narrative Function," 524에 나온 예들을 재진술한 것이다.

연결성"이다.[19] 요소 (1)은 A, B, A′가 순차적으로 일어난다는 것을 의미한다. 예를 들어, 회당장 야이로와 혈루증 여인(5:21-43) 에피소드에서 회당장 야이로가 예수에게 먼저 찾아오고(A) 야이로의 집으로 가는 길에서 혈루증 여인 사건이 벌어지고 난 뒤(B) 야이로의 집에서 내러티브가 종결된다(A′). 쉐퍼드는 요소 (2)를 중요하게 여긴다. 그가 생각할 때 요소 (2)는 샌드위치 구조 내의 두 이야기를 서로 비교/대조하여 해석해야 한다는 일종의 "초청"과 같은 메시지다.[20] 쉐퍼드는 그의 논문에서 6개의 대표적 샌드위치 구조 본문들에 등장하는 인물들이 어떻게 긴밀하게 연결되어 있는지 통찰력 있는 관찰을 제공한다.[21] 요소 (3) "이야기 플롯과 간극의 연결성"은 A계열 에피소드와 B 에피소드가 함께 해석되어야 한다는 또 다른 당위성을 제공한다. 여기서 "간극"(gaps)이라는 표현은 미해결된 상태를 의미한다. 이야기의 플롯과 미해결된 상태는 두 에피소드를 함께 해석할 때 온전히 이해되고 해결된다. 예를 들어, 무화과나무와 성전청결 사건(11:12-25)에서 두 에피소드는 긴밀하게 연결되어 있다. 무화과나무는 예루살렘 성전을 상징하고 예루살렘 성전이 앞으로 어떻게 될 것인지를 암시한다. 열매 없는 무화과나무가 저주를 받았듯이 열매 없는 예루살렘 성전은 결국 파괴될 것이다. 예루살렘 성전이 아직 존재하고 있기 때문에 현재로서

---

19. Ibid., 525.
20. Ibid., 528-29.
21. Ibid., 529-32.

는 미해결된 상태이지만, 무화과나무 에피소드를 통해 그것이 어떻게 해결(즉, 성전의 파괴)될 것인지 독자들은 예측할 수 있다. 에드워즈의 단순한 서술과 비교했을 때, 쉐퍼드는 A계열 에피소드와 B 에피소드 간의 연결성과 비연결성에 대해 보다 체계적인 설명을 제공한다.

'샌드위치 구조가 되기 위해 어떤 요건들이 충족되어야 하는가'라는 질문을 탐구했던 또 다른 학자는 다우닝(F. G. Downing)이다. 그는 위 질문에 대해 다음과 같이 답한다.

(1) 안쪽 이야기(inner story[샌드위치 구조에서 B에 해당])에 구별된 혹은 완전히 구별된 등장인물이 존재
(2) 안쪽 이야기에 구별된 장소가 존재
(3) A-B-A′ 구조를 따른 시간의 순서 혹은 둘의 동시성, 하지만 A는 결코 B 이전에 종결되지 않음
(4) 등장인물과 행동들에 있어서 유사점과 대조점이 있음
(5) 등장인물들보다 청자들이 더 많이 알고 있는 극적 아이러니[22]

다우닝의 목록은 워딩은 다르지만 쉐퍼드의 목록과 매우 유사

22. F. G. Downing, "Markan Intercalation in Cultural Context," *Narrativity in Biblical and Related Texts*, eds. G. J. Brooke and J. D. Kaestli (Leuven: Leuven University Press, 2000), 107; Marcin Moj, "Sandwich Technique in the Gospel of Mark," *The Biblical Annals* 8.3 (2018), 368, 각주 12에서 재인용.

하다. 위에서 보았듯이, 요건 (1), (2), (4)는 쉐퍼드가 지적한 사항이다. 그리고 요건 (5)는 위 설명에서 언급되진 않았지만 쉐퍼드가 논문에서 다룬 내용이다. 둘 사이의 유일한 차이점은 요건 (3)이다. 다우닝은 쉐퍼드와 달리 A와 B의 사건이 동시적으로 일어날 수 있는 가능성에 대해서도 지적한다.

마지막으로 이 주제와 관련하여 가장 포괄적인 요건들을 제시한 학자는 모즈(Marcin Moj)다. 모즈는 샌드위치 구조를 충족시키는 요건과 관련한 이전 연구들을 개관한 뒤 아래의 목록을 제시한다. 모즈는 이 목록을 바탕으로 마가복음의 샌드위치 구조가 8개의 본문에서 발견된다고 주장한다. 8개의 본문은 학자들이 대체적으로 인정하는 6가지 본문에다가[23] 8:1-21과 15:40-16:8을 더한 것이다. 아래 목록은 샌드위치 구조를 충족시키는 요건들을 우선순위에 따라 배열한 것이다.

(1) A-B-A′의 구조를 따른 두 이야기의 연결성

(2) 안쪽 이야기(B)가 없어도 바깥쪽 이야기[A와 A′]가 지속될 수 있음

23. 마가복음 내의 샌드위치 구조의 개수와 관련하여 다양한 의견들이 제시되었지만 학자들은 6쌍의 에피소드가 샌드위치 구조라는 것에 대체로 동의한다. 6쌍의 에피소드는 다음과 같다. 예수의 친족과 바알세불 논쟁(3:20-35), 회당장 야이로와 혈루증 여인(5:21-43), 제자들의 복음전도와 침례/세례 요한의 죽음(6:7-31), 무화과나무와 성전청결 사건(11:12-25), 배반당하는 예수와 베다니향유 사건(14:1-11), 베드로의 부인과 예수의 수난(14:53-72). Mateusz Kusio, "Theological Implications of Markan Interpretative Intercalations," *Ruch Biblijny i Liturgiczny* 68 (2015), 267–68.

(3) 안쪽 이야기의 독립적 기능
(4) (내러티브 A와 B 사이의) 표면적 연결성의 결여
(5) 첫 번째 바깥쪽 이야기(A)는 B 사건이 일어날 기회를 포함하고 있음
(6) 내러티브 A′에 첫 번째 부분(A)에 대한 암시가 존재
(7) (예수를 제외하고) 두 내러티브에는 다른 인물들이 등장
(8) 두 내러티브에 예수의 행동이 있음
(9) 장소의 변화
(10) 두 내러티브(A와 B)에 존재하는 *Leitwort*(반복적인 단어, 표현, 모티프, 모토 등)[24]

모즈의 목록은 현 주제와 관련한 가장 포괄적인 리스트라고 할 수 있다. 위의 요건들 중 몇 가지 부연 설명이 필요하다. 모즈는 요건 (4)에서 두 내러티브 간의 “표면적 연결성이 결여”되어 있다는 표현을 사용한다. 이는 샌드위치 구조의 본질을 잘 포착한 표현이다. 즉, 샌드위치 구조에서 내러티브 A와 B는 표면적으로 보았을 때 연결성이 없는 듯 보이지만 사실은 두 내러티브를 함께 읽을 때 더 깊은 의미가 도출될 수 있다는 것이다. 요건 (4) 이후에 언급된 요건 (5), (6), (10)은 두 내러티브가 실제로는 긴밀하게 연결되어 있음을 암시한다. 두 내러티브의 연결성을 암시하는 가장 강력한 증거는 예수의 존재다. 요건 (7), (8)이 이와 관련된 것인데

24. Ibid., 369.

모즈가 덧붙인 설명은 주목할 만하다. "어떤 내러티브를 샌드위치 구조라고 규정할 때 두 이야기에 예수의 행동이 반드시 있어야 하는 것이 아님을 눈치 챘을 것이다. 예수라는 인물이 소극적으로 존재하는(암시되었든 언급되었든) 것만으로 충분하다."[25]

지금까지의 연구사를 종합해보면 몇 가지 결론이 도출된다. 결론을 아래와 같은 목록으로 정리할 수 있다.

1. 학자들이 대체로 동의하는 샌드위치 구조의 기본 요건이 존재함
   1.1. A-B-A′의 구조
   1.2. B는 독립된 내러티브이고 A와 A′는 함께 있을 때 내러티브가 완결됨
2. A계열 에피소드와 B 에피소드는 관련이 없는 것처럼 보이지만 사실 연결되어 있음
   2.1. 두 에피소드 간에 "표면적 연결성이 결여"(모즈)
   2.2. "이야기의 플롯과 간극의 연결성"(쉐퍼드)
   2.3. 두 에피소드의 연결성을 암시하는 가장 강력한 증거는 예수의 존재(쉐퍼드, 모즈)
   2.3.1. 여기서 예수는 직접적으로 등장하지 않고 소극적으로 존재할 수도 있음(모즈)
3. 샌드위치 구조에 대한 온전한 이해를 위해서는 두 에피소드를 비교/대조해야 함

25. Ibid., 372.

3.1. "두 이야기 사이에 존재하는 주요 인물들의 연관성"(쉐퍼드)

3.2. "등장인물과 행동들에 있어서 유사점과 대조점이 있음"(다우닝)

3.3. "두 내러티브(A와 B)에 존재하는 *Leitwort*(반복적인 단어, 표현, 모티프, 모토 등)"(모즈)

마가복음 6:7-31은 샌드위치의 기본 요건(1.1과 1.2)을 충족시킨다. 본문은 예수와 제자들의 전도 여행 에피소드로 시작해(A) 중간에 헤롯과 침례/세례 요한의 죽음 에피소드가 서술되고(B) 다시 전도 여행 에피소드로 마친다(A'). A와 A'는 연결된 내러티브고 B는 독립된 내러티브다. 언뜻 보았을 때, A계열 에피소드와 B 에피소드는 서로 무관한 것처럼 보인다(2.1). 하지만 직접적인 언급이 없음에도 불구하고 예수라는 존재가 두 이야기를 관통하고 있으며(2.3.1), 두 에피소드 사이에 여러 연결성이 발견된다(2.2). 이러한 사실은 A계열의 에피소드와 B 에피소드를 비교/대조함으로써(3.1, 3.2, 3.3), 그리고 샌드위치 구조를 감싸고 있는 이야기들과 비교/대조함으로써,[26] 보다 분명해진다.

샌드위치 구조에 대한 연구사는 그리스-로마 전기의 2가지 장

26. 샌드위치 구조 내의 이야기와 주변 이야기를 비교/대조하는 것은 샌드위치 구조의 연구사로부터 추출된 결론은 아니다. 하지만 앞서 언급했듯이 그리스-로마 전기 작가들은 종종 비교/대조를 통해 주인공의 됨됨이를 부각시킨다. 이 때문에 샌드위치 구조 내의 이야기(6:7-31)와 주변 이야기(특히, 오병이어 사건[6:32-44]과 바다 위를 걷는 예수[6:45-52])를 함께 살펴볼 필요가 있다. 이는 다음 절인 제3절에서 다룰 것이다.

르적 특성을 고스란히 반영해준다. 첫째, 2.3.(1)이 암시하듯이 A계열 에피소드와 B 에피소드의 연결성과 연속성을 담보하는 것은 예수의 존재다. 그리스-로마 전기의 장르적 특성의 관점에서 이야기하자면 '주인공에 대한 집중적 관심'이다. 또한 2.2와 3.1-3의 결론이 암시하듯이 샌드위치 구조에서는 해석자가 두 내러티브에 존재하는 연결성을 비교/대조를 통해 적극적으로 탐색하도록 요청된다. 이는 그리스-로마 전기의 두 번째 장르적 특성인 비교/대조와 맞닿아 있다. 따라서 샌드위치 구조에 대한 연구사를 통해 우리는 다음과 같은 결론에 자연스럽게 도달한다. 샌드위치 구조에서 해석자가 집중해서 살펴보아야 할 인물은 다름 아닌 주인공 예수이고, 그것은 비교/대조의 방식을 통해 효과적으로 이루어질 수 있다. 다음 제3절에서 우리는 샌드위치 구조 내의 이야기들과 그것과 인접한 이야기들에 등장하는 인물, 주제, 모티프의 비교/대조를 통해 예수라는 인물이 어떻게 부각되고 있는지 살펴볼 것이다.

3. 마가복음 6:7-31 안팎의 인물, 주제, 모티프의 비교/대조

3.1. 침례/세례 요한 vs. 예수

마가복음 6:7-31 샌드위치 구조의 A계열 에피소드에서 주인공 예수는 분명한 방식으로 현존한다. A(6:7-13)에서 예수는 복음 전파를 위해 제자들을 파송한다. 그는 전도 여행과 관련하여 제자들이 가져가야 할 것들과 거기서 해야 할 일들을 구체적으로 지시한다. 전도 여행에 직접적으로 참여하는 것은 제자들이지만 그들을 부르고 보내는 분은 다름 아닌 예수다. 전도 여행에서 돌아온 이후의 장면인 A′(6:30-31)에서 제자들은 예수 근처에 모이고, 예수는 그들에게 쉼을 허락한다. 반면, 샌드위치의 중간 부분인 B(6:14-29)에서 예수는 직접적으로 등장하지 않는다. 예수의 이름이 잠시 드러나긴 하지만(14a) 그는 침례/세례 요한인 것처럼 오해되고 이후 이야기는 주로 침례/세례 요한의 죽음을 다룬다. 여기서는 침례/세례 요한의 죽음에 연루된 인물들, 즉 헤롯, 헤로디아, 그의 딸 등이 주요 인물로 등장한다.

제2절의 논의가 밝혀 주었듯이, 샌드위치 구조에서 주인공 예수는 직접적으로 등장하지 않고 소극적으로 존재할 수 있다. 소극적으로 존재한다는 것은 해당 사건에 전면적으로 등장하지 않더라도 언급이나 암시의 형태로 존재할 수 있다는 것이다. 다시 말해, B(6:14-29)에서 예수는 잠시 언급되었지만(14a "이에 예수의 이름이 드러난지라") 사실 본문 전반에 존재하고 있다. 그리고 B에서 예수의 존재와 정체성을 드러내는 것은 예수 자체가 아니라 다른 인물들이다. 이 지점이 바로 샌드위치 구조 논의와 그리스-로마 전기의 장르적 특성 논의가 합쳐져 시너지 효과를 내는 부분이다. 샌드위치 구조에서는 A계열 에피소드와 B 에피소드 사이의 인물, 주제, 모티프 사이의 연결성을 찾아 전체 내러티브의 메시지를 도출할

것이 요청된다. 유사하게, 그리스-로마 전기에서는 비교/대조의 문학 기법이 주인공의 정체성과 인격을 드러내는 데 빈번하게 사용된다. 이는 자연스럽게 B(6:14-29)의 중심인물인 침례/세례 요한과 A의 중심인물인 예수를 비교/대조하는 것으로 이어진다.

침례/세례 요한의 수난과 죽음은 예수의 그것들과 많은 부분에서 중첩된다. 다양한 학자들이 의미 있는 관찰들을 제시했다. 볼프(C. Wolff)는 침례/세례 요한이 죽음과 관련되어 겪었던 일련의 과정들이 예수의 그것들과 유사하다는 것을 지적했다. 두 인물 모두 체포되었고(6:17 vs. 14:46), 그들의 죽음을 모의한 자들이 있었고(6:19 vs. 14:1), 그들의 죽음과 관련해 두려워하는 자들이 있었으며(6:20 vs. 11:18, 32; 12:12; 14:2), 모종의 "압력하에 죄 없는 자가 처형당했으며"(6:26 vs. 15:10, 14-15), 그리고 두 인물에 대한 매장(burial)이 이루어졌다(6:29 vs. 15:45-46).[27] 허타도(Larry Hurtado) 역시 두 인물 사이의 유사점들을 지적했다.[28] 두 인물 모두 "세속 권력에 의해 처형되었다." 두 인물의 처형에 책임이 있는 헤롯과 빌라도는 두 인물을 처형하는 것을 "망설였지만" 두려움 때문에 결국 그렇게 했다. 헤로디아와 대제사장들은 "교묘히 꾀를" 써서 두 인물의 죽음에 가담했다. 침례/세례 요한과 예수는 그들을 따르는 자들에 의해

---

27. C. Wolff, "Zur Bedeutung Johannes des Taufers im Markusevangeliums," *TLZ* 102 (1977), 857-65; Ben Witherington III, *The Gospel of Mark: A Socio-Rhetorical Commentary* (Grand Rapids: Eerdmans, 2001), 213에서 재인용.
28. 다음 인용과 재진술은 래리 W. 허타도, 『마가복음』, 이여진 역 (서울: 성서유니온, 2020), 142.

매장되었다. 볼프와 허타도와 마찬가지로 귤리히(Robert A. Guelich), 후커(Morna Hooker), 마커스(Joel Marcus), 비비스(Mary Ann Beavis)도 침례/세례 요한과 예수 사이의 주제적 유사성을 지적했다.[29]

죽음과 관련된 주제적 유사성을 관찰한 학자들이 대부분이지만 본드(Helen K. Bond)는 두 인물의 죽음 사건에 존재하는 그리스어 단어들의 유사성을 지적했다.[30] 헤로디아가 침례/세례 요한을 죽일 적당한 때(εὔκαιρος; 6:21)를 찾았던 것처럼, 가룟 유다는 예수를 넘길 적당한 때(εὐκαίρως; 14:11)를 엿보았다. "적당한 때"에 해당하는 그리스어 단어는 정확히 일치하지 않지만 두 사건 사이에 동일한 동사가 여럿 발견된다. 헤롯은 헤로디아의 딸에게 나라의 절반까지도 주겠다고 헛된 "맹세"(ὀμνύω; 6:23)를 했고, 예수의 측근이었던 베드로는 '너도 갈릴리 사람이 아니냐'라고 추궁하는 사람들을 향해 예수를 알지 못한다고 저주하며 "맹세"(ὀμνύω: 14:71)했다. 헤롯은 자신의 헛된 맹세에 대한 결과(헤로디아의 딸이 침례/세례 요한의 죽음을 요구)로 인해 "심히 근심"(περίλυπος; 6:26)했지만, 예수는 자

29. Robert A. Guelich, *Mark 1–8:26*, WBC 34A (Dallas: Word, 1989), 326; Morna D. Hooker, *The Gospel according to Saint Mark*, BNTC (London: Continuum, 1991), 158–59; Joel Marcus, *Mark 1-8: A New Translation with Introduction and Commentary*, AB 27 (New York: Doubleday, 2000), 404; Mary Ann Beavis, *Mark*, Paideia Commentaries on the New Testament (Grand Rapids: Baker Academic, 2011), 105.

30. Bond, *The First Biography of Jesus*, 179. Bond는 책에서 주로 단어와 성서 본문만을 나열하고 설명은 최소화한다. 다음에 나오는 인용 부분은 Bond의 설명을 따온 것이고 그렇지 않은 부분은 필자가 덧붙인 설명이다.

신이 자발적으로 선택한 죽음을 앞두고 "심히 고민"(περίλυπος; 14:34)했다. 헤롯이 요한을 "잡아"(κρατέω; 6:17) "결박"(δέω; 6:17)했던 것처럼, 종교 지도자들을 포함해 많은 이들이 예수를 "잡아"(κρατέω; 12:12, 14:1, 44, 46, 49) "결박"(δέω; 15:1)하려고 했다. 또한 헤로디아가 침례/세례 요한을 "죽이고자"(ἀποκτείνω; 6:19) 했던 것처럼 사람들은 예수를 "죽이려고"(ἀποκτείνω; 8:31, 9:31, 10:34, 14:1) 했다. 그리고 마침내 침례/세례 요한의 제자들이 그의 "시체"(πτῶμα; 6:29)를 무덤에 놓았던(τίθημι ἐν μνημείῳ; 6:29) 것처럼, 아리마대 요셉은 예수의 시체(πτῶμα; 15:45)를 무덤에 놓았다(τίθημι ἐν μνημείῳ; 15:46).[31]

침례/세례 요한과 예수 간의 긴밀한 연결성은 샌드위치 구조와 그리스-로마 전기의 장르적 특성에 의해 확인되지만 마가복음의 내러티브 안에도 이미 함축되어 있다. 마가복음 1장 서두에서 침례/세례 요한은 예수의 도래와 사역을 준비하는 존재로 그려진다(1:1-3). 예수의 사역은 침례/세례 요한의 그것을 뛰어넘지만 둘 사이에 유사성이 분명 존재한다. 가령, 침례/세례 요한이 회개의 복음을 전했듯이(1:4) 예수는 하나님의 나라가 가까이 왔으니 "회개하라"고 선포했다(1:15). 침례/세례 요한이 엘리야와 같은 존재로 묘사되었던 것처럼(9:11-13), 사람들은 예수를 엘리야와 같은 존재

31. Bond는 무덤에 놓다("placed in a tomb")는 표현을 했지만 애석하게도 그리스어를 병기하지 않았다. 하지만 6:29과 15:46에는 동일한 그리스어 표현 τίθημι ἐν μνημείῳ이 사용된다.

로 인식했다(8:28).

샌드위치 구조도, 그리스-로마 전기의 장르적 특성도, 마가복음의 내러티브도, 침례/세례 요한이 예수의 정체성을 드러내는 역할을 한다는 것을 보여준다. 그렇다면 마가는 (예수가 전면적으로 드러나고 있지 않은) 마가복음 6:14-29에서 이미 이루어진 침례/세례 요한의 수난과 죽음을 통해 아직 이루어지지 않은 예수의 마지막 모습을 암시하고 있는 것이 아닐까? 마가의 속마음을 알 도리는 없지만 여러 증거들은 이 질문에 대해 '암시하고 있다'는 대답을 제시하고 있는 것 같다.

3.2. 헤롯 vs. 예수

마가복음 6:14-29은 표면적으로 침례/세례 요한의 죽음을 다루고 있지만, 이 본문을 견인하는 주된 인물은 사실 헤롯이다. 헤롯의 모습은 마가복음의 주인공인 예수—비록 전면에 등장하고 있지는 않지만—와 여러 면에서 대조된다. 하나씩 살펴보자.

먼저 많은 학자들은 헤롯을 '왕'으로 언급한 것이 역사적 오류라는 사실을 지적한다.[32] 이 때문에 후대 저자인 마태(14:1)와 누가(9:7)는 이를 정정하기 위해 헤롯을 '분봉 왕'이라고 칭한다. 마가가 헤롯을 왕으로 부르는 것이 역사적 오류일지는 몰라도 마가의 내러티브의 관점에서 보았을 때 이는 다분한 의도성을 띤다. 마태복

32. M. Eugene Boring, *Mark: A Commentary*, NTL (Louisville: Westminster John Knox, 2012), 177; Marcus, *Mark 1-8*, 392.

음과 누가복음의 평행본문에서 헤롯은 제일 처음에만 분봉 왕으로 언급되고 지속적으로 '헤롯'이라는 이름으로 호명된다(단 한 번의 예외는 마 14:9). 하지만 마가는 헤롯을 가리킬 때 '왕'이라는 칭호를 다섯 번이나(6:14, 22, 25, 26, 27) 사용한다. 특정 단어의 언급 빈도가 중요성 자체를 의미하지는 않지만 반복에는 대체로 이유가 있기 마련이다. 헤롯을 왕으로 상정하고 주변 문맥과 마가복음 전체를 살펴보면 예수가 또 다른 왕으로 제시되고 있다는 인상을 지우기 힘들다.

왕으로서의 예수를 집중적으로 서술하는 것은 마가복음 15장이다. 15:2에서 "네가 유대인의 왕이냐"라고 묻는 빌라도의 질문에 예수는 주저하지 않고 "네 말이 옳도다"라고 대답한다. 이 장에서 예수는 '왕'으로 빈번하게 언급된다(15:9, 12, 18, 26, 32). 마가복음 6장 샌드위치 구조(6:7-31)와 주변 문맥에서 예수는 비록 왕으로 언급되지 않지만, 헤롯 왕과 반대되는 지점에 서 있는 또 다른 왕으로 묘사되고 있음을 암시하는 본문의 증거는 여럿이다. 본문의 증거를 살펴보기 전에 한 가지 역사적 사실을 언급하자면, 여기 등장하는 헤롯은 헤롯 안티파스로서 자신을 왕으로 칭해 달라고 로마에 요청한 적이 있는데 바로 이 때문에 기원후 39년 칼리굴라 황제는 헤롯의 유배를 명했다.[33] 이런 면에서 보자면 헤롯을 왕으로 칭한 것은 역사적 오류이지만, 그토록 왕이 되길 원했던 헤롯

33. H. W. Hoehner, "Herodian Dynasty," *Dictionary of Jesus and the Gospels*, eds. Joel B. Green and Scot McKnight (Downers Grove: IVP, 1992), 324.

의 모습을 보여주고 있다는 점에서 이 본문은 역사적 사실을 반영한 것으로 읽힐 수도 있다. 이처럼 왕에 대한 자의식이 강했던 헤롯이 헤로디아의 딸에게 "내 나라(βασιλεία)의 절반이라도 주겠다"(6:23)고 말한 것은 충분히 예상 가능한 시나리오다. 헤롯이 자신의 "나라"를 언급한 것은 마태복음과 누가복음의 평행본문에는 등장하지 않는다. 마가복음 6장 샌드위치 구조의 A계열 에피소드에서 예수는 왕으로 언급되지 않고 "나라"라는 단어도 사용되지 않는다. 하지만 B 에피소드와 주변 문맥 그리고 마가복음 전체 내러티브를 고려하여 종합적으로 읽게 되면, A계열 에피소드는 왕인 예수가 그의 사신인 제자들을 보내어 하나님 "나라"를 선포하는 장면이라는 것이 감지되기 시작한다.

헤롯은 시위병 하나를 "보내어"(ἀποστέλλω; 6:27) 침례/세례 요한을 죽일 것을 명한다. 예수 역시 그의 제자들을 "보내시며"(ἀποστέλλω; 6:7) 그들에게 필요한 것을 주시고 그들이 할 일을 알려주시는데 그 목적이 헤롯의 그것과는 전혀 다르다. 예수는 제자들에게 "더러운 귀신을 제어하는 권능을 주시고"(6:7) 전도 여행을 위해 필요한 것들을 알려주신다(6:8-11). 제자들이 나가서 한 일은 "회개하라"는 메시지를 전파하고 많은 귀신을 쫓아내며 병자를 고친 것이다. 제자들의 사역은 사실 예수의 사역을 그대로 모방하여 재창출한 것이다. 특별히 여기서 제자들이 선포한 "회개하라"는 메시지는 "때가 찼고 하나님의 나라가 가까이 왔으니 '회개하고' 복음을 믿으라"(1:15)는 예수의 메시지를 상기시킨다. 마가복음 6장 샌드위치 구조의 A계열 에피소드에서 비록 '나라'라는 단어가 직접적으로 사용되지는 않았지만, 마가복음 내러티브의 세심한 반향을 감지할 수 있는 자들—씨 뿌리는 자의 비유의 언어로 말하자면—즉 "들을 귀 있는 자"(4:9)들은 이러한 연결성을 포착할 수 있을 것이다. 다시 말해 예수를 설명하고 수식하는 표현으로 '왕'과 '나라'라는 단어가 사용되지는 않았지만 헤롯과 비교하면 예수는 진정한 왕으로서 하나님 나라를 선포하고 있는 것이다. 또한 헤롯과 예수가 각각 보낸 이들이 한 일의 결과 역시 극명한 대조를 이룬다. 헤롯이 보낸 자들이 한 일은 고작 의로운 자를 죽인 것이었던 반면, 예수는 육신적으로 죽어가는 자들(6:13 하반절 "많은 병자에게 기름을 발라 고치더라")과 영적으로 죽어가는 자들(6:13 상반절 "많은 귀신을 쫓아내며")을 살린다. 헤롯과 그의 나라가 한 일은 사람을 죽이는 것이고, 예수와 그의 나라가 한 일은 사람을 살리는 것이다.

마가복음 6장의 샌드위치 구조의 주변 문맥으로 범위를 넓혀서 헤롯과 예수를 비교/대조하면 또 다른 흥미로운 점이 관찰된다. 특히 헤롯의 잔치와 오병이어 사건은 여러 면에서 대조된다. 헤롯의 잔치는 왕궁에서 열린 연회가 분명한 반면, 오병이어 사건은 표면적으로 보았을 때 예수가 그저 배고픈 자들을 먹인 사건처럼 보인다. 하지만 6:39에 등장하는 동사 ἀνακλίνω는 개역개정에서 단순히 '앉다'라고 번역되어 있지만 이는 비스듬히 누워 식사를 하는 그리스-로마 연회를 표현할 때 사용되는 단어이다.[34] 이러한 해석은 시크(David H. Sick)의 세심한 관찰에 의해 확인된다.[35] 시크의 관찰에 기대어 본드는 다음과 같이 설명한다. "그가 주장하기를, 물고기는 아마도 마르거나 훈제된 것이고 이는 종종 곁들여 먹는 음식으로 사용됐다. 빵과 합쳐졌을 때 그것들은 '고대 그리스-로마 식사의 표준적인 메뉴'를 이루었을 것이다."[36] 오병이어 사건을 그리스-로마 연회로 본다면 헤롯의 연회와의 대조가 보다 수월해진다. 다시 말해 오병이어 사건에서 예수는 진정한 왕으로서 그의 백성들에게 풍성한 식사를 베풀고 있는 것이다.

헤롯의 연회와 예수의 연회는 두 가지 면에서 큰 차이가 있다. 첫째, 헤롯의 연회에는 "대신들과 천부장들과 갈릴리의 귀인들"(6:21)처럼 사회경제적 지위가 있는 소수의 사람들만 참석했다. 반면, 예수의 연회에는 다양한 계층의 사람들이 참여했다. 참여자들은 예수의 측근이었던 제자들을 포함해 "모든 고을로부터"(6:33) 온 사람들이었다. 또한 성인 남자 오천 명만 계수(6:44)되어 있지만 여성들과 아이들을 포함하면 더 많은 이들이 예수의 연회에 참석했을 것이다. 백성들을 다스리는 왕이 되길 그토록 원했던 헤롯은 정작 백성들과 유리되어 자신의 측근들 중 유명한 자들과 향락의 순간을 즐기고 있었던 반면, 왕이라고 직접 호명되고 있진 않지만

34. BDAG "ἀνακλίνω" 동사 ②번 의미 참조.

35. David H. Sick, "The Symposium of the 5,000," *JTS* 66.1 (2015), 1-27.

36. Bond, *The First Biography of Jesus*, 185

예수는 무명한 백성들을 바라보면서도 "목자 없는 양 같음으로 인하여 불쌍히 여기는"(6:34) 진정한 왕의 모습을 보여준다. 둘째, 헤롯은 자신이 주최한 연회에서 책임질 수 없는 약속을 함으로써 사람을 죽이는 결과를 가져왔던 반면, 예수는 연회에서 자신이 하고 있는 일을 분명히 알고 있었고 그로 인해 많은 이들을 배불리 먹였으며 그들에게 생명과 활력을 선사했다. 헤롯의 연회에서는 그릇에 담긴 음식이 의로운 자의 머리밖에 없었지만(6:28), 예수의 연회에 참석한 자들은 음식을 배불리 먹을 수 있었다(6:42-43). 마가복음 내러티브의 다른 요소로 비유하자면 헤롯의 연회는 겉은 무성하지만 정작 열매가 없는 무화과나무나 예루살렘 성전과 같은 곳이었다(참조. 막 11:12-25).

헤롯과 예수를 인물로서 비교해보아도 차이점이 드러난다. 마가복음 6:14-29에서 헤롯은 자기통제가 안 되는 인물로 그려진다. 그의 의사 결정에 영향을 주는 것은 충동적 기분과 발언, 주저함, 근심, 그리고 두려움이다. 요세푸스가 사건의 전말을 서술하는 방식과는 사뭇 다르지만,[37] 이 본문이 제시하는 침례/세례 요한의 처형 이유는 헤로디아의 딸이 춤추는 것을 보고 기분이 좋아진 헤롯이 '충동적으로' 약속과 맹세를 했기 때문이다. 그의 약속은 사실 분봉 왕으로서 책임질 수 있는 말이 아니었고 따라서 맹세는 더욱

---

37. John R. Donahue and Daniel J. Harrington, *The Gospel of Mark*, SP 2 (Collegeville: Liturgical, 2002), 201-202; R. Alan Culpepper, *Mark*, SHBC (Macon: Smyth & Helwys, 2007), 200; Boring, *Mark: A Commentary*, 178.

가당치 않은 일이었다.[38] 충동적인 결정이 잘못임을 깨달았다면 그 일을 실행에 옮기지 않는 것이 마땅할 텐데, 헤롯은 자신의 결정이 그릇된 것임을 알았음에도 불구하고 근심하고 주저하다가(6:26) 결국 침례/세례 요한의 처형을 명하는 자리까지 나아갔다. 옳은 것에 대한 자각이 있으나 근심하고 주저하는 헤롯의 모습은 6:20에서 이미 나타난 바 있다.[39]

어쩌면 이 모든 일의 배후에는 두려움이 자리하고 있었는지도 모른다. 헤롯은 예수에 대한 소문을 듣고 그가 다시 살아난 침례/세례 요한이라고 생각하고 두려움을 느꼈다(6:16-20). 마가복음 6:20 이하에 두려움이라는 단어가 직접적으로 사용되지는 않았지만 헤롯의 일련의 행동들의 기저에 두려움이 있었다는 것은 어렵지 않게 짐작할 수 있다. 헤롯이 기원후 39년에 왕으로 칭함 받기를 공식적으로 요청했던 것도, 분봉 왕이지만 "내 나라의 절반까지라도 주리라"고 과시적인 약속을 한 것도, 그리고 주변의 시선을 의식해 침례/세례 요한의 처형을 명한 것도, 결국 자신의 자리에 대한 확신이 없음으로 인해 생긴 불안과 두려움 때문이 아니겠는가.

헤롯의 두려움은 로마 황제 오토(Otho)의 두려움을 상기시킨다. 그리스-로마 전기 작가 플루타르코스는 오토를 두려움에 사로

38. David E. Garland, *Mark*, The NIV Application Commentary (Grand Rapids: Zondervan, 1996), 245.

39. "헤롯이 요한을 의롭고 거룩한 사람으로 알고 두려워하여 보호하며 또 그의 말을 들을 때에 크게 번민을 하면서도 달갑게 들음이러라."

잡힌 인물로 그린다. 이는 타키투스(Tacitus)의 『역사』(*Histories*)에 나오는 평행본문들과 비교하면 더욱 잘 드러난다.[40] 예를 들어, 움브리시우스(Umbricius)가 갈바 황제를 암살하려는 계획을 예언했을 때 오토가 보였던 반응에 대해 역사가 타키투스와 전기 작가 플루타르코스의 서술은 확연한 차이를 보인다. 타키투스의 오토는 암살 계획에 대해 의연한 반응을 보였던 반면(*Hist.* 1.27), 플루타르코스의 오토는 아연실색하는 모습을 보인다. "갈바의 뒤에 서 있었던 오토는 움브리시우스가 말하고 지적한 것을 들었다. 하지만 … 그는 당황한 기색이 역력하여 거기에 서 있었고 두려움으로 인해 얼굴은 다양한 색깔로 바뀌었다"(Plutarch, *Otho* 24.3). 또한 병사들의 폭동에 대처하는 오토의 모습에 대한 서술에 관해서도 역사가 타키투스와 전기 작가 플루타르코스는 약간의 온도 차를 보인다. 오토가 로마 원로원 구성원들과 저녁식사를 하고 있을 때 병사들의 폭동이 일어났다. "오토는 손님들의 두려운 얼굴을 본 후 겁에 질렸으며, 그는 호위병들에게 군사들을 진정시킬 것을 명했고, 동시에 그는 손님들을 피신시키려고 했다"는 사실에 대해서는 타키투스와 플루타르코스의 기록이 일치한다. 하지만 전기 작가 플루타르코스는 타키투스와 달리 몇 가지 디테일을 추가하는데 이 부분이 오토의 두려움을 더욱 부각시킨다. 플루타르코스에 따르면 오

40. 이 문단은 나의 박사 학위 논문, Youngju Kwon, "Reimagining the Jesus Tradition: Orality, Memory, and Ancient Biography," PhD dissertation (Asbury Theological Seminary, 2018), 234, 257-258의 논의를 인용 혹은 재진술한 것이다.

토의 두려움은 외적 요인이 있기 전에—손님들의 두려운 얼굴을 보기 전에—이미 오토의 내면에서 먼저 시작됐다(Plutarch, *Otho* 3.5). 또한 손님들을 피신시키는 장면에서 타키투스의 오토는 자신의 역할을 잘 감당했던 반면, 플루타르코스는 오토의 두려움 때문에 피신이 잘 진행되지 않았음을 지적한다(Plutarch, *Otho* 3.6).

오토의 두려움을 강조함으로써 플루타르코스가 의도한 바는 무엇일까? 그것은 바로 오토가 왕으로서 적합하지 않은 인격을 소유했음을 넌지시 비치는 것이다. 이는 헤롯에게도 그대로 적용되는 원리다. 전기 작가 마가는 근심하고 두려워하는 헤롯의 모습을 보여줌으로써 그토록 왕이 되고 싶어 했던 헤롯이 사실은 왕으로서의 자격이 없음을 은근히 드러내고 있는 것이다. 헤롯과 달리 예수는 확신 가운데 자신의 일을 수행하는 존재로 묘사된다. 마가복음 6장 샌드위치 구조의 A계열 에피소드에서 예수는 제자들이 해야 할 일들을 뚜렷하고 거침없이 제시한다. 여기서 근심하거나 주저하는 모습은 찾아볼 수 없다. 제자들은 원래 편한 사이니까 예수가 충분히 그런 반응을 할 수 있다는 반론을 제기할 수 있을 것이다. 하지만 예수는 위기와 어려움의 순간에서도 헤롯과 달리 흔들리지 않고 상황을 통제하는 인물로 묘사된다.

마가복음 6:14-29에서 두 여인, 즉 헤로디아와 그의 딸이 등장하는데 이는 헤롯의 가족이다. 여기서 헤롯은 가족을 전혀 통제하지 못하는 인물로 그려진다. 헤롯의 아내는 의로운 자를 죽이는 일을 적극적으로 계획하는 자이고 헤롯의 딸 역시 그 일에 가담한다. 게다가 헤롯의 딸은 아버지 헤롯과 그의 손님들에게 적절치 않은 춤을 춘다.[41] 헤롯은 자신도 통제하지 못하고 주변도 통제하지 못하는 인물이다. 다시 말해 왕의 프로필에 맞지 않는 인물이다. 반면 예수는 자신과 주변을 잘 통제하는 인물이다. 헤롯과 마찬가지로 예수도 가족과 순탄치 않은 관계를 가지고 있었다. 마가복음 6:1-6에서 알 수 있듯이 예수는 가족과 친척으로부터 그리고 고향에서 이렇다 할 대접을 받지 못했다. 하지만 이러한 어려움 가운데 예수는 헤롯과 달리 동요하지 않고 자신의 일을 묵묵히 수행했다(막 6:5-6). 또한 마가복음 6:45-52에서 예수는 자연 현상도 통제하는 인물로 묘사된다. 헤롯은 자신의 마음도 통제하지 못하고 두려움으로 인해 그릇된 결정을 했지만, 예수는 당시 혼돈의 대명사처럼 여겨지던 '바다'를 통제할 뿐 아니라 결과적으로 제자들의 두려운 마음도 안심시킨다(6:50). 이러한 다양한 요소들의 비교/대조를 통해 분명하게 드러나는 사실은 헤롯은 왕에 적합하지 않은 인물이고 예수가 바로 진정한 왕이라는 것이다.

4. 나가는 말

본 장은 그리스-로마 전기의 두 가지 장르적 특성인 (1) 주인공에 대한 집중적 관심과 (2) 비교/대조의 관점으로 마가복음 6:14-

41. Bond, *The First Biography of Jesus*, 182.

29(과 주변 문맥)의 새로운 읽기를 제안한다. 표면적으로 보았을 때 마가복음 6:14-29은 그리스-로마 전기의 첫 번째 장르적 특성을 충족시키지 못하는 것처럼 보인다. 왜냐하면 이 본문은 예수가 아닌 침례/세례 요한의 죽음을 중점적으로 다루고 있고, 예수의 이름은 한 번만 호명될 뿐 다른 인물들—이 사건에 연루된 헤롯과 헤로디아 그리고 그의 딸—이 중심인물로 등장하기 때문이다. 이러한 이유로 일부 학자들은 마가복음 6:14-29을 중심 주제로부터 이탈한 여담으로 분류한다. 하지만 본 장은 이러한 해석에 반대하며 마가복음 6:14-29이 주인공 예수의 정체성과 인격을 여전히 부각시키고 있음을 논증한다.

이러한 논증을 위해 제2절에서 마가복음의 샌드위치 구조에 대한 간략한 연구사를 개관한 후 본문 연구와 관련된 몇 가지 중요한 관찰을 제시한다. (1) 샌드위치 구조는 A-B-A′로 이루어져 있으며 A계열 에피소드와 B 에피소드는 일견 무관한 것처럼 보이지만 사실 연결되어 있다. (2) A계열 에피소드와 B 에피소드의 연결성을 담보하는 것은 주인공의 존재다. 이때 주인공은 해당 사건에 전면적으로 등장하지 않고 언급이나 암시의 형태로 소극적으로 존재할 수도 있다. (3) A계열 에피소드와 B 에피소드 사이에 인물, 주제, 모티프의 다양한 연결성이 존재한다. 이 때문에 전체 내러티브의 메시지를 도출하기 위해서 해석자는 두 에피소드 간의 연결성을 적극적으로 발견할 필요가 있다. 샌드위치 구조에 대한 이러한 관찰들은 그리스-로마 전기의 두 가지 장르적 특성을 그대로 반영한다. A계열 에피소드와 B 에피소드는 결국 주인공 예수의 정체성과 인격을 조명하는 데 관심을 가지고 있으며, 이러한 작업은 두 에피소드 간의 연결성을 찾는 일 즉, 비교/대조의 방법을 통해 효과적으로 이루어질 수 있다.

제2절의 결론을 바탕으로 제3절에서는 '예수와 침례/세례 요한' 그리고 '예수와 헤롯'을 비교/대조했다. 마가복음의 전체 내러티브 관점에서 볼 때 침례/세례 요한은 예수와 연결되어 있는 것이 분명하다(1:1-15; 8:27-9:13). 또한 침례/세례 요한이 죽음과 관련하여 겪은 일련의 과정들은 예수의 그것들과 비교해볼 때 주제적, 언어적으로 일치한다. 이에 더하여 샌드위치 구조는 침례/세례 요한의 죽음과 예수의 죽음 간에 연결성이 있음을 시사한다. 예수와 침례/세례 요한이 비교의 관계였다면, 예수와 헤롯은 여러 면에서 대조된다. 마가복음에서 헤롯을 분봉 왕이 아닌 왕으로 지칭한 것은 역사적 오류일 수 있지만 내러티브 관점에서는 유의미하다. 다시 말해, 왕으로서의 헤롯은 왕으로서의 예수와 대조된다. 헤롯의 연회에는 귀인과 엘리트 계층만이 참여하고 예수의 연회에는 성, 지위, 지역적인 면에서 다양한 배경의 사람들이 참여한다. 또한 헤롯의 연회에서 그릇에 담겨진 음식은 침례/세례 요한의 머리밖에 없었던 반면, 예수의 연회에 참여한 모든 사람들은 배불리 먹는다. 헤롯이 보낸 시위병은 사람을 죽이는 일을 하지만 예수가 보낸 제자들은 육체적, 영적으로 죽어 있는 자들을 살리는 일을 수행한다. 또한 헤롯과 예수는 개인적인 면에서도 뚜렷한 대조를 이룬다. 헤

롯은 자기 통제가 되지 않는 인물이다. 두려움으로 인해 그릇된 결정들을 반복하고 가족들을 통제하지 못한다. 하지만 예수는 자기 확신과 사명이 분명하고 가족과 친지들과의 관계가 어렵긴 했지만 그것에 흔들리지 않으며 자연까지도 통제하는 모습을 보인다. 간단히 말해, 그토록 왕이 되고 싶어 했던 헤롯은 사실 왕에 부합하지 않은 인물이고, 다름 아닌 예수가 진정한 왕으로 판명된다.

제8장
그리스-로마 전기 장르로 다시 읽는 마가복음 7:24-30[1]

1. 들어가는 말

예수와 수로보니게 여인과의 만남은 여러 면에서 문제적이다. 이는 주로 예수의 반응이 전형적이지 않은 것과 관련 있다. 마가복음뿐 아니라 복음서 전반에 걸쳐 예수는 사회적·경제적·종교적 약자들을 친히 찾아가 그들의 필요에 응답하고 그들을 공개적으로 대변하는 자로 묘사된다. 하지만 수로보니게 여인과의 만남의 경우, 예수는 그녀의 딱한 처지를 헤아리지 않고 그녀의 간절한

1. 본 장은, "수로보니게 여인 에피소드(막 7:24-30) 다시 읽기: 그레코-로만 전기의 장르적 특성을 중심으로," 『신약논단』 29.4 (2022), 403-434을 신약논단으로부터 사용 허락을 받아 재출판한 것이다. 이 논문은 2020년 대한민국 교육부와 한국연구재단의 지원을 받아 수행된 연구다(NRF-2020S1A5A804132213).

청을 매몰차게 거절하는 것처럼 보인다. 또한 예수의 이방인에 대한 태도 역시 전형적이지 않다. 물론 예수 사역의 초점이 유대인들을 우선적으로 향하고 있었지만(예. 마 10:5-6) 이방인들을 아예 배제한 것은 아니다(예. 막 4:35-5:20). 이를 고려하면, 예수가 수로보니게 여인에게 했던 모욕적인 언사는[2] 당황스럽기까지 하다. 마가 공동체가 주로 이방인으로 구성되었다는 점을 감안한다면 이와 같은 예수의 발언은 더욱 의아하다.[3]

정제되지 않은 예수의 모습을 설명하기 위해 다양한 이론이 제안되었다. 가령, 예수의 발언은 당시 두로와 갈릴리 사이에 존재하는 경제적 예속 관계를 반영한다는 견해가 있다.[4] 당시 두로는 갈릴리에서 생산되는 농산물을 헐값에 사들여 지역 주민이나 다른 곳에 되팔아 커다란 이익을 챙겼다. 특히 두로와 접경 지역에 위치한 갈릴리 소농들은 두 지역 모두에 농산물을 공급했지만 경제적 우위로 인해 결국 대부분의 농산물은 두로인에게 돌아가는 실정이었다. 이 같은 상황에서 예수의 발언은 "유대 시골 지역에

---

2. "예수께서 이르시되 자녀로 먼저 배불리 먹게 할지니 자녀의 떡을 취하여 개들에게 던짐이 마땅치 아니하니라"(막 7:27).
3. Ben Witherington III, *The Gospel of Mark: A Socio-Rhetorical Commentary* (Grand Rapids: Eerdmans, 2001), 231.
4. 이 견해에 대한 자세한 설명을 보려면 Gerd Theissen, *The Gospels in Context: Social and Political History in the Synoptic Tradition* (London: T&T Clark, 2004), 72-75을 참조하라. 유사한 견해는 서중석, 『마가복음』, 연세신학백주년기념 성경주석 36 (서울: 대한기독교서회, 2013), 176-77; R. Alan Culpepper, *Mark*, SHBC (Macon: Smyth & Helwys Publishing, 2007), 238-39에서도 확인된다.

있는 가난한 자들로 먼저 배불리 먹게 할지니 가난한 자의 떡을 취하여 도시의 부한 이방인들에게 던짐이 마땅치 아니하니라"는 뉘앙스를 지닌다는 것이다.[5] 모진 거절처럼 들리는 예수의 발언의 수위를 완화시키려는 시도도 있었다. 이와 관련된 대표적인 견해로는 예수가 지칭한 개가 사실은 길에 다니는 야생 개가 아니라 집에서 키우는 애완견이라는 것이다.[6] 개를 가리키는 그리스어가 κύνες(개)가 아니라 κυναρίοις(강아지)라는 점에 주목하면서 예수의 발언에는 모욕적인 의도가 없음을 강조한다.[7] 복음서의 다층적 전승에 기대어 예수의 냉담한 거절은 사실 예수 자신의 반응이 아니라 초기 기독교의 이방인에 대한 태도를 반영하는 것이라고 주장하는 견해도 있었다.[8] 앞선 견해들이 예수의 모진 거절에 대한 합리적인 설명을 제공하는 시도였다면, 일군의 학자들은 예수의 모진 거절이 이방인 선교에 대한 그의 미성숙한 관점을 반영한다고 주장했다. 그들은 예수가 수로보니게 여인과의 만남을 통해 이러

---

5. Theissen, *Gospels in Context*, 75.
6. 예를 들면, William L. Lane, *The Gospel of Mark*, NICNT (Grand Rapids: Eerdmans, 1974), 262; James R. Edwards, *The Gospel according to Mark*, PNTC (Grand Rapids: Eerdmans, 2002), 220.
7. Bas M. F. van Iersel, *Mark: A Reader-Response Commentary*, JSNTSup 164 (London: T&T Clark, 2004), 249-50.
8. 이러한 견해에 대한 상세한 해설을 위해서는 David E. Garland, *Mark*, The NIV Application Commentary (Grand Rapids: Zondervan, 1996), 292을 보라. 유사한 견해로는 Hugh Anderson, *The Gospel of Mark*, NCB (London: Oliphants, 1976), 191; Francis J. Moloney, *The Gospel of Mark: A Commentary* (Grand Rapids: Baker Academic, 2012), 147.

한 관점을 교정한 뒤 이방인 선교에 박차를 가할 수 있었다고 지적한다. 이 사건에서 예수는 선생이 아닌 제자로, 수로보니게 여인은 제자가 아닌 선생으로 판명된다.[9]

이처럼 간단한 연구사를 통해서도 알 수 있는 사실은 예수의 발언과 행동에 대한 의미 규명이 쉽지 않다는 것이다. 본 장에서는 이러한 선행 연구와의 비평적 대화와 더불어 그리스-로마 전기의 관점에서 마가복음 7:24-30을 다시 읽게 되면 의미가 좀 더 분명하게 드러난다고 주장한다. 이를 위해 제2절은 그리스-로마 전기의 주요한 장르적 특성(주인공에 대한 집중적 관심, 비교/대조의 사용, 넓은 독자층을 상정)을 간단하게 서술한다. 제3절은 그리스-로마 전기의 주요한 장르적 특성에 의거하여 마가복음 7:24-30을 심층적으로 해석한다. 마지막으로 제4절은 앞선 연구 결과를 요약하고 후속 연구를 위한 제언을 덧붙인다.

2. 그리스-로마 전기의 장르적 특성

리처드 버릿지(Richard Burridge)의 『복음서는 무엇인가?: 그리

9. 이러한 견해에 대한 자세한 연구사와 참고 문헌을 보려면, Matthew Malcolm, "Did the Syrophoenician Woman Change Jesus's Mission?," *BBR* 29.2 (2019), 175-77을 보라. 최근의 학술서로는 Pablo Alonso, *The Woman Who Changed Jesus: Crossing Boundaries in Mk 7,24-30*, BTS 11 (Leuven: Peeters, 2011)을 보라.

스-로마 전기와의 비교』(*What Are the Gospels?: A Comparison with Graeco-Roman Biography*)의 출판 이후 복음서 장르에 대한 논의는 대체적인 합의를 이루었다.[10] 복음서 장르에 대한 새로운 제안과 논의는 여전히 존재하지만,[11] 대부분의 학자들은 복음서의 장르가 그리스-로마 전기라는 것을 가정한다. 이 때문에 현재 학계의 논의는 복음서 장르 자체를 규명하는 것보다 복음서 장르의 함의에 초점을 맞추는 경향이 있다. 본 장 역시 이러한 학계의 흐름을 반영하여, 그리스-로마 전기의 장르적 특성이 복음서 해석에 영향을 줄 수 있다고 주장한다.

그리스-로마 전기의 장르적 특성은 크게 세 가지다.[12] 첫째, 주

10. Richard A. Burridge, *What Are the Gospels?: A Comparison with Graeco-Roman Biography*, SNTSMS 70 (Cambridge: Cambridge University Press, 1992); 2판은 Richard A. Burridge, *What Are the Gospels?: A Comparison with Graeco-Roman Biography*, 2nd ed. (Grand Rapids: Eerdmans, 2004); 3판은 Richard A. Burridge, *What Are the Gospels?: A Comparison with Graeco-Roman Biography*, 25th Anniversary ed. (Waco: Baylor University Press, 2018).
11. 예를 들면, Robert Matthew Calhoun et al. eds., *Modern and Ancient Literary Criticism of the Gospels: Continuing the Debate on Gospel Genre(S)*, WUNT 451 (Tübingen: Mohr Siebeck, 2020).
12. 이러한 세 가지 장르적 특성은 필자의 다른 논문에서도 사용됐다. 권영주, "그레코-로만 전기의 장르적 특성에 비추어본 복음서 해석: 마가복음 1:16-20을 중심으로," 『신약연구』 19.1 (2020), 46-76 (본서 제3장); 권영주, "그레코-로만 전기의 장르적 특성에 비추어본 복음서 해석: 마가복음 2:1-3:6을 중심으로," 『영산신학저널』 54 (2020), 201-30 (본서 제4장); 권영주, "그레코-로만 전기의 장르적 특성에 비추어본 복음서 해석: 마가복음 5장을 중심으로," 『성경원문연구』 49 (2021), 122-43 (본서 제6장); 권영주, "마가복음

인공에 대한 집중적인 관심이다.[13] 타 장르와 비교했을 때 전기는 주인공에 대한 집중적 관심을 보이는 장르적 특성을 지닌다. 책 전체에 걸쳐 한 인물을 지속적으로 조명하는 패턴은 오로지 전기 장르에서만 발견된다. 전기에는 타 장르와 마찬가지로 여러 인물과 사건이 등장하지만 이들은 주인공의 인격과 됨됨이를 조명하기 위해 동원되는 경우가 많다. 주인공의 말과 행동 묘사는 일차적으로 주인공의 인격과 됨됨이를 보여주지만, 이는 더 나아가 독자들을 주인공의 삶과 유사한 덕스러운 삶으로 초청한다. 주인공에 대한 집중적 관심은 그리스-로마 전기의 가장 두드러진 장르적 특성이라 할 수 있다.

첫 번째 장르적 특성과 달리 두세 번째 장르적 특성은 비록 전기에만 나타나는 것은 아니지만, 그럼에도 불구하고 이들은 다양한 시공간에서 작성된 전기에서 빈번하게 관찰된다. 두 번째 장르적 특성은 비교/대조의 사용이다. 그리스-로마 전기의 가장 두드러진 장르적 특성이 주인공에 대한 집중적인 관심이라면 자연스럽게 다음과 같은 질문이 뒤따를 수 있다. "그렇다면 전기에 등장하는 다른 인물들은 아무런 중요성이 없는 것인가?" 이에 대한 간단한 답은 '그렇지 않다'이다. 물론 전기 작가의 주요한 관심이 주인공의 인격과 됨됨이를 조명하는 것이지만, 그럼에도 다른 인물

6:14-29에 예수는 부재하는가?: 샌드위치 구조와 그레코-로만 전기의 장르적 특성을 중심으로," 『신약연구』 21.1 (2022), 131-62 (본서 제7장).

13. 이에 대한 자세한 논증을 보려면, 권영주, "마가복음 1:16-20," 50-55 (본서 제3장)을 보라.

들 역시 나름의 역할을 수행한다. 여기서 비교/대조의 방법이 유용해진다. 전기 작가는 주인공의 삶을 통해 덕스러운 삶이 무엇인지 보여주는 데 관심이 있기 때문에 다른 인물들과의 비교/대조는 주인공의 미덕(혹은 악덕)을 부각시키는 데 효과적으로 사용된다. 이에 대한 대표적인 사례는 플루타르코스(Plutarch)의 『영웅전』(*Parallel Lives*)이다. 『영웅전』은 특정 덕을 잘 묘사할 수 있는 두 그룹의 인물들을 비교/대조하는 방식으로 처음부터 끝까지 전개된다. 물론 『영웅전』처럼 명시적인 방식은 아니지만, 복음서 역시 예수와 다른 인물들 혹은 다른 인물들 간의 말과 행동을 비교/대조하는 방식으로 읽게 되면 본문의 의미에 대한 흥미로운 단서를 발견할 수 있다.

셋째, 전기는 넓은 독자를 상정하는 경향이 있다. "경향이 있다"는 말에 주목하라. 전기는 당면한 목적에 따라 제한된 독자를 대상으로 하기도 한다. 예를 들어, 스승의 가르침에 대한 오해를 풀기 위한 변증적 목적으로 기록된 전기의 경우, 일차적인 독자는 스승의 가르침을 오해하고 있는 이들이다. 하지만 스승의 가르침에 대한 오해를 풀고 그것을 올바르게 전달하는 일은 일차적인 독자뿐 아니라 더 넓고 다양한 독자층을 향한다. 간단히 말해, 특정 계층을 염두에 두고 기록된 전기조차도 넓은 독자층을 배제하지 않는다는 것이다.[14] 또한, 대부분의 전기는 넓은 독자층을 대상으

---

14. 이에 대한 자세한 사례는 Justin Marc Smith, *Why Bíos?: On the Relationship Between Gospel Genre and Implied Audience*, LNTS 518 (London:

로 기록되었음을 기억할 필요가 있다. 전기는 주인공의 삶에 대한 묘사를 통해 결국 보다 많은 사람들을 덕스러운 삶으로 초청하는 장르다. 이러한 전기의 목적 혹은 전기 작가의 의도는 다양한 문헌에서 발견되지만,[15] 루키아노스(Lucian)의 『데모낙스』(*Demonax*)가 대표적인 예다.[16]

> 현 시점에서 두 가지 이유로 데모낙스에 대해 이야기하는 것이 적절하다. (첫째,) 내가 할 수 있는 한 그가 이 시대의 사람들의 기억 속에 보존되기를 바란다. (둘째,) 철학에 대한 열망을 가진 좋은 자질을 소유한 젊은이들은 고대의 선례만을 참조하여 자신의 인격을 형성할 것이 아니라 현 시대의 인물로부터 자신의 모범이 될 만한 사람을 골라 그 사람—그는 내가 알고 있는 모든 철학자들 중에 최고다—을 모방할 수도 있을 것이다(*Demonax* 1.2).

인용문의 첫 번째 이유에 따르면, 전기 작가인 루키아노스는 전기의 주인공인 데모낙스가 특정 계층이 아닌 "이 시대의 사람들", 즉 넓은 독자층의 기억 속에 남기를 바란다. 두 번째 이유에 따르면, 후대 사람들이 인격 도야를 위해 "고대의 선례", 즉 미덕

Bloomsbury, 2015), 44을 보라.

15. 다양한 문헌을 보려면 권영주, "그리스 로마 전기 장르와 복음서의 저술 목적," 『지중해지역연구』 24.4 (2022), 11-17 (본서 부록).
16. 이 사례에 대한 더 자세한 논평을 보려면, 권영주, "복음서의 저술 목적," 13-14 (본서 부록)을 참고하라.

을 소유한 사람들의 이야기를 참조하는 것이 보편적이었음을 알 수 있다. 다시 말해, 미덕을 소유한 사람들의 이야기를 담고 있는 전기는 현 시대 사람들뿐 아니라 후대의 사람들에게까지 영향을 주고 있었음을 유추할 수 있다. 이처럼 전기 작가는 자신의 작품이 세대를 넘어 보다 넓은 독자층에게 독서되길 바랐다.

이제 이러한 세 가지 장르적 특성을 고려하여 예수와 수로보니게 여인의 만남 에피소드를 다시 읽어볼 차례다.

3. 마가복음 7:24-30 다시 읽기

3.1. 주인공에 대한 집중적 관심

앞서 살펴본 것처럼 마가복음 7:24-30에서 예수는 전형적이지 않은 모습을 보인다. 게다가 이러한 모습이 긍정적이기보다는 부정적인 탓인지 많은 주석가들은 예수보다 수로보니게 여인의 역할을 부각시킨다. 보어링(M. Eugene Boring)은 이러한 경향을 다음과 같이 적절히 요약한다.

> 현대 해석자들이 이 이야기에 종종 관심을 갖는 이유는 … 중심인물이 용감한 여인이기 때문이다. 마가가 이 이야기를 포함시킨 것은 중심인물이 그리스인이고, 이방인 선교에 대한 교회의 중요한 국면을 설명할 수 있기 때문이다. 이 이야기의 주요 이슈는 예

> 수의 전기에 나타난 사건이 아니다. 그것은 역사를 향한 하나님의 계획과 관련 있다.[17]

보어링의 진술에서 유추할 수 있듯이, 이 에피소드에서 수로보니게 여인의 역할을 부각시키는 학자들의 뿌리 깊은 가정은 복음서가 결국 예수라는 인물 자체보다는 하나님의 구원 역사에 더 많은 관심이 있다는 것이다. 하나님의 구원 역사에서 예수는 의심할 여지없는 중심인물이지만 당면한 사건에 따라 다른 인물이 중심적 역할을 할 수도 있다는 말이다. 이 에피소드에서 수로보니게 여인이 바로 그러한 인물에 해당할 수 있다. 수로보니게 여인의 역할을 부각시키는 견해는 그녀가 예수의 관점의 변화를 일으킨 장본인이라고 주장한다. 대표적인 몇몇 목소리를 들어보자.

> 마가의 예수는 치유에 대한 요청에 호의적인 반응으로 일관했다. 일부 주석가들은 여인에 대한 그의 첫 반응이 여인의 믿음을 시험하기 위한 거짓 진술이었을 뿐이라고 주장함으로써 예수의 거절을 설명한다. 하지만 나는 여기서 예수는 진정한 마음의 변화를 보이고 있다고 주장한다.[18]

---

17. M. Eugene Boring, *Mark: A Commentary*, NTL (Louisville: Westminster John Knox, 2012), 206. 하지만 보어링은 이 본문의 핵심이 예수라는 인물, 즉 기독론적 메시지라고 생각한다.
18. David M. Rhoads, "Jesus and the Syrophoenician Woman in Mark: A Narrative-Critical Study," *CurTM* 47.4 (2020), 44

모욕적인 [예수의] 말에도 불구하고 역사적 수준에서 가장 분명한 해석은 문자 그대로의 해석이다. 처음에는 예수가 여인의 요청을 거절하려고 했지만 이후에 그가 그녀를 고치기로 결정한 것은 마음의 변화를 보여준다는 것이다.[19]

그녀는 노련한 선생들이나 할 법한 구두 논쟁(예수 당시 사회에서 여성이 이러한 역할을 맡는 것은 노골적으로 부정되었다)을 통해 예수에게 도움을 요청하는 모습을 보인다. 심지어 그녀는 논쟁에서도 이기고 단기적인 관점에서는 딸의 치유를 얻어냈으며 장기적인 관점에서는 예수가 (그리고 교회가) 유대교 공동체를 넘어서 선교할 수 있는 길을 열어주었다. … 이 이야기에서 예수는 모진 발언을 하는 자고, 여자는 [지혜로운] 응수를 통해 예수를 이기고 교정하는 자다.[20]

여인의 반응은 예수의 은유를 자신의 상황에 맞게 변경한 것이다. "마땅함"에 대한 예수의 발언에 반대하며 여인은 개들에게 음식을 주는 아이들에 대한 관습을 상기시킨다. 자신의 음식을

19. Joel Marcus, *Mark 1-8*, AB 27 (New Haven: Yale University Press, 2008), 468. 하지만 Marcus는 이 견해를 지지하지 않는다.

20. Sharon H. Ringe, "A Gentile Woman's Story," *Feminist Interpretation of the Bible*, ed. Letty M. Russell (Louisville: Westminster John Knox, 1985), 65, 67-68.

> 심지어 작은 개들에게 나누어주는 아이의 이미지를 통해 그녀의 은유는 아이가 음식에 대한 독점권을 갖는다는 생각에 반대한다. 예수의 첫 번째 반응이 이토록 모진 것도 유일하지만, 재치 있는 답변을 통해 예수를 무너뜨린 것도 여인의 반응이 유일하다.[21]

수로보니게 여인의 말과 행동이 하나님 나라 선교에 대한 예수의 근시안적 입장을 교정했다는 위의 해석들은 분명 흥미롭다. 하지만 결론부터 말하자면, 이러한 해석은 복음서의 장르가 그리스-로마 전기라는 사실을 진지하게 고려하지 않은 해석이다. 전술했듯이 그리스-로마 전기의 가장 두드러진 장르적 특성은 주인공에 대한 집중적 관심이다. 물론 전기에서 주인공이 아닌 다른 인물들을 긴 호흡으로 서술하는 때도 있지만, 이러한 것도 세밀하게 들여다보면 주인공에 대한 인물묘사와 연결되는 경우가 많다. 이 때문에 주인공 예수가 아닌 수로보니게 여인 자체에 집중하는 위의 해석은 복음서 장르에 민감한 해석이 아니라고 할 수 있다.

하지만 연구자는 자신의 방법론과 근본적인 가정들로 인해 다른 해석의 가능성을 처음부터 배제하고 연구자가 원하는 결론으로 성급하게 이동하지 않도록 주의해야 한다. 이러한 원리를 본 장에 적용하자면, 주인공 예수에 집중하는 복음서의 장르적 특성으로 인해 수로보니게 여인을 강조하는 해석이 처음부터 배제될

---

21. John R. Donahue and Daniel J. Harrington, *The Gospel of Mark*, SP 2 (Collegeville: Liturgical, 2002), 234.

수는 없다는 것이다. 하지만 이러한 장르적 특성은 본문을 읽는 일종의 해석학적 틀로 기능할 수 있다. 다시 말해, 주인공에 대한 집중적 관심이 복음서 장르의 두드러진 특성이라면, 수로보니게 여인이 아닌 주인공 예수에게 초점을 맞춤으로써 본문의 난제를 해결할 수 있는 방법은 없을까라는 질문을 자연스럽게 던져볼 수 있다. 이후 논의를 통해 더욱 상세히 밝혀지겠지만, 예수를 중심으로 하는 장르에 충실한 해석이 존재하며 이러한 해석은 현재 본문의 난제를 잘 해결해줄 수 있을 뿐 아니라 마가복음의 전체 문맥과도 잘 어울린다.

수로보니게 여인에게 초점을 맞추는 해석(편의를 위해 이하 '수로보니게 해석')은 예수의 모진 반응이 잘못된 것이었다는 가정에서 출발한다. '수로보니게 해석'의 기본 입장은, 예수가 수로보니게 여인을 만나기 전에 이방인 선교에 대한 제한적인 시각을 가지고 있었지만 그녀와의 만남을 통해 예수의 시각이 교정되고 확장됐다는 것이다. 하지만 예수의 모진 반응이 과연 이방인 선교에 대한 그의 근시안적 견해의 산물이었을까? 예수의 내면과 의도를 분석하려는 심리학적 접근은 궁극적으로 증명이 불가하기 때문에 우리는 마가복음 텍스트로 눈을 돌려야 한다. 필자는 인접 문맥과 원격 문맥을 전반적으로 살피면 예수의 모진 반응을 다르게 해석할 수 있는 가능성을 발견할 수 있으며, 이러한 해석은 주인공의 인격과 됨됨이를 보여주는 장르에 충실한 해석으로도 이어질 수 있다고 주장하고자 한다.

먼저 마가복음의 원격 문맥을 살펴보면 예수가 이방인을 원천적으로 배제하려는 의도가 없었음을 유추할 수 있다. '수로보니게 해석'의 지지자들은 수로보니게 여인과의 만남이 예수의 이방인 선교에 대한 시각을 교정해주었을 뿐만 아니라, 더 나아가 이방인 선교의 시작을 알리는 분수령과 같은 사건이라고 주장한다.[22] 실제로 현재 에피소드 이후로 예수는 이방 지역을 두루 다니는 모습을 보여준다. "예수께서 다시 두로 지방에서 나와 시돈을 지나고 데가볼리 지방을 통과하여 갈릴리 호수에 이르시매"(7:31). 갈릴리 주변 지역에 대한 지리적 정보가 있는 사람이라면 예수의 동선이 매우 비효과적임을 금세 알아차릴 수 있다. 예수의 최종 목적지가 갈릴리 호수였다면 둘 사이의 직선거리를 활용하는 것이 훨씬 효과적이었지만, 예수는 두로에서 더 북쪽에 위치한 시돈을 방문했다가 갈릴리 호수 건너편에 있는 데가볼리 지방을 거쳐 다시 갈릴리 호수로 돌아온다. 시돈과 데가볼리는 당시 대표적인 이방 지역이었기 때문에 예수의 동선은 이방인 선교를 희미하게 시사한다.[23] 또한 이어지는 칠병이어 사건(8:1-10)을 통해 우리는 예수가 오병이어 사건(6:30-44)에서 유대인들을 가르치고 풍성히 먹였듯이 이방인들에게 동일한 가르침과 식사를 제공하는 것을 볼 수 있다. 수로보니게 여인과의 만남 이후로 이방인 사역이 활발히 진행되는

---

22. 대표적인 예로는 Rhoads, "Jesus and the Syrophoenician Woman in Mark," 44을 보라.
23. Boring, *Mark*, 216; R. T. France, *The Gospel of Mark*, NIGTC (Grand Rapids: Eerdmans, 2002), 301-302.

것을 보면 '수로보니게 해석'의 주장이 맞는 것처럼 보인다.

하지만 문제는, 예수가 이방 지역을 방문한 것도 이방인들의 필요를 채운 것도 이번이 처음이 아니라는 데 있다.[24] 이 때문에 '수로보니게 해석'의 주장처럼 이방인 선교가 수로보니게 여인과의 만남을 통해 비로소 시작되었다는 것은 마가복음 텍스트가 증언하는 바와 일치하지 않는다. 예를 들어, 예수의 가르침과 기적으로 인해 그의 명성이 널리 알려졌고 이방 지역에서도 사람들이 몰려왔다.[25] 이방 지역의 사람들이 예수에게 찾아왔을 뿐 아니라 예수가 의도적으로 이방 지역을 찾아가 그곳 사람들의 필요를 채우는 경우도 있다. 마가복음 4:35-5:20의 일련의 사건들이 대표적인 예다. 예수는 씨 뿌리는 자의 비유를 사람들에게 가르치신 뒤 4:35에서 "우리가 저편으로 건너가자"고 말한다. 여기서 저편은 갈릴리 호수 저편, 즉 이방 지역을 가리키는 것으로 보인다.[26] 이는

---

24. 유사한 견해로는 Garland, *Mark*, 291; Malcolm, "Did the Syrophoenician Woman Change Jesus's Mission?," 177-78을 보라.
25. "예수께서 제자들과 함께 바다로 물러가시니 갈릴리에서 큰 무리가 따르며 유대와 예루살렘과 이두매와 요단 강 건너편과 또 두로와 시돈 근처에서 많은 무리가 그가 하신 큰 일을 듣고 나아오는지라"(막 3:7-8). 이 구절은 이방 지역 사람들이 예수를 찾아왔음을 분명히 가리킨다. 비록 이방 지역이 명시적으로 언급되어 있지는 않지만 많은 사람들이 예수를 찾아오거나 혹은 예수의 명성이 널리 퍼졌다는 사실은 마가복음의 이전 문맥에서도 자주 확인된다(1:32-33, 37-39, 45; 2:2, 13, 15; 4:1; 5:20, 21, 24; 6:6, 14, 53-56). 이러한 무리 중에도 이방인들이 포함되었을 가능성은 충분히 있다.
26. Robert H. Stein, *Mark*, BECNT (Grand Rapids: Baker Academic, 2008), 241.

5:1에서 다시 한번 확인되는데 여기서 예수는 "바다 건너편 거라사인의 지방에 이[른]" 것으로 묘사된다. 거라사 지방의 역사적 신빙성이나 지역을 특정하는 문제에 대해 의견이 분분하지만,[27] 본문의 최종성을 인정하는 마가복음 내러티브의 관점에서 볼 때 4:35에서 예수가 언급했던 "저편"이 5:1의 "바다 건너편", 즉 갈릴리 호수 건너편 이방 지역을 가리킨다고 어렵지 않게 유추할 수 있다. 거라사 광인이 데가볼리 지역에 거주하고 있었다는 사실(5:19-20)은 이러한 해석의 정당성을 다시 한번 확인해준다. 4:35의 "우리가 저편으로 건너가자"는 표현은 이방인 지역으로의 예수의 의도적인 이동을 보여주며, 5:1-20의 거라사 광인 사건은 예수가 이방 지역 사람들의 필요를 채운 것의 구체적인 예다.[28] 그렇다면 수로보니게 여인과의 만남을 통해 예수의 이방인에 대한 시각이 변했고 이방인 선교가 비로소 시작됐다는 '수로보니게 해석'은 설득력을 잃게 된다. 마가복음의 묘사에 따르면, 예수는 이전에도 이방인들을 접한 적이 있으며 심지어 의도적으로 이방인들을 찾아가 그들의 필요를 채우기도 했다.

예수가 이방인을 원천적으로 배제하지 않았다는 것은 인접 문

27. 이에 대한 자세한 논의는 Robert A. Guelich, *Mark 1:1–8:26*, WBC 34a (Dallas: Word, 1989), 275-77을 보라. 간단한 논의를 보려면, Mary Ann Beavis, *Mark*, Paideia Commentaries on the New Testament (Grand Rapids: Baker Academic, 2011), 93을 참고하라.

28. 이달, "수로보니게 여인의 이야기에 나타난 은유적 의미(막 7:24-30)," 『신약논단』 10.1 (2003), 7-8.

맥의 논의를 통해서도 확인된다. 수로보니게 여인 에피소드 직전에 나오는 마가복음 7:1-23은 손 씻는 행위가 촉발한 정결법 문제를 다룬다. 여기서 예수는 기존의 정결법을 상대화시키고 "모든 음식물을 깨끗하다"(7:19)고 선언한다. 이러한 선언은 이방인을 배제하는 예수상(像)보다는 이방인을 포용하는 예수상과 더 어울린다.[29] "마가의 독자들은 모든 음식물이 깨끗하다는 선언을 이방인을 받아들이는 것에 대한 근거로 해석했을 것이다"는 도나휴의 진단은 적실하다.[30] 이러한 인접 문맥의 메시지를 진지하게 고려한다면, 예수의 이방인에 대한 열린 태도는 수로보니게 여인과의 만남을 통해 '비로소' 형성된 것이 아니라 7:1-23에서부터 '이미' 형성되어 있었다고 보는 것이 합당하다.[31] 그렇다면 수로보니게 여인 에피소드를 해석할 때, 이방 여인의 간절한 청을 거절한 예수의 모진 반응을 곧이곧대로 받아들이기보다는 다르게 해석해볼 가능성이 생긴다.

이제 예수의 모진 반응이 잘못된 것이었다는 '수로보니게 해석'의 뿌리 깊은 가정의 또 다른 면모를 살펴볼 차례다. 예수의 모진 반응은 이방인 선교에 대한 예수의 편협한 태도의 결과일까,

---

29. Malcolm, "Did the Syrophoenician Woman Change Jesus's Mission?," 178; Marcus, *Mark 1-8*, 465-66.
30. Donahue and Harrington, *The Gospel of Mark*, 235. 이와 유사한 견해를 보려면 Morna D. Hooker, *The Gospel according to Saint Mark*, BNTC (London: Continuum, 1991), 181-82을 참조하라.
31. 장인식, "서사비평적 관점에서 본 '수로보니게 여인의 이야기'(마가복음 7:24-30)," 『문학과 종교』 13.1 (2008), 163.

아니면 더 깊은 의도를 일시적으로 숨긴 발언일까? 프란스(R. T. France)는 마가복음 7:24-30을 해석하는 데 있어서 다음과 같은 중요한 원리를 언급한 적이 있다.

> 이 본문에 대한 오해의 대부분은 본문을 전체적으로 읽지 않는 데서 기인한다. 이 본문은 일종의 대화인데, 이 대화 속에서 각자의 발언은 전체의 일부로서만 기능하며, 각자의 발언이 그것 자체로 독립적인 주해의 무게를 가지고 있지 않다. [예수와 수로보니게 여인의] 만남 전체는 29-30절의 완전히 긍정적인 결론을 향해 나아간다. 반면, 앞선 대화는 예수 사역의 이 새로운 국면의 급진성을 강조하기 위해 동원된 것이며, 여기서 예수는 자신이 여인의 현실감각과 재치에 '설득당하는' 것을 허용한다. 예수는 의도된 자신의 주저함에 대해 제자가 논쟁에서 승리할 수 있도록 허용하는, 아니 오히려 부추기는 지혜로운 선생처럼 보인다.[32]

프란스는 예수와 수로보니게 여인의 대화가 최종적 결론(29-30절)에 부분적으로 기여하고 있음을 인식할 때 대화의 깊은 뜻을 추출할 수 있다고 주장한다. 이러한 주장은 예수와 수로보니게 여인 각자의 발언을 곧이곧대로 해석하기보다는 전체적인 문맥을 고려하여 신중하게 해석해야 한다는 통찰을 던져준다. 이는 표면적으로 보았을 때 거절처럼 보이는 예수의 발언이 더 깊은 의미와 의

32. France, *The Gospel of Mark*, 296.

도를 위한 신학적 포석일 수 있다는 가능성을 제시한다. 또한 프랑스는 예수가 이방인 선교에 대해 근본적인 의심을 품었던 것이 아니라 논쟁의 주도권을 일시적으로 수로보니게 여인에게 내어준 것이라고 주장한다. 이러한 주장은 예수를 찾아온 이들이 일종의 장애물을 만나지만 그것을 극복하고 포기하지 않는 믿음을 보여주는 마가복음의 내러티브 패턴과도 일치한다.

이러한 내러티브 패턴은 마가복음 전반에 걸쳐 발견된다. 예를 들어, 중풍병자와 그의 친구들이 예수를 찾아왔을 때 "많은 사람이 모여서 문 앞까지도 들어설 자리가 없"었다(2:2). 하지만 그들은 이러한 난관에 굴하지 않고 예수가 "계신 곳의 지붕을 뜯어 구멍을 내고 중풍병자가 누운 상을 달아 내리"는 포기하지 않는 믿음의 모습을 보여준다(2:4). 회당장 야이로 역시 자신의 딸이 고침을 받는 과정에서 장애물을 만난다. 야이로는 예수와 함께 자신의 집으로 이동하는 중간에 혈루증 여인과 조우하는데, 예수가 혈루증 여인의 문제를 해결해주는 동안 정작 야이로의 딸은 죽게 된다(5:35). 촌각을 다투는 생사의 갈림길에 있는 딸을 둔 야이로의 입장에서 볼 때 혈루증 여인은 분명한 장애물이었고, 이어진 딸의 죽음은 야이로의 믿음을 시험하는 순간이었다. 하지만 "두려워하지 말고 믿기만 하라"(5:36)는 예수의 권면에 의지하여 야이로는 끝까지 믿음을 지켰고 결과적으로 딸은 소생할 수 있었다(5:42). 사실, 중간에 끼어든 혈루증 여인도 따지고 보면 이러한 내러티브 패턴에 부합하는 인물이다. 유대교 정결법의 관점에서 보았을 때 혈루증 여인은 부정한 사람이었고, 이는 그녀가 예수를 포함해 사람들에게 접근하는 것이 애초에 불가했음을 암시한다. 혈루증 여인의 관점에서 보았을 때 이는 분명한 장애물이었지만, 그녀는 위험을 무릅쓰고 무리를 뚫고 예수에게 접근하여 그의 옷을 만진다(5:27). 예수는 포기하지 않는 믿음의 모습을 보여준 혈루증 여인에게 공개적으로 "딸아 네 믿음이 너를 구원하였으니 평안히 가라 네 병에서 놓여 건강할지어다"라고 선언한다(5:34). 귀신 들린 아들을 데려온 아버지도 유사한 내러티브 패턴을 보여준다. 아버지는 아들을 고치기 위해 예수의 제자들에게 먼저 찾아갔으나 별 효과가 없었다. 하지만 치유의 실패라는 장애물을 만났을 때 낙담하지 않고 아버지는 예수에게 찾아간다. 수로보니게 여인에게 그랬듯이, 예수의 첫 반응은 그리 호의적이지 않았다. "믿음이 없는 세대여 내가 얼마나 너희와 함께 있으며 얼마나 너희에게 참으리요"(9:19). 믿음이 없는 세대는 일차적으로는 귀신 들린 아들을 고치지 못했던 제자들을 가리키지만 귀신 들린 아들의 아버지 역시 이와 같은 비난을 면할 길이 없다. 아버지는 이후 자신의 상태를 다음과 같이 고백한다. "내가 믿나이다 나의 믿음 없는 것을 도와주소서"(9:24). 이 진술은 아버지의 믿음 없음을 고백하는 것이기도 하지만 동시에 믿음을 가지라는 예수의 초청(9:23)에 적극적으로 응답하는 모습을 보여주는 것이기도 하다. 정리하자면, 아버지는 제자들의 치유 실패와 예수의 호의적이지 않은 반응이라는 장애물에도 불구하고 포기하지 않는 믿음을 소유한 자로 묘사된다.

맹인 바디매오도 동일한 내러티브 패턴을 보인다. 바디매오는 예루살렘으로 가는 길에 있는 예수를 향해 "다윗의 자손 예수여 나를 불쌍히 여기소서"라고 외친다(10:47). 하지만 그의 외침은 무리들에 의해 저지당한다. "많은 사람이 꾸짖어 잠잠하라 하되"(10:48). 바디매오는 이러한 난관에 위축되지 않고 더욱 크게 소리 질러 예수에게 도움을 요청한다. 예수는 바디매오의 요청에 응답하며 "네 믿음이 너를 구원하였느니라"(10:52)고 선언한다. 고난과 십자가가 기다리는 예루살렘으로 가는 길에서 예수의 뜻을 헤아리지 못했던 제자들과 달리(10:35-45), 바디매오는 이 길에서 예수를 따르는 진정한 제자의 모습을 보여준다(10:52).

이러한 내러티브 패턴에서도 궁극적인 중심은 주인공 예수다. 장애물을 극복하고 믿음을 끝까지 지켰던 다양한 인물들은 제자도의 모델을 다각도로 제시한다는 면에서 의미가 있지만, 결국 당면한 문제를 최종적으로 해결하는 것은 주인공 예수다. 사람들이 외면하고 저지하는 미미한 존재(혈루증 여인, 바디매오)의 외침에 응답한 것도 예수이고, 흔들리는 믿음을 끝까지 지킬 것을 권고(회당장 야이로, 귀신 들린 아들의 아버지)한 것도 예수이며, 결국 병을 고치고 귀신을 쫓은 것(중풍병자를 포함한 모든 인물)도 예수였다. 이러한 내러티브 패턴의 관점에서 보자면, 수로보니게 여인 에피소드 역시 여인 자체에 관심이 있다기보다는 궁극적으로는 특정한 예수의 모습, 즉 이방인에게도 하나님의 은총을 베푸는 예수의 모습을 강조한다고 볼 수 있다. 앞서 언급했듯이 이러한 해석은 원격 문맥과 인접 문맥의 증거와도 잘 부합한다. 마가복음 4:35-5:20이 보여주듯이 예수는 이방 지역에 찾아가 그들의 필요를 채워주는 것에 전혀 불편함이 없었고, 현재 에피소드의 직전에 위치한 본문에서도 모든 음식물이 깨끗하다고 선언했던 예수(7:19)는 이방인을 배제하기보다는 포용하는 모습에 가깝다. 예수의 모진 반응에는 여러 가지 이유가 있겠지만, 수로보니게 여인의 믿음을 시험하는 것과[33] 더불어 하나님의 은총의 범위에 대해 편협한 시각을 가지고 있는 독자/청중들의 사고 체계를 전복시키고자 하는 이유도 있었을 것이다.[34] 수로보니게 여인의 역할에 방점을 두는 '수로보니게 해석'

---

33. 다수의 학자들이 이러한 주장을 했다. 예를 들어, Marcus, *Mark 1-8*, 468. "'이 말을 하였으니'라는 표현은 '당신이 나의 마음의 변화를 가져왔으니'라는 뜻일까? 그럴 수도 있다. 하지만 마가복음의 문맥에서 이 표현은 '당신이 시험에 통과했으니'라는 의미에 가까운 것 같다. 마가복음의 다른 부분을 보면, 예수는 종종 치유가 끈질긴 믿음 덕분임을 암시한다(2:5; 5:34; 10:52; 참조. 마 15:28)."

34. 이러한 주장의 대표적인 학자는 Julien C. H. Smith, "The Construction of Identity in Mark 7:24-30: The Syrophoenician Woman and the Problem of Ethnicity," *BibInt* 20 (2012), 475-76을 보라. "[예수가 제시한] 수수께끼에 이의를 제기한 여인을 향해, 예수는 '이 말을 하였으니 돌아가라 …'고 말한다. 이것은 예수가 마음을 바꿨다기보다는 그녀가 시험에 통과했다는 것처럼 들린다. 역설적이게도 이 수수께끼는 예수가 비언어적인 방식으로—두로에 있다는 사실—말하고 있는 것과 정반대의 메시지를 언어로 진술한다. 다시 말해, 예수의 말은 민족적 경계를 넘어서 외부인에게 치유를 허락하는 것이 마땅하지 않다고 주장하고 있지만, 그가 두로에 있는 집에서 수로보니게 여인과 대화를 하고 있다는 것은 이 일[민족적 경계를 넘어서 외부인에게 치유를 허락하는 것]을 기꺼이 할 용의가 있음을 보여준다. 하지만 수수께끼는 단지 여인만을 위한 것이 아니었다. 예수가 이 수수께끼를 여인의 기대를 도전하는 방식으로 사용했던 것처럼, 저자는 민족적 정체성에 대해 미숙한 개

은 본문의 내적 증거가 빈약하고 마가복음 내러티브의 전체적인 흐름과도 맞지 않으며 복음서 장르에도 민감하지 못한 반면, 주인공 예수에 집중하는 해석은 앞의 모든 조건을 충족시킨다.

3.2. 비교/대조의 사용

제2절에서 서술했듯이, 그리스-로마 전기는 비교/대조를 사용하여 인물묘사를 하거나 메시지를 전한다. 비교/대조의 대상은 다양하다. 주인공과 다른 인물, 다른 인물들 간, 혹은 개념이나 주제를 비교/대조하기도 한다. 수로보니게 여인 에피소드의 경우 마가복음의 다른 본문과의 다양한 비교/대조점이 포착된다.

먼저 가장 가까운 인접 문맥인 7:1-23(이하 '장로들의 전통 에피소드')을 고려해보면, 수로보니게 여인은 이스라엘 종교지도자들에 비해 진일보한 인물로 묘사된다. 장로들의 전통 에피소드와 수로보니게 여인 에피소드 모두 넓게 보자면 유대교 사상 체계를 다룬다. 장로들의 전통 에피소드는 손 씻는 문제가 촉발한 질문, 즉 '무엇이 사람을 더럽게 하는가?'라는 질문을 다룬다. 여기서 예수는 정함과 부정함에 대한 기존의 관념을 무너뜨린다(7:18-20). 밖에서 사람에게로 들어가는 음식이 사람을 더럽게 하는 것이 아니라, 사람 안에서 나오는 생각과 말이 사람을 더럽게 하는 것이라고 말하며 정함과 부정함의 기준을 재정의한다. 이러한 예수의 사상 체계

념을 가지고 있는 독자들의 관성을 해체시키기 위해 이 수수께끼를 사용한다."

속에서 이스라엘 종교지도자들은 여전히 옛 시대의 가치와 논리를 붙잡고 있는 존재로 묘사된다.

수로보니게 여인 에피소드 역시 유대교 사상 체계를 다루고 그것의 한계를 폭로한다. 유대교 사상 체계 내에서 유대인은 하나님의 언약 관계 안에 있는 정한 존재고, 이방인은 하나님의 언약 밖에 위치한 부정한 존재다.[35] 수로보니게 여인 에피소드에서 예수의 '말'은 유대인과 이방인 사이의 이러한 벽을 더욱 공고히 하는 것처럼 보이지만, 스미스(Julien C. H. Smith)가 주장했듯이 예수의 '행동'은 사실 정반대의 메시지를 전하고 있다.[36] 예수는 이방 지역인 두로에 있었고 이방 여인과 대화를 나누었으며 딸을 고쳐달라는 그녀의 요청을 결국 들어주었다. 전술했듯이 예수의 말은 곧이곧대로 받아들일 것이 아니라, 수로보니게 여인의 믿음을 시험하고 하나님의 은총의 범위에 대한 제한적인 시야를 가지고 있는 독자/청중들의 사고체계의 전환을 가져오기 위한 일종의 전략적 움직임으로 보는 것이 타당하다. 반면, 예수가 보인 행동은 유대인과 이방인의 경계를 허무는 것이 새로운 시대의 가치와 논리임을 그의 말보다 더 뚜렷하게 증언한다. 장로들의 전통 에피소드가 정한 음식과 부정한 음식을 나누는 유대교 사상 체계에 균열을 가져왔다면, 수로보니게 여인 에피소드는 정한 유대인과 부정한 이방인

---

35. Garland, *Mark*, 288.
36. 본 장 각주 34번 참조. 유사한 견해로는 장인식, "수로보니게 여인," 178을 보라.

을 구별하는 유대교 사상 체계에 타격을 가한다.[37] 이러한 두 에피소드의 유사점도 유의미하지만 두 에피소드의 차이점이 더욱 중요하다. 이스라엘 종교 지도자들은 예수의 명시적인 가르침에도 불구하고 여전히 옛 시대의 가치를 붙잡고 있는 존재로 묘사되는 반면, 수로보니게 여인은 예수의 수수께끼 같은 질문에도 지혜롭게 응수할 수 있을 만큼 새 시대의 가치를 충분히 내면화한 인물로 그려진다.

좀 더 먼 문맥과의 비교/대조를 수행하면 수로보니게 여인과 제자들의 떡에 대한 이해의 차이, 아니 더 나아가 예수의 정체(identity)에 대한 이해의 차이를 볼 수 있다. 일군의 학자들은 수로보니게 여인의 에피소드가 오병이어 에피소드(6:30-44)와 칠병이어 에피소드(8:1-13) 사이에 위치하며 이 세 에피소드 사이에 개념적 유사성이 존재함을 지적한다.[38] 로즈(David Rhoads)는 이러한 견해를 잘 요약하고 있다.

> 중요한 언어적 개념은 "취하다"(take), "떡"(bread), "만족하다, 배불리 먹다"(be satisfied),[39] "먹다"(eat)이다. (1) 유대 지역 급식 사건에

---

37. William Loader, "Challenged at the Boundaries: A Conservative Jesus in Mark's Tradition," *JSNT* 63 (1996), 45-46.
38. Marcus, *Mark 1-8*, 470; Malcolm, "Did the Syrophoenician Woman Change Jesus's Mission?," 181-82; 장인식, "수로보니게 여인," 176; 박찬웅, "마가복음의 수로보니게 여인 단락 연구(막 7:24-30)," 『피어선신학논단』 11.1 (2022), 20-21.
39. 개역개정에서는 "배불리 먹다"로 번역되어 있다. 하지만 이어지는 개념인

서(6:30-44) 예수는 "떡"을 "취했고" 무리들은 "먹고" "만족했다." (2) 이어진 에피소드에서(7:24-30) 예수는 수로보니게 여인에게 자녀로 먼저 "배불리 먹게" 할지니 자녀의 "떡"을 "취하여" 개들에게 던짐이 마땅치 아니하다고 말한다. 여인은 심지어 개들도 아이들이 먹던 부스러기를 "먹는다"고 대답한다. (3) 이어진 이방지역 급식 사건에서(8:1-13) 예수는 "떡"을 "취했고" 무리들은 "먹고" "만족했다."[40]

로즈는 이러한 개념적 유사성이 예수의 마음의 변화를 보여주는 증거라고 주장했지만,[41] 앞서 살펴보았듯이 예수가 마음의 변화를 겪었다는 주장은 여러 증거를 고려할 때 불충분한 해석이다.

하지만 세 에피소드 간의 관계성을 인식하면서도 다르게 해석할 수 있는 가능성이 존재한다. 오병이어와 칠병이어의 에피소드에 등장하는 '제자들'과 현재 에피소드에 등장하는 '수로보니게 여인'을 비교/대조하는 것이다. 로즈의 관찰이 보여주듯이 이 세 에피소드는 떡을 먹는 문제를 공유하고 있다. 모든 에피소드에서 떡은 예수의 정체를 드러내는 일종의 문학적 장치다. 오병이어와 칠병이어 에피소드에서 제자들은 예수가 무리들에게 떡을 먹일 수 있는 존재임을 인식하지 못한다. 예수는 제자들에게 "먹을 것

"먹다"와의 의미적 반복을 피하기 위해 여기서는 "만족하다"라는 번역을 추가한다.

40. Rhoads, "Jesus and the Syrophoenician Woman in Mark," 45.

41. Ibid.

을 주라"(6:37)고 분명히 말했고, "**내가** 무리를 불쌍히 여기노라 … **내가** 그들을 굶겨 집으로 보내면 길에서 기진하리라"(8:2-3)며 자신이 무리들의 급식을 책임질 것을 내비쳤지만, 제자들은 끝내 예수가 무리들을 먹일 수 있는 존재라고 생각하지 못했고 그저 계산기를 두드릴 뿐이다(6:37; 8:4). 제자들이 예수의 정체를 알아보지 못했다는 것은 이어지는 에피소드에서 더욱 명시적으로 표현된다. 제자들은 바다 위를 걷는 예수를 보고도 예수의 정체를 알아채지 못했는데, "이는 그들이 그 떡 떼시던 일을 깨닫지 못하고 도리어 그 마음이 둔하여졌"기 때문이다(6:52). 반면, 수로보니게 여인은 "자녀의 떡을 취하여 개들에게 던짐이 마땅치 아니하니라"(7:27)는 예수의 모욕적인 발언에도 꿈쩍하지 않고 예수가 떡의 부스러기라도 줄 수 있는 존재임을 믿어 의심치 않는다(7:28).[42] 예수와 내내 함께했던 내부인 제자들이 외부인으로 판명되고, 외부인으로 여겨졌던 수로보니게 여인이 내부인으로 판명되는 순간이다. 내부인과 외부인의 역전 현상은 마가복음에서 반복되는 모티프다.[43]

또 다른 흥미로운 비교/대조의 지점은 위의 두 사례—옛 시대

---

42. 유사한 해석으로는 Malcolm, "Did the Syrophoenician Woman Change Jesus's Mission?," 181-82; Joel F. Williams, *Other Followers of Jesus: Minor Characters as Major Figures in Mark's Gospel*, JSNTSup 102 (Sheffield: JSOT, 1994), 121.

43. 자세한 사례들을 보려면, 권영주, "사람들의 완악해짐은 예수가 비유를 사용한 목적인가 결과인가?: 마가복음 4:12의 ἵνα 해석," 『성경원문연구』 51 (2022) 162-64 (본서 제5장)을 참고하라.

에 속한 종교 지도자들 대(vs.) 새 시대에 속한 수로보니게 여인; 예수의 정체를 인식하지 못하는 제자들 대 예수의 정체를 인식하는 수로보니게 여인—만큼 명시적이지는 않다. 마커스(Joel Marcus)는 혈루증 여인과 야이로의 어린 딸 에피소드(5:21-43; 이하 '혈루증 여인 에피소드')와 수로보니게 여인과 어린 딸 에피소드(7:24-30; 이하 '수로보니게 여인 에피소드')가 헤로디아와 그의 딸 에피소드(6:14-29; 이하 '헤로디아 에피소드')를 양쪽에서 둘러싸고 있음이 단순한 우연일 수 없다고 말한 적이 있다.[44] 하지만 그는 이들 사이의 비교/대조와 그것이 함의하는 바를 자세하게 풀지는 않았다. 양쪽을 감싸고 있는 혈루증 여인과 수로보니게 여인 에피소드와, 중간에 위치한 헤로디아 에피소드의 가장 중대한 차이점은 등장인물들이 의인의 정체를 알아보고 그에게 합당한 대우를 하느냐의 여부에 달려 있다. 혈루증 여인과 수로보니게 여인 에피소드에서 등장인물들은 의인으로 대표되는 예수가 생명과 회복을 가져올 수 있는 분임을 인식한다. 이 때문에 혈루증 여인, 야이로, 수로보니게 여인은 의인 예수에게 나아가는 과정에서 각기 다른 장애물을 만났지만 이에 굴하지 않고 포기하지 않는 믿음을 보인다. 반면, 헤로디아 에피소드에서 헤로디아는 딸과 적극적으로 공모하여 생명과 진리의 메시지를 선포하는 의인 침례/세례 요한을 오히려 죽음으로 몰아넣는다. 전자 에피소드의 등장인물들은 의인을 제대로 대우한 반면, 후자 에피소드의 등장인물들은 의인을 제대로 대우하지 않는다. 이

44. Marcus, *Mark 1-8*, 466.

와 같은 해석에서도 수로보니게 여인은 헤로디아와 그녀의 딸보다 진일보한 인물로 묘사된다.

정리하자면, 복음서 장르의 주요한 특성인 주인공에 대한 집중적 관심은 다른 등장인물들의 역할과 중요성을 아예 삭제하지 않는다. 비교/대조는 다양하게—주인공과 다른 인물 간, 다른 인물들 간, 개념이나 주제 간—적용될 수 있지만, 현재 본문에서는 주로 수로보니게 여인과 다른 인물들 간에 적용됐고, 이는 결과적으로 수로보니게 여인의 덕을 부각시키는 효과를 가져왔다.

3.3. 넓은 독자층을 상정

제2절('그리스-로마 전기의 장르적 특성')에서 간략히 논의했듯이, 그리스-로마 전기는 넓은 독자층을 상정하는 경향이 있다. 다시 말해, 대부분의 전기는 주인공의 이야기를 넓은 독자층에게 전달하고자 하는 경향이 있으며, 제한적인 독자를 상정하는 일부 전기의 경우에도 넓은 독자층을 아예 배제하지 않는다는 것이다. 이는 전기 장르 자체가 지니는 특성이라고 할 수 있다.[45] 이를 복음서 저술 목적과 연결지어 본다면, 복음서 저자들이 전기 장르를 선택한 데는 선교적 목적이 있었을 것이라는 합리적 추측을 해볼 수 있다. 즉, 복음서 저자들이 많은 장르 중에 전기 장르를 선택한 것은 예수의 이야기가 넓은 독자층에게 전달되기를 바랐기 때문이라는 것이다. 예수의 이야기가 넓은 독자층을 향한다는 것은 전기의 장

45. Smith, *Why Bíos?*, 44.

르적 특성이기도 하지만, 이는 수로보니게 여인 에피소드에 암시된 다양한 메시지를 통해서도 확인된다.

첫째, 수로보니게 여인 에피소드에서 예수와 수로보니게 여인 모두 경계를 넘거나 허무는 인물로 묘사된다.[46] 유대인 예수가 두로 지방에서 이방 여인을 만난 것은 여러 면에서 경계를 넘는 행위였다. '갈릴리' 지역 출신이었던 예수는 '두로' 지역에서 여인을 만남으로써 지역적 경계를 넘었다. 게다가 갈릴리와 두로 사이의 경제적 예속 관계가 파생시킨 적대감을 감안한다면, 예수는 민족적 심리의 경계를 넘은 것이기도 했다. '남성' 예수는 이방 '여인'을 만남으로써 가부장제 사회가 만들어 놓은 경계를 넘었고, '유대인' 예수는 '이방' 여인을 만남으로써 유대교가 설정해놓은 종교적·민족주의적 경계를 넘었다.[47] 수로보니게 여인 역시 전통적인 경계를 허무는 용기 있는 행동을 보였다. 외부인 여인이 예수가 있는 집 안으로 들어옴으로써 은밀한 공간이자 제자들에게 가르침을 전수하는 공간으로 여겨졌던 집의 경계를 허물어뜨린다.

---

46. 많은 학자들이 이를 지적했으나 대표적인 견해로는, Donahue and Harrington, *The Gospel of Mark*, 237; 이달, "수로보니게 여인," 11-13.

47. Elisabeth Schüssler Fiorenza, *In Memory of Her: A Feminist Theological Reconstruction of Christian Origins* (New York: Crossroads, 1989), 138; 심상법, "수로보니게 여인의 믿음과 지혜(막 7:24-30[31a]): 하나님 나라의 외인에서 내인으로," 『성경과 신학』 64 (2012), 43에서 재인용. Fiorenza는 수로보니게 여인이 여성이고 이방인이었기 때문에 "이중적으로 더럽혀진 존재"라고 묘사한다. 예수는 이러한 이중적 부정함이 만들어 놓은 경계를 넘은 것이다.

또한 수로보니게 여인은 전통적인 성적 역할(남자가 여자를 가르침)이나 사제 역할(선생이 제자를 가르침)에 대한 경계를 허무는 것처럼 보인다. 제한적인 의미이긴 하지만, 수로보니게 여인 에피소드에서 제자로 여겨지는 여인은 선생으로 여겨지는 남성 예수를 가르치는 존재로 묘사된다. 전통적인 경계를 넘거나 허무는 이러한 행위들은 민족주의적인 시각으로 인해 이방인 선교를 주저하는 많은 유대인 그리스도인들이 들어야 할 메시지였다. 동시에 이러한 메시지는 강고해 보이는 전통적 경계로 인해 하나님 나라 복음을 듣지 못하는 잠재적 이방인 그리스도인들에게 전달되어야 할 메시지이기도 했다.

둘째, 예수의 모진 반응을 자세히 들여다보면 사실 하나님 나라 복음의 보편성에 대한 메시지가 숨어있다. “자녀로 먼저 배불리 먹게 할지니 자녀의 떡을 취하여 개들에게 던짐이 마땅치 아니하니라”(7:27). 대부분의 기존 논의가 27하반절(“자녀의 떡을 취하여 개들에게 던짐이 마땅치 아니하니라”)에 초점을 맞추었기 때문에 예수의 반응을 냉담한 거절로 해석했다. 하지만 27상반절(“자녀로 먼저 배불리 먹게 할지니”)은 예수의 하나님 나라 선포가 이방인을 아예 배제하지 않았음을 암시한다. 여기서 키워드는 “먼저”(πρῶτον)이다. 떡이 자녀인 유대인들에게 ‘먼저’ 주어져야 한다는 것은 떡이 개로 묘사되는 이방인들에게 ‘이후’에 주어질 수 있다는 가능성을 남긴다. 그리고 실제로 이러한 가능성은 수로보니게 여인 에피소드 뒤에 나오는 칠병이어 사건을 통해 현실화되었다. 예수가 오병이어 사건에서 유대인들에게 떡을 '먼저' 주었다면, '이후' 칠병이어 사건에서는 이방인들에게 동일하게 떡을 준다.[48] 하나님 나라 복음이 유대인뿐만 아니라 이방인에게도 열려 있다는 메시지는 넓은 독자층을 상정하는 그리스-로마 전기의 장르적 특성과도 잘 어울린다.

셋째, 제3.2절('비교/대조의 사용')에서 다룬 내용 역시 넓은 독자층을 상정하는 그리스-로마 전기의 장르적 특성을 반영하고 있다. 수로보니게 여인 에피소드와 마가복음의 다른 본문들과의 비교/대조를 통해 수로보니게 여인이 다른 인물들보다 진일보한 면이 있음을 확인할 수 있었다. 가령, 인접 문맥인 7:1-23과의 비교/대조를 통해서 수로보니게 여인은 옛 시대의 가치를 여전히 붙잡고 있는 종교지도자들과 달리 예수가 선포한 정결함의 새로운 기준을 받아들인 인물로 그려진다. 또한 보다 먼 문맥인 급식사건들과의 비교/대조를 통해 수로보니게 여인은 제자들보다 예수의 정체를 더 잘 이해하고 있는 것으로 묘사된다. 마지막으로 헤로디아 에피소드와의 비교/대조를 통해 수로보니게 여인은 의인으로 대표되는 예수에게 합당한 반응을 보인 인물임이 드러난다. 별개처럼 보이는 이 세 쌍의 사건에는 사실 공통분모가 있다. 표면적으로 보았을 때 수로보니게 여인은 외부인으로 여겨지지만, 실제로는 상대 인물들에 비해 예수의 정체와 하나님 나라의 가치를 더 잘 이해하는 존재로 그려진다는 점이다. 이는 하나님 나라 복음이

48. 장인식, "수로보니게 여인," 176.

사회, 경제, 종교적 특권 계층에 국한되지 않으며, 이러한 요소들에 상관없이 예수를 믿는 모든 이들에게 열려 있음을 시사한다. 이는 주인공 예수의 이야기가 넓은 독자층을 향해 있다는 그리스-로마 전기의 장르적 특성과도 잘 부합하는 메시지다.

4. 나가는 말

본 장에서는 그리스-로마 전기의 세 가지 장르적 특성에 비추어 수로보니게 여인 에피소드(막 7:24-30)를 다시 읽어보았다. 그리스-로마 전기의 첫 번째 특성이자 가장 두드러진 특성은 주인공에 대한 집중적 관심이다. 수로보니게 여인 에피소드에 대한 기존의 해석들이 주인공 예수 자체보다는 수로보니게 여인을 부각시키는 방향으로 진행되어온 점을 감안할 때 첫 번째 장르적 특성은 중요한 교정 역할을 제공한다. 수로보니게 여인에게 초점을 맞추는 '수로보니게 해석'은 흥미롭지만 복음서 장르에 민감하지 못한 해석이다. 더 나아가 이러한 해석은 마가복음의 전체 내러티브의 논조와도 어울리지 않음을 확인했다. 반면, 본 장에서 제안한 주인공 예수 중심적 해석은 마가복음의 인접 문맥뿐 아니라 원격 문맥과도 잘 어울렸다. 예수 중심적 해석이란 예수의 모진 발언을 문자 그대로 받아들여 거절로 보는 것이 아니라 이방인 선교에 대한 가르침을 위한 일종의 신학적 포석이라고 주장했다. 그리스-로마 전기의 두 번째 특성은 비교/대조의 사용이다. 첫 번째 장르적 특성과 달리, 비교/대조의 사용은 주인공이 아닌 다른 인물들에게도 나름의 역할과 중요성이 있음을 보여준다. 본 장은 비교/대조를 통해 수로보니게 여인이 다른 인물들에 비해 예수의 정체와 하나님 나라의 가치에 대한 원숙한 이해를 가지고 있음을 증명했다. 그리스-로마 전기의 세 번째 특성은 넓은 독자층을 상정하는 것인데, 이는 수로보니게 여인 에피소드의 다양한 메시지를 통해서도 확인된다. 즉, 예수가 전통적인 경계를 허물고 수로보니게 여인을 만난 것도, 예수의 발언이 이방인을 애초에 배제하지 않는다는 것도, 외부인으로 여겨지는 수로보니게 여인이 실제로는 내부인과 같은 지혜를 소유한 것도, 하나님 나라 복음이 특정 계층이 아닌 많은 사람들에게 전해지길 원하는 장르적 특성을 잘 반영한다.

제9장
복음서의 장르적 읽기를 위한 제언

이 책에 수록된 글들은 서로 다른 학술지에 실렸지만 몇 가지 공통된 가정과 논지가 있다. 이러한 점들을 되짚어보는 것은 이 책의 주요 내용을 상기함과 동시에 향후 독자들이 복음서를 장르적으로 읽을 때 견지해야 할 관점을 수립하는 데 도움을 줄 것이다.

첫째, 복음서의 장르적 읽기는 장르비평의 주된 가정을 공유한다. 즉, 현대 저자/독자와 마찬가지로, 고대 저자/독자 역시 어떤 텍스트를 읽을 때 장르를 진지하게 고려한다는 점이다. 각 장르에 요구되는 문법과 관행이 있고, 이를 고려하여 저자는 텍스트를 작성하고 독자는 텍스트를 해석한다. 장르의 문법과 관행을 고려하지 않거나 무시하는 것은 오해와 오독으로 이어질 공산이 크다. 따라서 신중한 저자는 장르적 특성을 고려하여 텍스트 안에 주요 메시지에 대한 단서를 심어놓을 것이며, 세심한 독자는 장르적 특성을 감안하여 텍스트의 메시지를 발견하기 위해 노력할 것이다.

둘째, 복음서의 장르적 읽기는 복음서를 당대 문학의 지형도 속에 단단히 위치시키는 장점이 있다. 복음서의 장르적 읽기는 복음서가 당대 문학의 장르였던 그리스-로마 전기라고 가정한다. 불트만을 비롯한 일군의 학자들은 복음서가 이전 문학사에 존재하지 않았고 당대 문학에서도 발견할 수 없는 '독특한 장르'라고 주장했다. 이 견해는 복음서의 독특한 내용을 강조하는 장점이 있지만, 반대로 복음서가 유례없이 독특한 장르이기 때문에 당대 사람들이 이해하기 어려운 혹은 이해할 수 없는 형식이라는 점도 함의한다. 이 견해는 한 시대를 풍미했고 그 영향력은 여전히 희미하게 감지되고 있다. 하지만 리처드 버릿지를 위시한 많은 학자들은 이러한 견해가 장르적 관점에서 보았을 때 적절하지 않음을 지적했다. 또한 당대 문학과의 비교 작업을 통해 복음서의 장르가 그리스-로마 전기임을 효과적으로 증명했다. 복음서 저자들이 당대 사람들이 이해할 수 있고 쉽게 접근할 수 있는 그리스-로마 전기를 선택하여 예수 이야기를 서술했다는 것은 그들의 선교적 의도를 암시한다. 즉 그들은 예수 이야기가 골방에서 소수의 사람들에게 전달되는 것이 아니라 광장에서 많은 이들에게 선포되길 바랐던 것이다.

셋째, 그리스-로마 전기의 장르적 특성을 감안하여 해석하는 것은 기계적 작업이 아니라 예술적 행위에 가깝다. 본서는 그리스-로마 전기의 네 가지 장르적 특성을 마가복음의 서로 다른 본문에 적용했다. 위의 해석 작업이 분명하게 보여주는 것은, 그리스-로마 전기의 네 가지 장르적 특성이 모든 본문에 반드시 한꺼번에 나타나는 것은 아니라는 점이다. 어떤 본문에서는 네 가지 장르적 특성이 모두 발견되기도 하지만, 다른 본문에서는 한 가지 혹은 두세 가지 장르적 특성만 나타날 수도 있다. 해석자는 자신이 선택한 방법론(methodology)이 본문의 의미를 강제하지 않도록 늘 신중을 기해야 한다. 이것은 모든 방법론이 지니는 잠재적 위험성이다. 즉 방법론 자체를 기계적으로 적용하여 본문의 의미를 과도하게 이끌어내는 경우는 언제 어디서든 벌어질 수 있다. 따라서 그리스-로마 전기의 네 가지 장르적 특성은 복음서 본문의 의미를 더욱 풍성하게 할 수 있는 일종의 가이드라인이지 반드시 지켜야만 하는 공식이 아니다. 장르적 특성을 고려하여 복음서 본문을 해석하는 일은 정해진 순서와 방법에 따라 자연스럽게 도출되는 기계적 작업이 아니라, 본문 내외의 다양한 증거들을 고려하고 증거들의 무게와 누적효과를 가늠하여 해석학적 선택을 내리는 예술적 행위에 가깝다.

넷째, 그리스-로마 전기의 네 가지 장르적 특성은 모두 중요하지만 특히 첫 번째와 두 번째 특성은 복음서의 독서법에 의미 있는 통찰을 제시한다. 첫 번째 장르적 특성은 '주인공에 대한 집중적 관심'이고, 두 번째 장르적 특성은 '주인공에 대한 인물묘사를 통해 독자들을 덕스러운 삶으로 초청'하는 것이다. 바꾸어 말하자면, 복음서는 주인공인 예수를 중심으로 읽어야 하고, 이러한 읽기는 자연스럽게 독자들을 예수의 삶으로 초청한다는 것이다. 예수를 중심으로 하는 해석, 즉 기독론적 해석은 전혀 새로운 것이 아니다. 하지만 복음서의 장르적 읽기가 표방하는 기독론적 해석의 차별성이 있다. 이전의 기독론적 해석이 주로 신학적인 가정과 기반 위에서 이루어졌다면, 복음서의 장르적 읽기는 '주인공에 대한 집중적 관심'이라는 장르적 특성 자체가 해석자를 기독론적 해석으로 자연스럽게 초청한다고 주장한다. 복음서가 그리스-로마 전기라고 가정하는 해석자는 본문에 포함된 다른 어떤 주제들을 탐구하기에 앞서 '이 본문은 예수를 어떻게 그리고 있는가?', '주인공 예수는 어떤 말과 행동을 하고 있으며, 그것들은 어떤 상징적 세계를 만들고 있는가?'와 같은 주제들을 심도 있게 다룰 것이다. 더 나아가 두 번째 장르적 특성을 고려하는 해석자는 예수 이야기가 예수의 삶에서 종결된 것이 아니라, 독자 그리고 그를 따르고자 하는 모든 이들의 삶에서 재연되어야 함을 진지하게 고려할 것이다. 복음서의 장르적 읽기는 예수의 삶을 해석하는 데서 그치는 것이 아니라 예수의 삶에 참여할 것을 요청한다. 복음서의 장르적 읽기는 예수라는 인물을 관찰하는 데서 만족하는 것이 아니라 예수라는 인물을 따를 것을 주문한다. "누구든지 나를 따라오려거든 자기를 부인하고 자기 십자가를 지고 나를 따를 것이니라"(막 8:34).

부록:

그리스-로마 전기 장르와 복음서의 저술 목적

부록: 그리스-로마 전기 장르와 복음서의 저술 목적[1]

1. 들어가는 말

리처드 버릿지의 『복음서는 무엇인가?: 그리스-로마 전기와의 비교』(*What Are the Gospels?: A Comparison with Graeco-Roman Biography*)는 복음서 장르 논의에 있어서 기념비적인 저작이다. 불트만(Rudolf Bultmann)을 위시한 일군의 학자들은 복음서의 장르가 유례없이 독특한(*sui generis*) 것이라고 주장했고 이는 한동안 학계의 주류 입장을 대변했다. 하지만 버릿지는 장르, 고전학, 복음서의 학제 간 연구를 통해 복음서가 그리스-로마 전기 장르임을 설득력 있게 증명했다. 버릿지의 저서 출판 이후 대부분의 학자들은 복음서의 장

1. 본 장은, "그리스 로마 전기 장르와 복음서의 저술 목적," 『지중해지역연구』 24.4 (2022), 1-26은 지중해지역연구로부터 사용 허락을 받아 재출판한 것이다. 이 논문은 2020년 대한민국 교육부와 한국연구재단의 지원을 받아 수행된 연구다(NRF-2020S1A5A804132213).

르가 그리스-로마 전기라는 데 동의한다.

현재 학계 논의의 중심축은 '복음서의 장르는 무엇인가?'라는 질문에서 '복음서의 장르의 함의는 무엇인가?'라는 질문으로 넘어가고 있다.[2] 복음서 장르에 대한 새로운 제안과 시도는 여전히 진행 중이지만,[3] 현재 대부분의 논의는 복음서의 장르를 그리스-로마 전기라고 가정하고 그것이 함의하는 바를 탐구하는 데 초점을 맞춘다. '복음서가 그리스-로마 전기 장르라면, 그것은 복음서 해석에 어떤 영향을 줄 수 있는가?' 본 장은 이 질문에 응답하고자 하는 시도이며, 복음서의 윤리적 함의에 국한하여 연구를 전개할 것이다.

본 장은 5절로 구성된다. 서론에 해당하는 제1절 이후, 제2-3절은 그리스-로마 전기의 두 가지 장르적 특성을 다룬다. 제2절은 청자/독자를[4] 윤리적 삶으로 초청하는 것이 그리스-로마 전기의 중

---

2. 권영주, "그레코-로만 전기의 장르적 특성에 비추어본 복음서 해석: 마가복음 5장을 중심으로," 『성경원문연구』 49 (2021), 122-23 (본서 제6장).

3. 예를 들면, Robert Matthew Calhoun et al. eds., *Modern and Ancient Literary Criticism of the Gospels: Continuing the Debate on Gospel Genre(s)*, WUNT 451 (Tübingen: Mohr Siebeck, 2020); 정기문, "복음서의 장르는 무엇인가?," 『지중해지역연구』 24.3 (2022), 47-71.

4. 고대인들은 개인적인 읽기(personal reading)보다는 낭독자를 매개로 한 공동체적 청취(communal hearing)를 통해 문서—그리스-로마 전기를 포함하여—에 대한 정보를 습득하는 경우가 더 많았다. 이 같은 매체 환경을 고려할 때 청자/독자를 함께 쓰는 것이 원칙이지만, 기존의 용례를 존중하고 반복을 피하기 위해 이후로는 '독자'만을 언급할 것이다. 하지만 '독자'가 언급되는 곳에 '청자'가 포함되어 있음을 알려둔다.

요한 장르적 특성임을 논증한다. 제3절은 그리스-로마 전기의 장르가 대체적으로 넓은 독자층을 상정함을 주장한다. 이는 복음서의 수신자가 특정 공동체로 한정되어 있다는 전통적인 견해—가령 마태복음의 수신자는 마태 공동체—와 다른 입장이다. 그리스-로마 전기가 일반적으로 넓은 독자층을 상정한다면, 복음서의 수신자를 특정 공동체로 국한하는 것보다 예수 이야기에 관심을 가지고 있는 넓은 독자층으로 확장시키는 것이 보다 합리적인 가정이다. 제4절은 제2-3절에서 다룬 그리스-로마 전기의 두 가지 특성이 복음서에서 어떻게 전개되었는지 살펴본다. 제5절은 제1-4절의 논의를 요약하고 후속 연구를 위한 제언을 덧붙인다.

2. 전기 장르와 윤리적 삶

저자에게 있어서 매체는 메시지만큼이나 중요하다. 저자가 전하고자 하는 내용을 메시지라고 한다면, 그 메시지를 담는 형식을 매체라고 할 수 있다. 우리는 저자가 메시지를 구상하고 선택하는 데 상당한 노력을 기울인다는 것을 어렵지 않게 받아들인다. 하지만 저자가 그 메시지를 담는 매체를 선택하는 데 유사한 정도의 노력을 기울인다는 것은 선뜻 받아들이지 못하는 것 같다. 이는 신약성서 개론서, 연구서, 학술지 논문의 출판 경향에서도 고스란히 드러난다. 대부분의 신약성서 연구 결과물은 저자의 '메시지'

를 설명, 분석, 논증하는 데 초점이 맞춰져 있다. 반면, 저자의 메시지를 담는 '매체,' 특히 장르에 관한 연구와 논의는 그에 비해 상당히 빈약하다.[5]

하지만 저자에게 있어서 장르의 선택은 메시지의 선택만큼이나 중요하다. 장르는 저자와 독자 사이의 일종의 기대와 약속을 형성하기 때문에 저자는 신중하게 장르를 선택한다.[6] 저자는 특정 장르를 선택할 때 그 장르를 통해 메시지가 전달되는 특정한 방식을 기대한다. 또한 유능한 독자는 특정 장르에 기대되는 바를 고

---

5. 예를 들어, 신약성서 개론서는 각 책의 저자, 장소, 연대, 수신자, 배경, 주요 내용과 메시지, 신학적 이슈 등을 다룬다. 여기서 '주요 내용과 메시지' 그리고 '신학적 이슈'는 저자의 메시지를 본격적으로 설명하고 분석하는 부분이다. 그 밖의 요소—저자, 장소, 연대, 수신자, 배경—에서는 해당 책을 이해하는 데 필요한 다양한 정보들이 제공되지만, 여기서도 저자의 메시지와 관련된 특정 정보들이 강조되는 경향이 있다. 가령, 마태복음의 주요 '수신자에 대한 정보'(유대 그리스도인들)는 마태의 (유대적) '메시지'를 이해하는 근거로 활용된다. 반면, 신약성서 개론서의 구성요소 중 저자가 선택한 매체를 다룰 수 있는 부분은 '배경' 정도일 것이다. 하지만 배경에서도 저자가 선택한 매체, 즉 장르에 관한 논의가 아예 없는 경우가 빈번하고 설령 있다고 하더라도 장르가 해석에 미치는 영향에 대한 논의를 심도 있게 진행하지 않는다. 예를 들어, 널리 사용되는 Mark Allan Powell의 *Introducing the New Testament*의 마태복음 부분을 보면, 전체 21쪽(pp. 103-123) 중 마태복음의 문학적 특성을 다루는 부분은 4쪽(pp. 109-112)에 해당하며 나머지 지면은 대부분 저자의 메시지를 설명하는 데 소요된다. 또한 문학적 특성을 다루는 부분조차 장르에 대한 설명은 부재하고 저자의 메시지와 관련된 정보들이 강조된다. 저자의 메시지가 강조되고 저자가 선택한 장르는 다소 외면되는 이러한 경향은 연구서나 학술지 논문의 출판 사정에서도 별반 다르지 않다.
6. Justin Marc Smith, *Why Βίος?: On the Relationship between Gospel Genre and Implied Audience*, LNTS 518 (London: Bloomsbury, 2015), 2.

려하여 텍스트를 읽고 해석한다. 이런 면에서 보자면 복음서 저자가 예수의 이야기를 전하는 장르로서 그리스-로마 전기를 선택한 것은 우발적이고 임의적이라기보다는 의도적이라고 보는 것이 합리적 추론이다. 그렇다면 복음서 저자는 예수의 이야기를 전하기 위해 수많은 장르 중 왜 하필 그리스-로마 전기를 택했을까? 복음서 저자의 의도를 확증할 길이 없기에 이 질문에 대한 즉답은 불가능하다. 하지만 당시 그리스-로마 전기 장르에 일반적으로 기대되었던 바를 추적한다면 이 질문에 대한 우회적인 답변은 가능할 것이다. 이 절에서는 그리스-로마 전기가 독자들을 윤리적 삶으로 초청하고 있음을 보여주는 다양한 증거를 제시한다.

2.1. 이소크라테스의 『에바고라스』

이러한 증거를 보여주는 초기 작품으로는 이소크라테스(Isocrates)의 『에바고라스』(*Evagoras*)가 있다. 『에바고라스』는 제의적 수사(epideictic rhetoric)의 형태를 띠고 있지만 전기적 요소를 담고 있다.[7] 비슷한 맥락에서 버릿지는 이소크라테스의 작품이 "수사와 βίος 간의 교차"를 보여준다고 주장한 바 있다.[8] 비록 완전한 장르로서의 전기의 형태를 아직 갖추지는 못했지만, 전환기적 작품으로서 『에바고라스』는 독자들을 윤리적 삶으로 초청하는 전기의

7. Tomas Hägg, *The Art of Biography in Antiquity* (Cambridge: Cambridge University Press, 2012), 30.
8. Richard A. Burridge, *What Are the Gospels?: A Comparison with Graeco-Roman Biography*, 2nd ed. (Grand Rapids: Eerdmans, 2004), 125.

장르적 특성을 뚜렷이 보여준다.

이소크라테스는 니코클레스(Nicocles)가 아버지 에바고라스의 죽음을 기리는 방식—제물, 춤, 음악, 운동 경기 등—을 귀하게 생각한다. 하지만 에바고라스는 언어를 통해 자신의 삶의 원리와 행동이 자세히 설명되길 원했을 것이라는 말을 덧붙인다(1-4). 이소크라테스의 이유는 간단하다. "에바고라스의 행동을 충분히 설명해 주는 말을 통해 그의 미덕은 온 인류 가운데 결코 망각되지 않을 것[이기 때문이다]"(4).[9] 글의 초반부터 전기의 장르적 특성이 감지된다. 이소크라테스에 따르면, 그가 에바고라스의 미덕을 칭송하는 이유는 단순히 그의 삶에 대한 정보를 전달하기 위함이 아니다. 그의 삶과 행동에 나타난 미덕이 후대에까지 영향을 주게 하기 위함이다. 다시 말해, 에바고라스의 미덕을 기림으로써 이소크라테스는 현재와 후대의 독자들을 덕스러운 삶으로 초청하고 있다.

또한 이소크라테스는 니코클레스뿐 아니라 다른 작가들에게도 유사한 권면을 한다. 그는 먼저 자신의 작품이 시대적으로 멀리 떨어진 인물이 아닌 동시대 인물을 다루고 있음을 지적한다. 그리고 이어서 다른 작가들 역시 동시대 인물을 칭송해야 한다고 주장하는데, 그 이유가 흥미롭다. "젊은 세대들이 [그 인물을] 본보기로 삼아 미덕을 추구하도록 하기 위함이다"(5). 이소크라테스는

9. 특별한 언급이 없는 한 관련 1차 자료는 Loeb Classical Library 시리즈의 번역을 따른다.

동시대 작가에게도, 현재와 후대의 독자에게도, 관찰자의 시선이 아닌 참여자로서의 선택과 행동을 촉구한다. 작가는 독자들이 덕스러운 삶을 추구할 수 있는 인물을 의도적으로 선택해 글을 작성해야 하고, 독자는 그 인물의 삶과 행동을 독서하는 데서 그치는 것이 아니라 모방하고 본받는 것으로 나아가야 한다.

이소크라테스는 에바고라스의 가족 배경(12-18), 출생(19-21), 어린 시절과 통치 이전 시기(22-40), 통치 시기(41-50), 전쟁 에피소드(51-64), 요약과 축복의 말(65-72)을 한 뒤에 에필로그(73-81)에서 다시 한번 자신의 작품의 목적을 상기시킨다.[10]

> 내가 이 담화를 기록한 이유는, 누군가가 에바고라스의 성취를 수집하고 그것에 언어적 장식을 덧붙여서 깊은 생각과 공부를 할 수 있도록 그것을 제공하는 것이 당신과 자녀 그리고 에바고라스의 다른 모든 자손들에게 최고의 자극이 될 것이라 믿기 때문이다. 우리는 젊은 사람들이 다른 사람들을 칭송함으로써 철학을 공부할 것을 권면한다. 그렇게 되면 그들은 칭송의 대상을 본받음으로써 동일한 추구를 하고자 하는 열망을 갖게 될 것이다(76-77).

서론 부분과 마찬가지로 에필로그에서도 이소크라테스는 글

10. 여기서 이소크라테스의 글의 구조는 Hägg를 따른다. Hägg, *The Art of Biography in Antiquity*, 34.

의 목적을 분명히 한다. 그가 에바고라스라는 인물에 집중하는 것은 단순히 그 인물에 대한 정보를 제공하기 위함이 아니라 결국 독자들을 윤리적 삶으로 초청하기 위함이다.

2.2. 네포스의 『아티쿠스』

이소크라테스의 『에바고라스』와 크세노폰(Xenophon)의 『아게실라오스』(*Agesilaus*)가 현존하는 그리스 전기의 초기 작품이었다면, 네포스(Cornelius Nepos)의 『아티쿠스』(*Atticus*)는 현존하는 로마 전기의 초기 작품에 해당한다. 이소크라테스가 동시대 인물인 에바고라스를 다루었듯이, 네포스 역시 동시대 인물이자 개인적인 친분을 가지고 있었던 아티쿠스를 전기의 주인공으로 삼는다.[11] 이것은 복음서의 저자들이 동시대 인물이자 직·간접적인 관계를 맺고 있었던 예수를 주인공으로 다룬 것과 유사하다. 이처럼 동시대 인물을 다루는 전기는 주인공의 현존 때문에 내용이 왜곡될 가능성도 있지만(가령 주인공을 의식하여 그의 장점을 부각시킴), 역사적으로 멀리 떨어져 있는 주인공을 다루는 전기들과 비교한다면 사실의 왜곡 가능성은 훨씬 줄어든다.[12]

---

11. Fergus Millar, "Cornelius Nepos, 'Atticus' and the Roman Revolution," *Greece & Rome* 35.1 (1988), 41. Millar에 따르면, 네포스는 아티쿠스가 살아 있을 때 대부분의 전기를 완성했고 아티쿠스가 죽은 뒤에 19-22장을 첨가했다.
12. Craig S. Keener, *Christobiography: Memory, History, and the Reliability of the Gospels* (Grand Rapids: Eerdmans, 2019), 151-257.

그리스 전기와 로마 전기의 인물 묘사 방식에 차이가 있다는 것은 주지의 사실이다. 그리스 전기는 주인공의 인격을 드러낼 수 있는 사소한 일상이나 사건을 사용하는 데 좀 더 자유로운 반면, 로마 전기는 주요한 역사적 사건들을 서술하면서 그 사건들에 참여했던 주인공의 "공적 행위, 업적, 결정, 말"을 통해 그의 인격을 묘사한다.[13] 이처럼 공적 영역을 다루는 로마 전기의 특성을 인지한 가이거(Joseph Geiger)는 네포스가 정치적 전기라는 새로운 장르를 만들었다고 주장한 바 있다.[14] 이러한 인물 묘사 방식의 탓인지, 네포스의 어조는 앞서 살펴본 이소크라테스의 어조와 사뭇 다르다. 독자들을 윤리적 삶으로 공공연하게 초청하는 이소크라테스와 달리 네포스는 주인공의 말과 행동을 담담히 그릴 뿐이다. 비록 방식과 어조는 다르지만, 독자들은 주인공의 말과 행동을 보며 덕스러운 삶에 대해 성찰하는 자리로 초대된다.[15] 네포스의 전기 내용을 살펴보자.

네포스는 주인공의 가족 배경(1.1-2), 어린 시절의 뛰어남(1.3), 지

---

13. Hägg, *The Art of Biography in Antiquity*, 192.
14. Joseph Geiger, *Cornelius Nepos and Ancient Political Biography* (Wiesbaden: Steiner, 1985); A. C. Dionisotti, "Nepos and the Generals," *JRS* 78 (1988), 36.
15. Jeffrey Beneker, "Nepos' Biographical Method in the Lives of Foreign Generals," *The Classical Journal* 105.2 (2009), 109-21. Beneker의 논문은 이 부분을 설득력 있게 논증했다. 그는 주인공의 공적 영역을 두텁게 서술하는 로마 전기의 특징이 단순한 역사적 정보 전달이 아니라 주인공의 덕을 강조하는 것과 연결되어 있다고 주장한다.

인(1.4; 예를 들면, 키케로) 등을 언급함으로써 아티쿠스의 비범함을 강조한다. 로마 전기의 인물 묘사 방식을 따라 당시 복잡한 정세에 대한 서술이 이어지고(2.1-3), 이러한 상황에서 아티쿠스는 중립성과 객관성을 유지하기 위해 그곳을 떠나 아테네로 이주한다(2.3).[16] 여기서 아티쿠스의 덕을 보여주는 짧은 문장이 등장한다. "그곳(아테네)에서 그는 모든 아테네인들이 사랑하는 방식으로 살았다. … 또한 아테네에서의 그의 행동을 보면 낮은 자들에게는 관대했고 높은 자들에게는 공정함을 유지했다"(2.4; 3.1). 공적 행적을 길게 서술하고 덕을 간결하게 언급하는 이러한 패턴은 네포스의 다른 전기에서도 나타난다. "『밀티아데스』(*Miltiades*)에서 네포스는 마라톤 전쟁을 서술하는 데 8장 중 3장을 할애"한 뒤 밀티아데스의 군사들의 덕을 다음과 같이 간결하게 요약한다.[17] "이처럼 아테네인들은 덕에 있어서 우월함을 지녔다. 그들은 자신의 병력보다 10배나 되는 적의 병력을 몰아냈고, 페르시아인들을 크게 두렵게 해서 자신의 진영이 아닌 배로 돌아가게 만들었다"(5.5).

하지만 네포스는 주인공 아티쿠스의 공적인 삶뿐만 아니라 개인적인 삶도 조명한다. 아티쿠스는 좋은 시민이었지만 존경받는 가장이기도 했다(13.1). 그는 돈이 많았지만 낭비하지 않았다(13.1-2). 집을 보수하고 새로운 가구를 사는 데 돈을 쓰지 않았고 종들도

16. Millar는 복잡한 정세에서 중립성을 지키는 것이 아티쿠스의 미덕이며 이는 작품 전반에 나타나는 주제임을 지적했고, Smith가 이것을 재확인했다. Millar, "Atticus," 42; Smith, *Why Βίος?*, 177에서 재인용.

17. Beneker, "Nepos' Biographical Method," 118.

스스로 교육시켜 훌륭한 인재로 만들었다(13.3-5). 아티쿠스의 저녁 파티에는 책 낭독이 빠지는 법이 없었으며 이를 통해 참여자들은 배를 채우는 것은 물론 마음까지 풍성해졌다(14.1-2). 아티쿠스는 온화함과 엄격함, 근엄함과 상냥함을 동시에 갖추었기 때문에 친구들은 그를 사랑하면서도 존경했다(15.1). 그는 타인의 요구를 받아들이고 약속하는 데 신중을 더했지만, 일단 일을 맡고 나면 책임을 지고 훌륭히 해냈다(15.2-3). 그는 키케로를 포함해 많은 이들의 사랑을 받았다(16.1-4). 그리고 가장 가까운 가족과도 화목한 관계를 유지했다. 90세의 어머니를 매장할 때까지 어머니와 화해할 일을 만들지 않았고, 그와 비슷한 나이의 누이와도 싸운 적이 없었다(17.1-2).

네포스는 아티쿠스의 죽음 이후에 첨가된 장(19-22)을 시작하며 자신의 글의 목적이 단순한 정보 전달이 아니라 독자들의 인격 형성임을 다시 한번 강조한다. "이야기를 마치며 독자들에게 보이고 싶은 바는 바로 이것이다. 위에서 살펴보았듯이, 일반적으로 말하자면 그 사람의 운을 결정짓는 것은 그 사람의 인격이다"(19.1-2).

2.3. 플루타르코스의 『영웅전』

플루타르코스(Plutarch)는 현존하는 그리스-로마 전기 중 가장 많은 작품을 남긴 저자다. "그는 60개 이상의 전기를 썼는데 그중 50개의 전기가 남아 있으며 이를 『영웅전』이라고 부른다."[18] 『영웅

---

18. Michael R. Licona, *Why Are There Differences in the Gospels?: What We Can*

전』(*Parallel Lives*)은 주로 비교/대조(*synkrisis*)의 형식으로 전개되는데, 그리스 인물과 로마 인물이 한 쌍을 이루고 있으며 이들은 특정 미덕 혹은 악덕을 묘사하는 인물로 그려진다.[19] 이러한 형식은 네포스의 『명인전』(*De viris illustribus*)에 일정 부분 빚을 지고 있지만, 플루타르코스와 네포스는 방법론과 목적이 다르기 때문에 기술 방식에 있어서도 차이를 보인다. 플루타르코스의 방법론과 관련해서 가장 많이 인용되는 구절은 『알렉산더』(*Alexander*)의 서두 부분이다.

> 내가 쓰는 것은 역사(Histories)가 아니라 생애(Lives)다. 대부분의 빛나는 업적에서는 미덕이나 악덕이 잘 드러나지 않는다. 아니 오히려, 어떤 표현이나 농담과 같이 사소한 것들이 수많은 사람이 쓰러진 전투, 가장 큰 군대, 여러 도시들의 공성보다 인물을 더 잘 드러낸다. 이 때문에 화가가 초상화를 그릴 때 인물 자체를 보여주는 얼굴과 눈짓은 자세히 묘사하지만 몸의 다른 부분들을 덜 신경 쓰는 것처럼, 나 역시 사람 속의 영혼을 보여주는 것들에 더 많은 관심을 기울이고 이를 통해 각 사람의 인생을 묘사할 것이다. 그리고 사람들의 위대한 업적에 대해 설명하는 일은 다른 이들에게 넘겨줄 것이다(1.2-3).

Learn from Ancient Biography (New York: Oxford University Press, 2017), 16.

19. Noreen Humble, ed., *Plutarch's Lives: Parallelism and Purpose* (Swansea: The Classical Press of Wales, 2010), 2.

전통적으로 이 구절은 이분법적으로 해석되어 왔다. 즉, 역사는 전쟁과 같이 "빛나는 업적"이나 공적 영역을 다루는 장르이고, 반면 전기는 "표현이나 농담과 같이 사소한 것들" 혹은 "사람 속의 영혼을 보여주는 것들"을 조명함으로써 주인공의 인격을 부각시키는 장르라는 식으로 말이다. 하지만 최근의 논의는 이러한 이해가 피상적임을 설득력 있게 논증한다. 가령, 더프(Timothy E. Duff)는 위의 진술이 플루타르코스의 모든 전기에 적용되는 것이 아니라 당면한 전기, 즉 알렉산더와 카이사르의 전기에만 적용되는 것일 수 있음을 지적한다. 알렉산더와 카이사르의 공적인 업적을 언급하고 분석하게 되면 정작 주인공의 인격을 드러내는 전기의 주요 작업이 가려질 수 있기 때문에 위의 진술을 했다는 것이다.[20] 또한 제이컵스(Susan G. Jacobs)는 플루타르코스의 프로그램적 진술(programmatic statements)이 실제 그의 전기의 사례와 맞지 않는다고 주장한다. 다시 말해, 주인공의 위대한 업적을 통해서도 그의 인격이 드러나는 사례들이 다수 있음을 지적한다.[21] 이러한 주장들은 분명 플루타르코스의 진술을 좀 더 세심하게 이해하도록 돕는다. 하지만 이러한 주장들이 플루타르코스의 진술의 의미 자체를 무효화시키는 것은 아니다. 전기는 주인공의 인격을 드러내는 데 관

20. Timothy E. Duff, *Plutarch's Lives: Exploring Virtue and Vice* (Oxford: Oxford University Press, 1999), 21.
21. Susan G. Jacobs, *Plutarch's Pragmatic Biographies* (Leiden: Brill, 2018) 4-6.

심이 있으며, 이는 주인공의 공적인 업적뿐 아니라 사소한 일상을 통해서도 드러날 수 있다는 사실 자체는 변하지 않는다.

플루타르코스의 또 다른 프로그램적 진술은 전기의 목적이 독자들을 덕스러운 삶으로 초청하는 것임을 상기시킨다. 아래 두 인용문 모두 전기의 목적이 단순한 정보 전달이 아니라 모방을 통한 삶의 변화임을 강조한다.

> 처음에 나는 다른 이들을 위해 『생애』(Lives)를 쓰기 시작했다. 하지만 지금은 나를 위해 그 일을 지속하고 있으며 기쁨마저 느낀다. 역사를 거울삼아 그 안에 표현된 덕에 맞춰 내 삶을 꾸리고 장식하려고 노력하는 일 말이다(*Aemilius Paulus* 1.1).

> 테베인 이스메니아스는 플루트를 가르치는 학생들에게 훌륭한 연주자와 형편없는 연주자를 보여주면서 "너는 이 사람처럼 연주해야 해" 혹은 "너는 이 사람처럼 연주하면 안 돼"라고 말했다. 또한 안티제니다는 형편없는 플루트 연주를 들은 젊은이들은 훌륭한 플루트 연주를 더 기쁜 마음으로 듣게 될 것이라고 생각했다. 이 때문에 나는 우리가 비난받는 악한 사람들에 관한 이야기를 알고 있다면 더 나은 삶을 관찰하고 모방하는 데 더욱 열심을 낼 것이라고 생각한다(*Demetrius* 1.6).

3. 전기 장르와 넓은 독자층

3.1. 복음서 독자/수신자에 대한 연구

전통적으로 신약학계는 복음서가 특정 공동체에게 보내진 것이라고 가정했다. 즉 마태복음은 마태 공동체에게, 마가복음은 마가 공동체에게, 누가복음은 누가 공동체에게, 요한복음은 요한 공동체에게 보내진 것이라고 생각했다. 복음서가 특정 공동체에게 보내졌다는 가정은 특별한 증명의 과정을 거치지 않은 채로 오랜 시간 보편적인 입장으로 받아들여졌다.[22]

이러한 가정에 조직적이고 의미 있는 방식으로 의문을 제기한 일군의 학자들이 있다. 리처드 보컴(Richard Bauckham)을 위시한 학자들은 『모든 그리스도인을 위한 복음서: 복음서 독자를 다시 생각하기』(*The Gospels for All Christians: Rethinking the Gospel Audiences*)라는 책에서 복음서가 특정 공동체가 아닌, 모든 그리스도인 즉 넓은 독자층을 위해 기록되었다는 주장을 펼쳤다. 이 책의 중요한 글들의 논지를 몇 가지만 언급하자면, 편집자인 보컴은 "복음서는 누구를 위하여 기록되었는가?"(For Whom Were Gospels Written?)라는 장에서 복음서의 의도된 수신자는 특정 공동체가 아니라 넓은 독자층이라는 다양한 증거를 제시했다. 이를 위해 초기 그리스도교 공동체가 유기적인 네트워크를 형성했고 서로 간에 커뮤니케이션이

22. Richard Bauckham, ed., *The Gospels for All Christians: Rethinking the Gospels Audiences* (Grand Rapids: Eerdmans, 1998), 1.

신속하고 원활했음을 설득력 있게 논증했다.[23] 톰슨(Michael Thompson)은 "거룩한 인터넷: 첫 세대 그리스도인 교회들 간의 소통"(The Holy Internet: Communication between Churches in the First Christian Generation)이라는 장에서 초기 그리스도교 공동체들이 서로 고립된 것이 아니라 교류가 원활했음을 논증했다.[24] 알렉산더(Loveday Alexander)는 "고대 책 생산과 복음서의 유통"(Ancient Book Production and the Circulation of the Gospels)이라는 장에서 당시 그리스-로마 사회에서 책의 생산과 유통 과정이 넓은 독자층을 대상으로 하고 있었음을 증명한 뒤 초기 그리스도교 공동체도 예외가 아니었음을 주장했다.[25] 버릿지는 "사람에 대하여, 사람에 의하여, 사람을 위하여: 복음서 장르와 독자"(About People, by People, for People; Gospel Genre and Audiences)라는 장에서 복음서 장르가 그리스-로마 전기임을 고려할 때 복음서 해석이 특정 공동체가 아닌 주인공 예수에게 집중되어야 함을 상기시켰다. 또한 그리스-로마 전기는 일반적으로 넓은 독자층을 상정함을 주장했다.[26] 이 책에서 버릿지는 복음서 장르와 독자층의 관계성을 지적한 유일한 학자다.

복음서 장르와 독자층의 관계성을 보다 심도 있게 연구한 학자는 스미스(Justin Marc Smith)다. 스미스는 『왜 생애인가?: 복음서 장르와 내재적 독자의 관계』(*Why Bioς?: On the Relationship between Gospel*

23. Ibid., 9-48.
24. Ibid., 49-70.
25. Ibid., 71-112.
26. Ibid., 113-46.

Genre and Implied Audience)에서 복음서 저자가 그리스-로마 전기 장르를 택한 것은 그것이 "예수의 말과 행동을 가능한 한 넓은 독자에게 전할 수 있는 최적의 장르"이기 때문이라고 주장했다.[27] 스미스는 기원전 4세기부터 기원후 4세기에 있는 다양한 전기들을 저자와 주인공의 관계(contemporary vs. non-contemporary) 그리고 저자와 독자의 관계(open vs. focused)에 따라 분류했다.

본 장의 연구 주제와 관련이 있는 것은 후자의 분류법이다. 스미스는 그리스-로마 전기 중 비교적 한정된 독자층을 향해 기록된 것을 focused biography, 독자층에 특별한 제한을 두지 않고 기록된 것을 open biography라고 각각 명명했다.[28] 여기서 주목할 것은 심지어 한정된 독자층을 상정하는 focused biography조차 넓은 독자층을 배제하고 있지 않다는 점이다.[29] 이처럼 보컴과 스미스는 복음서가 제한된 독자층이 아닌 넓은 독자층을 향해 기록된 것임을 증명했다.

3.2. 그리스-로마 전기의 독자층

그리스-로마 전기 작가가 넓은 독자층을 염두에 두고 기록되었다는 것은 여러 작품 속에 직·간접적으로 표현되어 있다. 전기 작가의 이러한 의도는 명시적으로 진술되기도 하고, 다른 주제에

27. Smith, *Why Bίος?*, 171, 212.
28. Ibid., 58-59.
29. Ibid., 44, 54-55, 182.

대한 진술로부터 유추될 수도 있다. 이 절에서는 다양한 그리스-로마 전기 작품에 나타난 이러한 진술들을 살펴볼 것이다.

기원후 2세기 작품인 루키아노스(Lucian)의 『데모낙스』(*Demonax*)는 그리스-로마 전기가 넓은 독자층을 염두에 두고 있다는 것을 가장 명시적으로 표현한다. 전기는 왕, 정치가, 장군과 같은 인물을 다루기도 하지만 선생이나 철학자를 다루기도 하는데 『데모낙스』는 후자에 해당한다. 루키아노스는 데모낙스에 대한 전기를 시작하며 자신이 글을 쓴 목적에 대해 다음과 같이 명시적으로 진술한다.

> 현 시점에서 두 가지 이유로 데모낙스에 대해 이야기하는 것이 적절하다. (첫째,) 내가 할 수 있는 한 그가 이 시대의 사람들의 기억 속에 보존되기를 바란다. (둘째,) 철학에 대한 열망을 가진 좋은 자질을 소유한 젊은이들은 고대의 선례만을 참조하여 자신의 인격을 형성할 것이 아니라 현 시대의 인물로부터 자신의 모범이 될 만한 사람을 골라 그 사람—그는 내가 알고 있는 모든 철학자들 중에 최고다—을 모방할 수도 있을 것이다(*Demonax* 1.2).

두 번째 이유를 피상적으로 이해하면 전기의 독자층이 한정되어 있다는 주장을 할 수도 있다. 왜냐하면 루키아노스는 모든 사람이 아닌 “철학에 대한 열망을 가진 좋은 자질을 소유한 젊은이들”을 언급하고 있기 때문이다. 하지만 이것은 독자를 한정하는 표현이라기보다는 독자의 인격 형성을 고취시키기 위한 수사적 표현이라고 보는 것이 더 적절하다. 만약 루키아노스가 해당 독자를 철학에 대한 열망과 자질을 지닌 젊은이만으로 국한했다면, 사실상 첫 번째 이유는 언급할 필요가 없었을 것이다. 하지만 애초에 루키아노스가 글을 쓰게 된 것은 데모낙스를 최대한 많은 사람들("이 시대의 사람들")의 기억 속에 남기고 싶었기 때문이다. 그리고 두 번째 이유에 따르면 이 시대의 사람들의 기억 속에 남은 좋은 철학자는 자연스럽게 다음 시대의 사람들에게도 영향을 끼치는 것처럼 보인다. 루키아노스에 따르면 "고대의 선례"를 따라 철학을 하고 인격을 형성하는 일은 관행으로 여겨졌던 것으로 보인다. 여기서 "고대의 선례"가 전기에 등장하는 인물만을 지칭하는 것은 아닐 것이다. 하지만 분명한 것은 전기는 이러한 "고대의 선례"를 후대 사람들에게 보여줄 수 있는 주요한 장르이며,[30] 루키아노스 역시 전기 장르를 사용하여 메시지를 전하고 있다는 점이다.

기원후 1세기 작품인 타키투스(Tacitus)의 『아그리콜라』(*Agricola*) 역시 그리스-로마 전기가 넓은 독자층을 대상으로 하고 있음을 보여준다. 전기의 주인공인 아그리콜라는 타키투스의 장인(丈人)이기 때문에 얼핏 생각하면 독자층이 제한되어 있을 것 같지만, 그의

30. 이와 관련하여 Bond는 "철학자나 종교적인 인물에 대한 전기를 쓰는 것은 그에 대한 기억을 영속화시키는 것이고 그의 삶과 가르침에 대한 문학적 기념비를 만드는 것이다"라고 논평한 적이 있다. Helen K. Bond, *The First Biography of Jesus: Genre and Meaning in Mark's Gospel* (Grand Rapids: Eerdmans, 2020), 92.

글의 서론과 결론 부분을 보면 넓은 독자층을 염두에 두고 있음을 확인할 수 있다. 서론에서 타키투스는 위인의 인격과 행적을 후대에 전하는 것이 한때 로마의 왕성한 관행이었지만 지금은 시들해졌으며, 자신의 프로젝트는 이러한 관행으로 돌아가는 것임을 암시한다.

> 위인의 행적과 인격을 후대에 전하는 것은 과거의 관습이었다. 지금은 마치 그것이 자신과는 상관없는 듯 사람들의 관심이 시들해지긴 했지만 우리 시대는 아직 이러한 관습을 버리지 않았다. … 하지만 우리 아버지 시대에는 기록될 만한 행동을 실천하는 일도 수월했고 그러한 행동의 범위도 넓었다. 이와 마찬가지로 가장 위대한 사람들은 이러한 덕에 대한 기록을 출판하는 일에 마음이 종종 동했다. 그 동기는 당파심이나 이기주의가 아니었다. 선한 양심이 그것의 보상이었고, 실제로 많은 이들은 자신의 삶에 대해 이야기하는 것을 주제넘다고 생각한 것이 아니라 자신을 존중하는 것이라고 생각했다. … 이제 나는 이미 죽은 한 사람의 생애에 대해 기록하려고 한다(*Agricola* 1.1-4).

서론 부분에서 타키투스는 위대한 인물의 삶을 본받는 일이 가치있으며 이것이 시들해진 것에 대한 아쉬움을 토로한다. 그리고 자신의 전기로 이러한 일에 기여하려는 의도가 있음을 암시한다. 서론 이후 타키투스는 아그리콜라가 다양한 분야에서 필요한

덕을 소유했음을 여러 에피소드를 통해 보여준다. 그리고 글의 마지막에 이르렀을 때 타키투스는 아그리콜라에 대한 이야기가 일차적으로 그의 가족들을 향하고 있지만 넓은 독자층에게 다다르길 바란다는 사실을 주저함 없이 내비친다.

> 나는 대리석이나 청동으로 된 그 어떤 조각상도 금해야 한다고 생각하는 것이 아니다. 하지만 인간의 얼굴을 조각한 상은 얼굴 그 자체와 마찬가지로 약하고 소멸되는 것이다. 영혼의 아름다움은 영원히 존재하는 것이고, 그 아름다움을 간직하고 표현하는 것은 물질이나 다른 기술을 통해서가 아니라 오직 너의 인격을 통해서만 가능하다. 우리가 아그리콜라에 대해 사랑하고 존경하는 모든 것들은 지금도 우리 곁에 있고, 그것들은 무수한 세대가 지나도 그의 행위의 명성을 통해 인간의 마음속에 여전히 남아있을 것이다. 과거의 많은 이들은 영광스럽지도 않고 알려지지도 않은 채로 망각 속에 매장되었다. 하지만 아그리콜라의 이야기는 영원토록 청취될 것이고 그는 계속해서 살아 있을 것이다(*Agricola* 46.3-4).[31]

기원전 4세기 작품인 크세노폰(Xenophon)의 『아게실라오스』(*Agesilaus*)도 그리스-로마 전기가 넓은 독자층을 상정하고 있음을 보여주는 좋은 사례다. 다른 그리스-로마 전기와 마찬가지로 크세

31. Hägg, *The Art of Biography in Antiquity*, 211에서 재인용.

노폰은 주인공과 등장인물의 묘사를 할 때 대부분의 경우 작가의 주석은 생략한 채 해당 인물의 말과 행동을 보여준다. 이 상황에서 독자는 가치 판단과 윤리적 결단의 자리로 초청된다.[32] 하지만 위에서 살펴본 사례들—루키아노스의 『데모낙스』, 타키투스의 『아그리콜라』—과 같이 전기 작가가 좀 더 명시적인 방식으로 자신의 의견을 표명하는 경우가 있다.

크세노폰은 전기 작가들이 자주 사용하는 방식인 비교/대조를 사용하여 주인공인 아게실라오스의 덕을 부각시킨다. 그의 책 9-10에서 크세노폰은 아게실라오스와 페르시아 왕을 다방면에서 비교/대조한다. 예를 들어, 페르시아 왕은 자신의 모습을 잘 보여주지 않는 데서 권위를 확보할 수 있다고 생각한 반면, 아게실라오스는 비밀이 언제든지 변질될 수 있음을 인식하면서 투명성을 강조한다(9.1). 비슷한 맥락에서 페르시아 왕은 자신이 쉽게 다가갈 수 없는 사람임을 자랑스러워하지만, 아게실라오스는 모든 이에게 기꺼이 열려 있는 자세를 취한다(9.2). 페르시아 왕은 까다로운 성격의 소유자인 반면 아게실라오스는 편안한 성격의 소유자다. 페르시아 왕의 입맛과 취향을 맞추기 위해 포도주 양조업자와 요리사들은 애를 먹어야 했지만 아게실라오스는 어떤 음료와 음식이든 맛있게 먹었다(9.3). 페르시아 왕은 "더위와 추위를 피함"으로

32. Jacobs, *Plutarch's Pragmatic Biographies*, 3-4; Christopher Pelling, *Plutarch and History: Eighteen Studies* (London: Classical Press of Wales, 2002)와 Philip Stadter, *Plutarch and His Roman Readers* (Oxford: Oxford University Press, 2015) 참조.

써 자신의 "인격의 연약함"을 드러냈고 이러한 연약함은 "용감한 자의 삶이 아닌 가장 약한 짐승의 삶을 모방"한 것이었다. 반면 아게실라오스는 "신이 세상을 운영하는 것에 자신을 기꺼이 맞출 수 있는" 사람이었다(9.5). 아게실라오스는 주위에 좋은 사람들이 얼마나 많은지, 나라와 동료를 얼마나 잘 섬기는지, 적들을 얼마나 많이 소탕했는지에 대한 대회가 열린다면 "그의 삶과 죽음 이후에도 높은 명성을 얻게 될" 사람이었다(9.7).

이 외에도 크세노폰은 아게실라오스의 여러 미덕을 상술한 뒤(10.1), 이러한 서술의 목적과 이유를 명시적으로 밝힌다. "내가 생각할 때, 아게실라오스의 덕은 윤리적 선함을 습관으로 삼고자 하는 사람들이 따를 수 있는 고귀한 모범이 될 것이다"(10.2). 크세노폰이 아게실라오스의 덕스러운 삶을 서술하는 것은 단순히 정보 전달을 하기 위함이 아니라 독자들을 유사한 삶으로 초청하기 위함이다. 또한 이러한 삶은 일정 독자에게 국한된 것이 아니라 덕스러운 삶을 원하는 모든 이들에게 열려 있는 것이다.

이러한 크세노폰의 의도는 이후에 좀 더 명시적인 언어로 표현된다. "내가 그의 덕에 대한 이야기를 다시 한번 언급하고 요약할 것을 제안하는 것은 사람들이 그의 덕에 대한 칭송을 좀 더 쉽게 기억했으면 하기 때문이다"(11.1). 이 진술문 이후 크세노폰은 이전에 상술했던 아게실라오스의 덕을 간략한 방식으로 요약하고 진술한다. 이러한 반복과 요약의 목적은 명확하다. 사람들이 아게실라오스의 덕을 더 쉽게 기억하게 하기 위함이다. 여기서도 아게실라오스의 덕을 모방하는 일이 특정 독자층에게 한정되어 있다는 암시는 존재하지 않는다. 오히려, 이미 상술했던 아게실라오스의 덕을 사람들이 기억하기 쉬운 방식으로 다시금 반복하고 요약한다는 행위에서 우리가 어렵지 않게 유추할 수 있는 것은, 전기작가가 주인공의 덕을 '더 많은' 사람들에게 알리고 싶어 한다는 점이다.

4. 전기 장르와 복음서 해석

제2-3절에 걸쳐 우리는 그리스-로마 전기의 두 가지 특성을 살펴보았다. 첫째, 그리스-로마 전기는 주인공에 대한 단순한 정보 전달에 그치지 않고 주인공의 덕스러운 삶을 보여줌으로써 독자들을 윤리적 삶으로 초청한다. 둘째, 그리스-로마 전기는 대체로 독자를 특정 대상으로 한정하지 않고 넓은 독자층을 상정한다. 위의 다양한 사례와 인용문에서 살펴보았듯이, 사실 이 두 가지 특성은 함께 엮여서 자주 언급된다. 즉, 그리스-로마 전기는 주인공의 덕스러운 삶을 통해 당면한 독자들뿐 아니라 동시대와 후대의 많은 독자들을 윤리적 삶으로 초청한다. 복음서는 이러한 그리스-로마 전기의 두 가지 특성을 다양한 경로를 통해 암시한다.

우리는 좀 더 명확한 논증을 위해 위의 사례들에서 명시적인 진술들을 중심으로 분석을 진행했다. 하지만 더 많은 경우에 그리스-로마 전기 작가들은 주인공의 덕스러운 삶을 보여주기 위해 작가의 특별한 코멘트 없이 주인공의 말과 행동을 그저 서술한다. 또한 주인공의 덕스러운 삶이 더 많은 이들에게 전달되기를 바라는 의도를 명시적으로 표현하는 경우도 그리 많지 않다. 이는 복음서의 상황도 크게 다르지 않다. 복음서의 주인공인 예수의 말과 행동을 작가의 별다른 코멘트 없이 서술하는 경우가 더 많다. 예수의 말과 행동이 넓은 독자층에게 다다르기를 원한다는 진술을 직접적으로 하는 경우도 드물다. 명시적인 진술이라고 볼 수 있는 것이 있지만 이마저도 복음서의 전체적인 맥락을 고려하여 진술의 의미와 의도를 유추해야 할 필요가 있다. 먼저 비교적 명시적인 진술에서부터 시작해보자.

복음서를 기록한 목적을 직접적으로 언급하고 있는 것은 누가복음 1:1-4과 요한복음 20:30-31이다. 누가복음 1:1-4에서 누가는 데오빌로에게 보내는 자신의 글이 “우리 중에 이루어진 사실”을 다루고 있으며 “그 모든 일을 근원부터 자세히 미루어 살[피는]” 것과 연관되어 있음을 밝힌다.[33] 우리 중에 이루어진 사실과 그 모든 일이 무엇을 의미하는지는 누가복음과 쌍을 이루는 다른 책, 즉 사도행전의 서두에서 유추할 수 있다.[34] “데오빌로여 내가 먼저 쓴 글에는 무릇 예수께서 행하시며 가르치시기를 시작하심부터 그가

33. 특별한 언급이 없는 한 신약성서는 개역개정 번역을 따른다.

34. 누가복음과 사도행전은 장르는 다르지만 보통 한 쌍의 책으로 여겨진다. 이 때문에 신약학자들은 이 둘을 가리켜 종종 누가-행전이라 부른다.

택하신 사도들에게 성령으로 명하시고 승천하신 날까지의 일을 기록하였노라"(행 1:1-2). 여기서 데오빌로에게 먼저 쓴 글은 누가복음을 가리키고 있으며, 누가복음의 주요 내용이 주인공인 예수에 관한 것임을 알 수 있다. 우리는 이 구절에서 누가복음이 다루고 있는 예수의 사역 시기("시작하심부터 … 날까지의")를 알 수 있고, 누가복음의 주요 관심이 예수의 말과 행동("예수께서 행하시며 가르치시기를")에 맞춰져 있음을 확인할 수 있다. 누가복음 1:1-4과 사도행전 1:1-2의 내용을 종합해보면, 저자 누가는 중심인물인 예수의 말과 행동을 조명하는 일에 큰 관심을 보이고 있음을 알 수 있다. 주인공에 대한 집중적 관심은 그리스-로마 전기를 타 장르와 구별시켜 주는 주요한 특성이다.[35] 이처럼 누가-행전의 진술은 복음서가 주인공에 초점을 맞추고 있음을 보여주지만, 주인공의 덕스러운 삶이 독자들을 윤리적 삶으로 초청한다는 것을 뚜렷이 밝히지는 않는다. 예수의 삶이 독자들의 삶에 영향을 준다는 장르적 특성은 요한복음 20:30-31에 좀 더 분명히 나타나 있다.

> 30 예수께서 제자들 앞에서 이 책에 기록되지 아니한 다른 표적도 많이 행하셨으나 31 오직 이것을 기록함은 너희로 예수께서 하나님의 아들 그리스도이심을 믿게 하려 함이요 또 너희로 믿고 그 이름을 힘입어 생명을 얻게 하려 함이니라.

35. 권영주, "그레코-로만 전기의 장르적 특성에 비추어본 복음서 해석: 마가복음 1:16-20을 중심으로," 『신약연구』 19.1 (2020), 50-55.

누가복음 1:1-4과 마찬가지로, 요한복음 20:30-31은 복음서 저자의 관심이 주인공을 조명하는 데 있음을 뚜렷이 밝힌다. 하지만 누가복음 1:1-4의 동일한 논지와 비교했을 때 발전된 부분이 발견된다. 요한복음 20:30-31은 복음서 저자가 예수의 다양한 행적들 중에 일종의 선택 과정을 거쳐 일부 행적만을 자신의 책에 수록했음을 보여준다. "이 책에 기록되지 아니한 다른 표적"이 있다는 것은 예수의 일부 행적이 저자의 의도와 부합하지 않았기 때문에 제외되었음을 암시한다. 그렇다면 저자는 어떠한 기준을 가지고 예수의 행적을 선택했을까? 31상반절에 따르면 그것은 예수의 정체성과 관련되어 있다. "오직 이것을 기록함은 너희로 예수께서 하나님의 아들 그리스도이심을 믿게 하려 함이요." 다시 말해, 복음서 저자는 예수의 수많은 행적 중에 예수가 "하나님의 아들 그리스도"임을 보여줄 수 있는 에피소드를 선택하여 기록했다는 것이다.[36] 여기서 '하나님의 아들'과 '그리스도'라는 명칭이 복음서 전반에서 어떻게 사용되었는지 분석하는 것은 '예수는 누구인가?'라는 전기의 핵심 질문에 대답하는 일과 관련되어 있다. 이러한 작업을 위해서는 또 다른 논문이 소요될 것이다. 다만 여기서 주목할 것은 복음서의 저술 의도가 담긴 구절 속에 전기의 독특한 장르적 특성—주인공에 대한 집중적 관심—이 표현되어 있다는 점

36. Tom Thatcher, *Why John Wrote a Gospel?: Jesus, Memory, History* (Louisville: Westminster John Knox, 2006), 44-45.

이다.

복음서의 저술 의도라는 관점에서 보았을 때 요한복음 20:30-31은 누가복음 1:1-4에 비해 진일보한 면이 있다. 이 두 구절은 복음서 저술의 주된 관심이 예수라는 인물에 있음을 공공연하게 드러낸다는 점에서 동일하다. 하지만 예수의 삶이 독자들의 삶에 영향을 주도록 의도되었다는 점을 전달하는 데 있어서는 요한복음 20:30-31이 훨씬 더 분명한 논조를 띤다. 주인공의 덕스러운 삶이 독자들을 윤리적 삶으로 초청한다는 것은, 위에서 살펴보았듯이, 그리스-로마 전기의 중요한 장르적 특성이다.

요한복음 20:31 상반절에서 복음서 저자는 독자들이 특정한 예수상(像)—하나님의 아들이자 그리스도로서의 예수—을 '믿는 것'이 중요함을 지적한다. 신약성서에서 믿음은 다양한 의미를 지니지만 간략히 표현하자면 지적인 동의와 함께 그 지식을 드러내는 충실한 삶을 수반한다.[37] 신약성서의 이러한 믿음 용례를 반영하여 요한복음 20:31 상반절을 읽으면, 독자들은 특정한 예수상을 지적으로 받아들이는 데서 그치는 것이 아니라 그러한 예수상을 자신들의 삶에서 구현하도록 초청받고 있는 셈이다.

요한복음 20:31 상반절이 믿음의 용례를 통해 독자들의 삶의 변화를 넌지시 암시했다면 하반절은 좀 더 직접적인 언어로 독자

---

37. Teresa Morgan, *Roman Faith and Christian Faith: Pistis and Fides in the Early Roman Empire and the Early Churches* (Oxford: Oxford University Press, 2015); Nijay Gupta, *Paul and the Language of Faith* (Grand Rapids: Eerdmans, 2020).

들의 행동을 촉구한다. "또 너희로 믿고 그 이름을 힘입어 생명을 얻게 하려 함이니라." 요한복음 20:31 상반절과 마찬가지로 하반절은 목적을 나타내는 ἵνα절로 시작된다. 복음서 저자의 첫 번째 기록 목적이 너희로 예수께서 하나님의 아들 그리스도이심을 믿게 하기 위함이었다면(20:31a), 두 번째 기록 목적은 너희로 믿고 그 이름을 힘입어 생명을 얻게 하기 위함이다(20:31b).

요한복음 20:31 하반절 번역과 관련하여 한 가지를 언급할 필요가 있다. 개역개정은 "그 이름을 힘입어"라고 번역하지만, 사실 그리스어 원문을 직역하자면 "그의 이름 안에서"(ἐν τῷ ὀνόματι αὐτοῦ)로 옮길 수 있다. 이름은 어떤 인물을 요약하고 대표하는 것이다. 또한 여기 사용된 ἐν의 신약성서적 용례를 두루 살피면 그것은 단순한 장소의 의미를 넘어 '어떤 사람이나 가치의 영향권 내(內)'를 의미하기도 한다.[38] 다시 말해, 예수의 이름 안에 있다는 것은 예수라는 존재, 예수의 가치와 삶의 영향권 내로 들어온다는 의미다. 예수의 이름 안에서 생명을 얻는다는 것의 일차적 의미는 예수의 이름을 믿음으로써 새로운 생명 혹은 구원을 얻게 된다는 것이다(참조. 요 5:24; 14:6). 하지만 복음서의 장르가 전기임을 인식하고, 주인공의 덕스러운 삶을 통해 독자들을 윤리적 삶으로 초청하는 것이 전기의 주요한 특성임을 감안한다면, 이 구절은 일차적

---

38. Gerhard, Kittel et al. eds., *Theological Dictionary of the New Testament* (Grand Rapids: Eerdmans, 1964); Robert Horst Balz et al. eds., *Exegetical Dictionary of the New Testament* (Grand Rapids: Eerdmans, 1990).

의미와 함께 또 다른 의미를 내포한다. 즉, 예수의 가치와 삶의 영향권 내에 들어온 이들은 이제 생명력 넘치는 삶을 살도록 요구받는다는 것이다.

실제로 이러한 해석은 요한복음의 다른 구절을 통해서도 확인된다. 복음서에서 예수가 자신이 이 땅에 온 목적에 대해 명시적으로 표현한 경우가 흔하지 않은데 그중 하나가 바로 요한복음 10:10이다. "내가 온 것은 양으로 생명을 얻게 하고 더 풍성히 얻게 하려는 것이라." 여기서 생명을 얻는 것이 존재론적 변화를 가리키는 진술이라면, 생명을 더 풍성히 얻는 것은 그러한 존재론적 변화에 수반되는 삶의 변화를 암시한다.[39] 다시 말해 새 생명을 얻은 이들은 이제 생명력 넘치는 삶으로 초청된다. 독자들은 생명을 선사하고 누리는 예수의 삶을 관찰하는 데서 그치는 것이 아니라 그와 유사한 삶을 살도록 요구받는다. 간단히 말하자면, 예수의 삶이 독자들의 삶에 영향을 주는 것이다.

누가복음 1:1-4과 요한복음 20:30-31이 복음서의 저술 의도를 비교적 명시적으로 밝히고 있는 구절이라면, 그렇지 않은 구절에서도 그리스-로마 전기의 장르적 특성을 발견할 수 있다. 대표적인 것이 마가복음 8:27-34이다.

> 27 예수와 제자들이 빌립보 가이사랴 여러 마을로 나가실새 길에

---

39. D. A. Carson, *The Gospel according to John* (Grand Rapids: Eerdmans, 1991), 385.

서 제자들에게 물어 이르시되 사람들이 나를 누구라고 하느냐 28 제자들이 여짜와 이르되 침례/세례 요한이라 하고 더러는 엘리야, 더러는 선지자 중의 하나라 하나이다 29 또 물으시되 너희는 나를 누구라 하느냐 베드로가 대답하여 이르되 주는 그리스도시니이다 하매 30 이에 자기의 일을 아무에게도 말하지 말라 경고하시고 31 인자가 많은 고난을 받고 장로들과 대제사장들과 서기관들에게 버린 바 되어 죽임을 당하고 사흘 만에 살아나야 할 것을 비로소 그들에게 가르치시되 32 드러내 놓고 이 말씀을 하시니 베드로가 예수를 붙들고 항변하매 33 예수께서 돌이키사 제자들을 보시며 베드로를 꾸짖어 이르시되 사탄아 내 뒤로 물러가라 네가 하나님의 일을 생각하지 아니하고 도리어 사람의 일을 생각하는도다 하시고 34 무리와 제자들을 불러 이르시되 누구든지 나를 따라오려거든 자기를 부인하고 자기 십자가를 지고 나를 따를 것이니라

이 본문은 구조적으로 볼 때 마가복음의 핵심 구절이며 그 내용의 중심에는 예수의 정체성이 있다. 마가복음의 구조를 보자면 1-8장은 영광 받으시는 승리자 예수의 모습을 묘사하고, 9-16장은 사람들로부터 오해와 고난을 받는 예수의 모습을 그린다. 이러한 극적인 어조의 변화의 정중앙에 위의 본문이 위치한다. 이 본문은 예수의 정체성을 본격적으로 다룬다. "너희는 나를 누구라 하느냐?"(막 8:29a)라는 예수의 질문에 베드로는 "그리스도"(혹은 메시아;

8:29b)라고 대답한다. 베드로가 상상하고 기대한 그리스도의 모습은 로마의 압제로부터 유대인들을 구원해 줄 수 있는 용맹한 전사였지만, 예수가 이제 제자들에게 가르치고자 하는 그리스도의 모습은 한없이 초라한 한 인간이다.[40] "인자가 많은 고난을 받고 장로들과 대제사장들과 서기관들에게 버린 바 되어 죽임을 당하고 …"(8:31) 이 구절에 따르면 예수의 정체성인 그리스도를 규정하는 것은 고난, 오해, 유기, 죽음과 같은 것들이다. 이는 사람을 살리기 위해 오히려 사람들로부터 죽임을 당하는 역설적인 십자가 사건을 가리킨다. 예수는 자신의 정체성과 그것이 수반하는 삶의 모습을 설명한 뒤 독자들을 이러한 삶으로 초청한다. "누구든지 나를 따라오려거든 자기를 부인하고 자기 십자가를 지고 나를 따를 것이니라"(8:34) 그리고 이러한 삶으로의 초청은 특정인("제자")으로 국한된 것이 아니라 많은 사람들("무리")을 향하고 있다. 이 본문에는 그리스-로마 전기의 장르적 특성이 모두 나타난다. 주인공인 예수의 정체성을 다루고 있고, 예수의 삶이 독자들을 유사한 삶으로 초청하고 있으며, 이러한 삶은 넓은 독자층을 대상으로 한다.

복음서의 저술 의도를 명시적으로 표현하지 않은 본문 중에 그리스-로마 전기의 장르적 특성을 보여주는 또 다른 구절은 마태복음 28:19-20이다. 이 본문은 소위 '지상대명령'이라고 불린다. 예수가 지상사역을 마친 뒤 승천하면서 이제 앞으로 제자들이 해

40. Joel Marcus, *Mark 8-16*, AB 27 (New Haven: Yale University Press, 2009), 610-11.

야 할 일에 대해 마지막으로 당부하는 장면이다.

> 19 그러므로 너희는 가서 모든 민족을 제자로 삼아 아버지와 아들과 성령의 이름으로 침례/세례를 베풀고 20 내가 너희에게 분부한 모든 것을 가르쳐 지키게 하라 볼지어다 내가 세상 끝날까지 너희와 항상 함께 있으리라 하시니라

여기서도 화자는 주인공 예수다. 예수가 제자들에게 했던 마지막 당부의 말씀은, 예수가 이 땅에서 그들을 자신의 제자를 삼았듯이 제자들도 가서 모든 민족을 제자로 삼으라는 것이다. 예수의 제자들은 그들의 제자 삼는 일을 임의로 하는 것이 아니라 예수가 이전에 가르치고 행했던 것에 근거하여 하도록 요구된다(마 28:20 "내가 너희에게 분부한 모든 것을 가르쳐 지키게 하라"). 예수는 제자 삼는 삶을 살았고 그것을 실제로 목격한 제자와 그것을 텍스트로 읽고 있는 독자들은 그와 유사한 삶으로 초청된다. 또한 제자 삼으라는 예수의 초청은 특정 대상에게 국한된 것이 아니라 넓은 독자층을 대상으로 한다. 예수의 제자들이 제자 삼기 위해 그들의 시선을 돌려야 하는 곳은 가까운 주변뿐 아니라 "모든 민족"이다.[41]

41. Smith는 "모든 민족"이라는 모티프가 넓은 독자층을 상정하고 있음을 보여주는 증거라고 자세히 논증한 바 있다. Smith, *Why Bíoς?*, 182-99

5. 나가는 말

본 연구에서는 그리스-로마 전기의 두 가지 장르적 특성을 살펴보았다. 첫째, 전기는 주인공의 덕스러운 삶을 통해 독자들을 윤리적 삶으로 초청한다. 이를 위해 이소크라테스의 『에바고라스』, 네포스의 『아티쿠스』, 플루타르코스의 『영웅전』을 조사했다. 둘째, 전기 작가는 자신의 작품이 특정 대상에 국한되지 않고 넓은 독자층에 의해 독서되길 기대한다. 이를 위해 루키아노스의 『데모낙스』, 타키투스의 『아그리콜라』, 크세노폰의 『아게실라오스』를 연구했다. 여기 선택된 그리스-로마 전기의 표본은 시기와 지역에 있어서 고르게 분포되어 있다. 시기적으로는 기원전 4세기부터 기원후 2세기의 작품들이 포함되어 있고, 지역적으로는 그리스 전기(4개)와 로마 전기(2개)를 모두 아우른다. 이를 통해 그리스-로마 전기의 두 가지 장르적 특성이 시간과 장소를 초월한 보편적인 현상임을 확인할 수 있다.

복음서 역시 그리스-로마 전기의 두 가지 장르적 특성을 보여준다. 이러한 특성이 복음서 전체에 전반적으로 나타남을 보이기 위해 마태복음, 마가복음, 누가복음, 요한복음에서 각각 한 본문씩을 선택해 분석했다. 분석 결과, 복음서에 그려진 예수의 삶은 독자들을 그와 유사한 삶으로 초청하고 있으며, 이러한 초청은 넓은 독자층을 향하고 있음을 확인했다.

본 연구는 다양한 표본을 통해 그리스-로마 전기의 두 가지 장르적 특성이 국지적인 것이 아니라 보편적인 현상임을 증명했다. 이러한 장르적 특성은 복음서 해석에 있어 함의하는 바가 크다. 예수의 삶이 독자들을 유사한 삶으로 초청하고 있다면, 그리고 그러한 삶이 넓은 독자층을 향하고 있다면, 우리가 관찰하고 모방해야 할 예수의 삶은 어떤 것인가? 이 질문에 대한 대답은 후속 연구의 중요한 주제이다.

| 참고 문헌 |

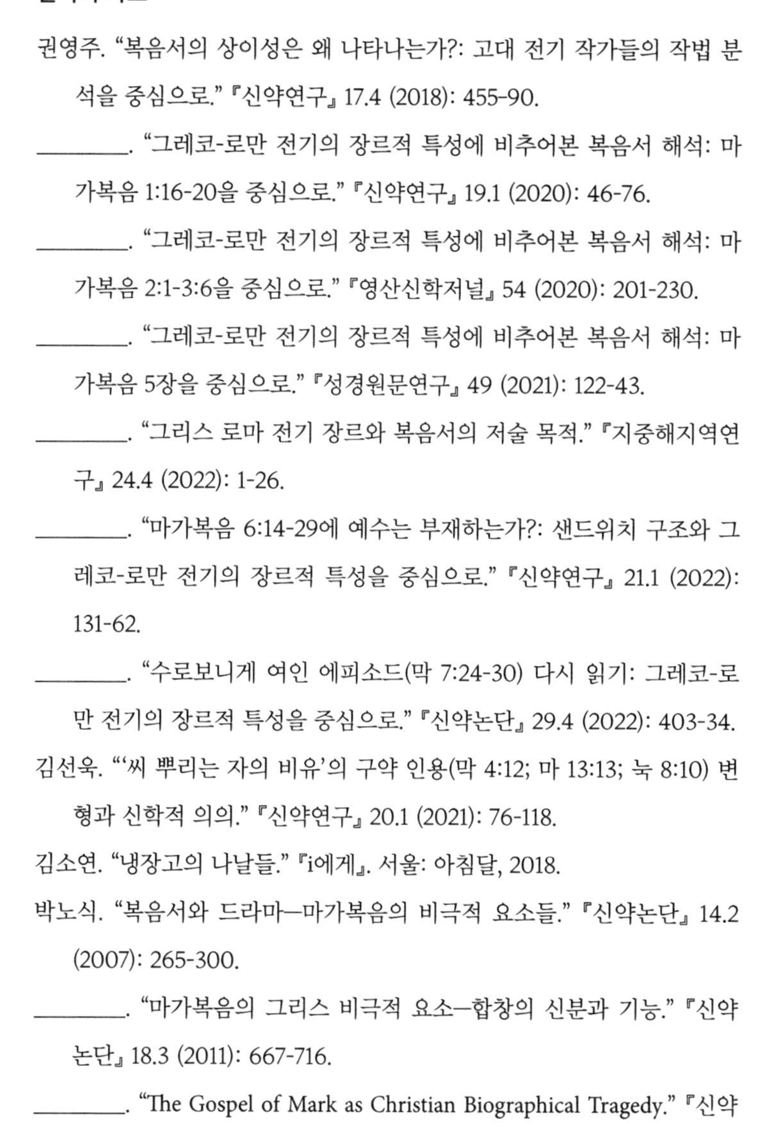

한국어 자료

권영주. "복음서의 상이성은 왜 나타나는가?: 고대 전기 작가들의 작법 분석을 중심으로." 『신약연구』 17.4 (2018): 455-90.

________. "그레코-로만 전기의 장르적 특성에 비추어본 복음서 해석: 마가복음 1:16-20을 중심으로." 『신약연구』 19.1 (2020): 46-76.

________. "그레코-로만 전기의 장르적 특성에 비추어본 복음서 해석: 마가복음 2:1-3:6을 중심으로." 『영산신학저널』 54 (2020): 201-230.

________. "그레코-로만 전기의 장르적 특성에 비추어본 복음서 해석: 마가복음 5장을 중심으로." 『성경원문연구』 49 (2021): 122-43.

________. "그리스 로마 전기 장르와 복음서의 저술 목적." 『지중해지역연구』 24.4 (2022): 1-26.

________. "마가복음 6:14-29에 예수는 부재하는가?: 샌드위치 구조와 그레코-로만 전기의 장르적 특성을 중심으로." 『신약연구』 21.1 (2022): 131-62.

________. "수로보니게 여인 에피소드(막 7:24-30) 다시 읽기: 그레코-로만 전기의 장르적 특성을 중심으로." 『신약논단』 29.4 (2022): 403-34.

김선욱. "'씨 뿌리는 자의 비유'의 구약 인용(막 4:12; 마 13:13; 눅 8:10) 변형과 신학적 의의." 『신약연구』 20.1 (2021): 76-118.

김소연. "냉장고의 나날들." 『i에게』. 서울: 아침달, 2018.

박노식. "복음서와 드라마—마가복음의 비극적 요소들." 『신약논단』 14.2 (2007): 265-300.

________. "마가복음의 그리스 비극적 요소—합창의 신분과 기능." 『신약논단』 18.3 (2011): 667-716.

________. "The Gospel of Mark as Christian Biographical Tragedy." 『신약

연구』 11.2 (2012): 1-29.

박윤만. “응집성과 문단: 틀 의미론(frame semantics)에 기초한 마가복음 1:16-20 연구.” 『성경과 신학』 58 (2011): 69-96.

________. 『마가복음: 길 위의 예수, 그가 전한 복음』. 용인: 킹덤북스, 2017.

박찬웅. “마가복음의 수로보니게 여인 단락 연구(막 7:24-30).” 『피어선신학논단』 11.1 (2022): 1-38.

서중석. 『마가복음』. 연세신학백주년기념 성경주석. 서울: 대한기독교서회, 2013.

신현우. “갈릴리의 어부에서 사람들의 어부로-마가복음 1:16-20 연구.” 『신약논단』 21.3 (2014): 599-626.

________. “마가복음 4:12 번역: 비유의 목적인가 결과인가?.” 『성경원문연구』 50 (2022): 87-106.

심상법. “수로보니게 여인의 믿음과 지혜(막 7:24-30[31a]): 하나님 나라의 외인에서 내인으로.” 『성경과 신학』 64 (2012): 33-63.

이달. “수로보니게 여인의 이야기에 나타난 은유적 의미(막 7:24-30).” 『신약논단』 10.1 (2003): 3-35.

장인식. “서사비평적 관점에서 본 ‘수로보니게 여인의 이야기’(마가복음 7:24-30).” 『문학과 종교』 13.1 (2008): 155-84.

최영숙. “마가복음의 ‘치유하는’ 메시아—‘눈먼 사람 치유 기적’(마가복음 8:22-10:52) 연구.” 『신약논단』 23.3 (2016): 617-46.

번역 자료

리처드 헤이스. 『복음서에 나타난 구약의 반향』. 이영욱 역. 서울: 감은사, 2022.

마크 알란 포웰. 『현대인을 위한 신약개론: 역사적·문학적·신학적 읽기』.

이승호 역. 서울: CLC, 2014.

마크 L. 스트라우스. 『존더반 신약주석: 강해로 푸는 마가복음』. 정옥배 역. 서울: 디모데, 2016.

슈테판 츠바이크. 『에라스무스 평전』. 정민영 역. 서울: 원더박스, 2022. 전자매체본.

에릭 이브. 『예수에서 복음서까지: 구술로 전해진 예수 자료는 어떻게 복음서가 되었나?』. 박규태 역. 서울: 좋은씨앗, 2016.

조엘 마커스. 『앵커바이블 마가복음 II』. 장성민 역. 서울: CLC, 2016.

외국어 자료

Alexander, Philip S. "Rabbinic Biography and the Biography of Jesus: A Survey of the Evidence." *Synoptic Studies: The Ampleforth Conferences of 1982 and 1983*. Edited by Christopher M. Tuckett. JSNTSup 7. Sheffield: JSOT, 1984: 19-50.

Alonso, Pablo. *The Woman Who Changed Jesus: Crossing Boundaries in Mk 7,24-30*. BTS 11. Leuven: Peeters, 2011.

Anderson, Hugh. *The Gospel of Mark*. NCB. London: Oliphants, 1976.

Baker, David W. *Isaiah*. Zondervan Illustrated Bible Backgrounds Commentary 4. Grand Rapids: Zondervan Academic, 2009. Kindle edition.

Barrett, C. K. *A Critical and Exegetical Commentary on the Acts of the Apostles*. ICC. Edinburgh: T&T Clark, 2004.

Bauckham, Richard. "For Whom Were Gospels Written?." *The Gospels for All Christians: Rethinking the Gospel Audiences*. Edited by Richard Bauckham. Grand Rapids: Eerdmans, 1998: 9-48.

Bauckham, Richard, ed. *The Gospels for All Christians: Rethinking the Gospels*

Audiences. Grand Rapids: Eerdmans, 1998.

Beavis, Mary Ann. *Mark*. Paideia Commentaries on the New Testament. Grand Rapids: Baker Academic, 2011.

Best, Ernest. *Following Jesus: Discipleship in the Gospel of Mark*. Sheffield: JSOT, 1981.

Black, C. Clifton. *Mark*. ANTC. Nashville: Abingdon Press, 2011.

Bock, Darrell. *Mark*. NCBC Cambridge: Cambridge University Press, 2015.

Bockmuehl, Markus and Hagner, Donald A., eds. *The Written Gospel*. Cambridge: Cambridge University Press, 2005.

Bond, H. K. *The First Biography of Jesus: Genre and Meaning in Mark's Gospel*. Grand Rapids: Eerdmans, 2020.

Boring, M. Eugene. *Mark: A Commentary*. NTL. Louisville: Westminster John Knox, 2012.

Bryan, Christopher. *A Preface to Mark*. Oxford: Oxford University Press, 1993.

Bultmann, Rudolf. "The Gospels (Form)." *Twentieth Century Theology in the Making: Themes of Biblical Theology*. Edited by Jaroslav Pelikan. Translated by Richard A. Wilson. London: Fontana, 1969: 86-92.

Burridge, Richard A. Richard A. *What Are the Gospels?: A Comparison with Graeco-Roman Biography*. SNTSMS 70. Cambridge: Cambridge University Press, 1992.

________. "About People, by People, for People: Gospel Genre and Audiences." *The Gospels for All Christians: Rethinking the Gospel Audiences*. Edited by Richard Bauckham. Grand Rapids: Eerdmans, 1998: 113-46.

________. "Gospel Genre, Christological Controversy and the Absence of the Rabbinic Biography: Some Implications of the Biographical Hypothesis." *Christology, Controversy and Community: New Testament Essays in Honour of David R. Catchpole*. Edited by David G. Horrell and Christopher M. Tuckett. Leiden: Brill, 2000: 137-56.

________. *What Are the Gospels?: A Comparison with Graeco-Roman Biography*. 2nd ed. Grand Rapids: Eerdmans, 2004.

________. *What Are the Gospels? A Comparison with Graeco-Roman Biography*, 25th Anniversary Edition, Waco: Baylor University Press, 2018.

Calhoun, Robert Matthew et al. eds. *Modern and Ancient Literary Criticism of the Gospels: Continuing the Debate on Gospel Genre(S)*. WUNT 451. Tübingen: Mohr Siebeck, 2020.

Camery-Hoggatt, Jerry. *Irony in Mark's Gospel: Text and Subtext*. SNTSMS 72. Cambridge: Cambridge University Press, 1992.

Campbell, Constantine R. *Verbal Aspect, the Indicative Mood, and Narrative: Soundings in the Greek of the New Testament*. New York: Peter Lang, 2012.

Cole, R. Alan. *Mark*. TNTC. Nottingham: IVP Academic, 2008.

Collins, Adela Yarbro. *Mark: A Commentary on the Gospel of Mark*. Hermeneia, Minneapolis: Fortress, 2007.

Culpepper, R. Alan. *Mark*, SHBC. Macon: Smyth & Helwys, 2007.

Dewey, Joanna. *Markan Public Debate: Literary Technique, Concentric Structure, and Theology in Mark 2:1-3:6*. SBLDS 48. Chico: Scholars, 1980.

Dobschütz, E. von. "Zur Erzählkunst des Markus." *ZNW* 27 (1928): 193-98.

Donahue, John R., and Harrington, Daniel J. *The Gospel of Mark*. SP 2. Collegeville: Liturgical, 2002.

Downing, F. G. "Markan Intercalation in Cultural Context." *Narrativity in Biblical and Related Texts*. Edited by G. J. Brooke and J. D. Kaestli. Leuven: Leuven University Press, 2000: 105-18.

Dunn, James D. G. "Altering the Default Setting: Re-Envisaging the Early Transmission of the Jesus Tradition." *NTS* 49.2 (2003): 139–75.

________. *Jesus Remembered*. Grand Rapids: Eerdmans, 2003.

Edwards, James R. *The Gospel according to Mark*. PNTC. Grand Rapids: Eerdmans, 2002.

Evans, Craig. *To See and Not Perceive: Isaiah 6.9-10 in Early Jewish and Christian Interpretation*. JSOTSup 64. Sheffield: JSOT, 1989.

Fiorenza, Elisabeth Schüssler. *In Memory of Her: A Feminist Theological Reconstruction of Christian Origins*. New York: Crossroads, 1989.

Fitzgerald, John. "The Ancient Lives of Aristotle and the Modern Debate about the Genre of the Gospels." *ResQ* 36 (1994): 209–21.

France, R. T. *The Gospel of Mark: A Commentary on the Greek Text*, NIGTC. Eerdmans, 2002.

Frickenschmidt, Dirk. *Evangelium Als Biographie: Die Vier Evangelien Im Rahmen Antiker Erzählkunst*. TANZ 22. Tübingen: Francke, 1997.

Garland, David E. *Mark*. The NIV Application Commentary. Grand Rapids: Zondervan, 1996.

Goulder, Michael. *Midrash and Lection in Matthew*. London: SPCK, 1974.

Green, Joel B. ed. *Hearing the New Testament: Strategies for Interpretation*. 2nd ed. Grand Rapids: Eerdmans, 2010.

Guelich, Robert A. *Mark 1–8:26*. WBC 34A. Dallas: Word, 1989.

Hägg, Tomas. *The Art of Biography in Antiquity*. Cambridge: Cambridge University Press, 2012.

Henderson, Suzanne Watts. "The Damascus Document and Mark 8:1–26: Blindness and Sight on 'the Way'." *Reading Mark in Context: Jesus and Second Temple Judaism*. Edited by Ben C. Blackwell, John K. Goodrich, and Jason Maston. Grand Rapids: Zondervan, 2018: 123-129.

Hengel, Martin. *The Charismatic Leader and His Followers*. New York: Crossroad, 1981.

________. "Eye-Witness Memory and the Writing of the Gospels: Form Criticism, Community Tradition and the Authority of the Authors." *The Written Gospel*. Edited by Markus Bockmuehl and Donald A. Hagner. Cambridge: Cambridge University Press, 2005: 70-96.

Hirsch, E. D. *Validity in Interpretation*. New Haven: Yale University Press, 1967.

Holladay, Carl R. *Acts: A Commentary*. NTL. Louisville: Westminster John Knox, 2016.

Hooker, Morna D. *The Gospel according to Saint Mark*, BNTC. London: Continuum, 1991.

Hurtado, Larry. *Mark*. New York: Harper & Row, 1983.

Iersel, Bastiaan Martinus Franciscus van. *Mark: A Reader-Response Commentary*. JSNTsup 164. Sheffield: Sheffield Academic, 1998.

Josephus, Flavius. *The Works of Josephus: Complete and Unabridged*. Translated by William Whiston. New Updated ed. Peabody: Hendrickson, 1987.

Keck, Leander E. "Rethinking 'New Testament Ethics.'" *JBL* 115.1 (1996): 3-16.

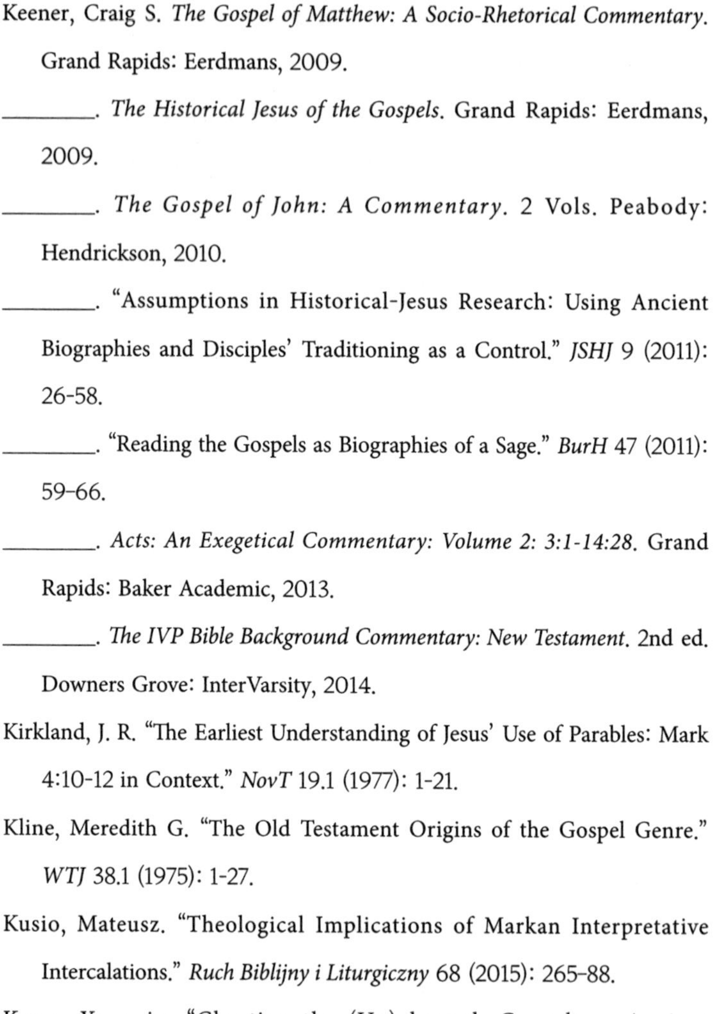

Keener, Craig S. *The Gospel of Matthew: A Socio-Rhetorical Commentary*. Grand Rapids: Eerdmans, 2009.

________. *The Historical Jesus of the Gospels*. Grand Rapids: Eerdmans, 2009.

________. *The Gospel of John: A Commentary*. 2 Vols. Peabody: Hendrickson, 2010.

________. "Assumptions in Historical-Jesus Research: Using Ancient Biographies and Disciples' Traditioning as a Control." *JSHJ* 9 (2011): 26-58.

________. "Reading the Gospels as Biographies of a Sage." *BurH* 47 (2011): 59–66.

________. *Acts: An Exegetical Commentary: Volume 2: 3:1-14:28*. Grand Rapids: Baker Academic, 2013.

________. *The IVP Bible Background Commentary: New Testament*. 2nd ed. Downers Grove: InterVarsity, 2014.

Kirkland, J. R. "The Earliest Understanding of Jesus' Use of Parables: Mark 4:10-12 in Context." *NovT* 19.1 (1977): 1-21.

Kline, Meredith G. "The Old Testament Origins of the Gospel Genre." *WTJ* 38.1 (1975): 1-27.

Kusio, Mateusz. "Theological Implications of Markan Interpretative Intercalations." *Ruch Biblijny i Liturgiczny* 68 (2015): 265–88.

Kwon, Youngju. "Charting the (Un)charted: Gospels as Ancient Biographies and Their (Un)explored Implications." *Biographies and Jesus: What Does It Mean for the Gospels to Be Biographies?*. Edited by Craig S. Keener and Edward T. Wright. Lexington: Emeth, 2016: 59-76.

________. "Reimagining the Jesus Tradition: Orality, Memory, and Ancient Biography." PhD dissertation. Asbury Theological Seminary, 2018.

Lane, William L. *The Gospel of Mark*. NICNT. Grand Rapids: Eerdmans, 1974.

Loader, William. "Challenged at the Boundaries: A Conservative Jesus in Mark's Tradition." *JSNT* 63 (1996): 45-61.

Malbon, Elizabeth Struthers. "TH OIKIA AYTOY: Mark 2.15 in Context." *NTS* 31 (1985): 282-92.

Malcolm, Matthew. "Did the Syrophoenician Woman Change Jesus's Mission?." *BBR* 29.2 (2019): 174-86.

Malina Bruce J. and Rohrbaugh, Richard L. *Social-Science Commentary on the Synoptic Gospels*. 2nd ed. Minneapolis: Fortress, 2008.

Marcus, Joel. *Mark 1-8: A New Translation with Introduction and Commentary*, AB 27. New York: Doubleday, 2000.

May, David M. "Mark 2.15: The Home of Jesus or Levi?." *NTS* 39 (1993): 147-49.

Miller, Geoffrey David. "An Intercalation Revisited: Christology, Discipleship, and Dramatic Irony in Mark 6.6b-30." *JSNT* 35.2 (2012): 176-95.

Miller, Susan. "Women Characters in Mark's Gospel." *Character Studies and the Gospel of Mark*. LNTS 483. Edited by Christopher W. Skinner, Matthew Ryan Hauge, and Mark Goodacre. New York: Bloomsbury, 2014: 174-93.

Moj, Marcin. "Sandwich Technique in the Gospel of Mark." *The Biblical Annals* 8.3 (2018): 363-77.

Moloney, Francis J. *The Gospel of Mark: A Commentary*. Grand Rapids: Baker Academic, 2012.

Momigliano, Arnaldo. *The Development of Greek Biography*. Cambridge: Harvard University Press, 1993.

Oden, Thomas C. and Christopher A. Hall, eds., *Mark*. ACCS 2. Downers Grove: IVP Academic, 1998.

Osborne, Grant R. *Mark*. Teach the Text Commentary Series. Grand Rapids: Baker Books, 2014.

Oswalt, John N. *The Book of Isaiah 1-39*. NICOT. Grand Rapids: Eerdmans, 1986.

________. *Isaiah: The NIV Application Commentary*, Grand Rapids: Zondervan Academic, 2003, Kindle edition.

Oyen, Geert van. "Intercalation and Irony in the Gospel of Mark." *The Four Gospels 1992: Festschrift Frans Neirynck*. Edited by F. van Segbroeck et al. Leuven: Leuven University Press, 1992: 949–74.

Painter, John. *Mark's Gospel: Worlds in Conflict*. New Testament Readings. London: Routledge, 1997.

Pitcher, L. V. "Characterization in Ancient Historiography." *A Companion to Greek and Roman Historiography*. Edited by John Marincola. Malden: Wiley-Blackwell, 2011.

Rhoads, David M. "Jesus and the Syrophoenician Woman in Mark: A Narrative-Critical Study." *CurTM* 47.4 (2020): 36-48.

Ringe, Sharon H. "A Gentile Woman's Story." *Feminist Interpretation of the Bible*. Edited by Letty M. Russell. Louisville: Westminster John Knox, 1985: 65-72.

Robbins, Vernon K. *Jesus the Teacher: A Socio-Rhetorical Interpretation*

Mark. Philadelphia: Fortress, 1984.

Rocine, B. M. *Learning Biblical Hebrew: A New Approach Using Discourse Analysis*. Macon: Smyth & Helwys, 2000.

Shepherd, Tom. *Markan Sandwich Stories: Narration, Definition, and Function*. AUSDDS 18. Berrien Springs: Andrews University Press, 1993.

________. "The Narrative Function of Markan Intercalation", *NTS* 41 (1995): 522-40.

Shiner, Whitney Taylor. *Follow Me!: Disciples in Markan Rhetoric*. SBLDS 145. Atlanta: Scholars, 1995.

Sick, David H. "The Symposium of the 5,000." *JTS* 66.1 (2015): 1-27.

Smith, Julien C. H. "The Construction of Identity in Mark 7:24-30: The Syrophoenician Woman and the Problem of Ethnicity." *BibInt* 20 (2012): 458-81.

Smith, Justin Marc. *Why Βίος?: On the Relationship between Gospel Genre and Implied Audience*. LNTS 518. London: Bloomsbury, 2015.

Snodgrass, Klyne. "4 Ezra and Mark 4:1-34: Parables on Seeds, Sowing, and Fruit." *Reading Mark in Context: Jesus and Second Temple Judaism*. Edited by Ben C. Blackwell, John K. Goodrich, and Jason Maston. Grand Rapids: Zondervan, 2018: 69-76.

Stanton, Graham N. *The Gospels and Jesus*, 2nd ed. Oxford: Oxford University Press, 2002.

Stadter, Philip. "'The Love of Noble Deeds': Plutarch's Portrait of Aratus of Sicyon." *Fame and Infamy: Essays for Christopher Pelling on Characterization in Greek and Roman Biography and Historiography*. Edited by Rhiannon Ash et al. Oxford: Oxford University Press, 2015:

161-76.

Stein, Robert H. *Mark*, BECNT, Grand Rapids: Baker Academic, 2008.

Talbert, Charles H. *What Is a Gospel?: The Genre of the Canonical Gospels*. Philadelphia: Fortress, 1977.

________. "Review of Richard A. Burridge, What Are the Gospels?." *JBL* 112.4 (1993): 714-15.

Tan, Kim Huat. *Mark*, NCCS, Eugene: Cascade Books, 2015.

Theissen, Gerd. *The Miracle Stories of the Early Christian Tradition*. Minneapolis: Fortress, 1983.

Urban, David V. "Obscurity and Intention in Mark 4:11-12: Jesus' Parabolic Purposes." *CTJ* 49 (2014): 112-32.

Verhey, Allen. *The Great Reversal: Ethics and the New Testament*. Grand Rapids: Eerdmans, 1984.

Wallace, Daniel B. *Greek Grammar beyond the Basics: An Exegetical Syntax of the New Testament*. Grand Rapids: Zondervan, 1996.

Walter W. Wessel, "Mark." *The Expositor's Bible Commentary: Matthew, Mark, Luke*. Edited by Frank E. Gaebelein. Vol. 8. Grand Rapids: Zondervan, 1984.

Williams, Joel F. *Other Followers of Jesus: Minor Characters as Major Figures in Mark's Gospel*. JSNTSup 102. Sheffield: JSOT, 1994.

Witherington III, Ben. *The Gospel of Mark: A Socio-Rhetorical Commentary*. Grand Rapids: Eerdmans, 2001.

________. *New Testament Theology and Ethics*. Vol. 1. Downers Grove: InterVarsity, 2016.

Wolff, C. "Zur Bedeutung Johannes des Taufers im Markusevangeliums." *TLZ* 102 (1977): 857-65.

Wuellner, Wilhelm H. *The Meaning of "Fishers of Men."* Philadelphia: Westminster, 1967.

Ytterbrink, Maria. *The Third Gospel for the First Time: Luke within the Context of Ancient Biography*. Lund: Lund University—Centrum för teologi och religionsvetenskap, 2004.

| 고대 인명 색인 |

| 성구 및 고대 문헌 색인 |

구약성경

신약성경

랍비 문헌

그리스-로마 문헌